Gisela Niemöller

Herbart gegen Herbart
oder
Lucia Margareta läßt sich scheiden

Eine dokumentarische Erzählung

Gisela Niemöller

Herbart gegen Herbart
oder
Lucia Margareta läßt sich scheiden

Eine dokumentarische Erzählung

ISENSEE VERLAG
OLDENBURG

*Herausgegeben vom Zentrum für
Frauen-Geschichte Oldenburg*

Die Deutsche Bibliothek - CIP-Einheitsaufnahme

Niemöller, Gisela:
Herbart gegen Herbart oder Lucia Margareta läßt sich scheiden :
eine dokumentarische Erzählung / Gisela Niemöller. [Hrsg. vom Zentrum
für Frauen-Geschichte, Oldenburg]. - Oldenburg : Isensee 2000
   ISBN 3-89598-678-X

© 2000 Isensee Verlag, Haarenstraße 20, 26122 Oldenburg
Alle Rechte vorbehalten
Gedruckt bei Isensee in Oldenburg

Inhalt

Eine Literarische Damen-Gesellschaft /
Eherecht mit Poesie
»11«

Demoiselle Schütte: Herkunft und Jugend /
Heirat: oldenburgische Gepflogenheiten und geltendes Recht /
Mutterschaft / Ein Sohn wird Student
»21«

Inventur / Ein junger Mann aus Bremen /
Große Auktion / Ein leeres Haus / Heimliche Reisepläne
»33«

Uhlstädt bei Jena soll es sein / Eine Schwester
‚Auf dem Schwarzen Bären'
»49«

Lektüre und ein Mantel / Junge Männer /
Arztvisiten / Eine neue Freundin
»55«

Bei Fichtes / Ein neues Eherecht:
ein Philosoph und eine Frau im Gespräch /
Ein Sohn und sein Frauenbild
»65«

Ende der Freiheit / Besuch in Schnepfenthal /
Fiktiver Dialog mit einer Engländerin /
In Oldenburg weht der Wind anders
»75«

Rückschritt oder Neuanfang: wieder in der Heimat /
Leere / Ein Brief hilft / Wohnungseinrichtung
und Jenaer Anregungen
»83«

Es geht ums Geld / Der Justizrat erobert
die Wohnung / Zweiter Abschied
»97«

Jena – alles ist anders / Schwere Erkrankung /
Ein Student der Medizin / Das Geld
bleibt aus
»105«

Schlimme Zustände in Oldenburg / Ein Helfer
unterwegs / Zwei Herren in Pyrmont
»121«

Aufatmen: er ist fort / Der Weg aus
der Unmündigkeit / Frauenrecht
»129«

Eine Frau macht ernst / Rückendeckung
von Hofrat Schiller
»143«

Ein Spaziergang / Nun doch gerichtlich / Ein
Göttinger Jurist – eine Göttinger Gesellschaftsdame
»153«

Der Hamlet-Sohn / Eine Scheidungskommission und ihr Vorsitzender
»163«

Kontakte: eine Tuchfabrikanten-Dynastie /
Langsamer Abschied von Oldenburg
»179«

Montjoie: eine Stellung für Antoinette /
Aachen und die Geldinvestition / Entlang
der Tuchfabrikationsfäden bis Paris
»191«

Ein deutscher Diplomaten-Kaufmann auf Schloß
Villegenis / Eine erstaunliche Offerte / Neue
Bekannte – alte Gesichter / Caroline von Wolzogen
rümpft die Nase
»205«

Schlechte Nachrichten aus Montjoie / Zwei Frauen
in Paris / Unvorhersehbare Wende
»219«

Geschiedene Leute ja – Scheidung nein / Ehe im
Spiegel von Recht und Philosophie / Das Leben
geht weiter
»233«

Zur Entstehung dieser Biographie
243«

Anhang
Abbildungen

Danksagung

Literatur- und Quellennachweis
»249«

„J. Paul Richter merkte ... an, daß ausgezeichnete
Männer meist das Gute von ihrer Mutter hätten."

Aus: Karl August Böttiger:
Literarische Zustände und Zeitgenossen. Begegnungen und Gespräche im klassischen Weimar

Eine Literarische Damen-Gesellschaft
Eherecht mit Poesie

Am 14. Dezember 1797 klopften nacheinander mehrere Damen und Herren an der Tür eines Oldenburger Miethauses. Das neu eingestellte Mädchen ließ die Gäste zum Fünf-Uhr-Tee eintreten, nahm Schawls und Hüte entgegen und meldete die Angekommenen den Herrschaften des Hauses. Im Salon warteten eine füllige Mitvierzigerin, die unter ihrer Matronenhaube die Gäste mit lebhaftem Blick musterte und in einem etwas aufgesetzt munteren, dabei durchaus resoluten Ton willkommen hieß. Neben ihr, kleiner an Statur, machte ihr Ehemann beflissen den Damen die Honneurs, seine fast sechzig Jahre hinderten ihn nicht, mit rokokohafter Manier Artigkeiten zu produzieren, die Herren Kollegen begrüßte er mit devoter Geste. Man betrat den Salon der Justizrätin Herbart.

Sie war die Gastgeberin an diesem winterlichen Spätnachmittag und ließ, da die meisten Gäste zum ersten Mal die neuen Räume sahen und mehr oder weniger unverhohlen Umschau hielten, erst einmal alle ihre Neugier mit den Augen befriedigen. Sie sah, wie die Damen mit raschem Blick die Meubles besahen, wie einige Blicke die Tapeten betasteten und die Schwere der Vorhänge taxierten. Mochten sie in Ruhe begutachten, schätzen, vergleichen, Frau Herbart verspürte keinerlei Beunruhigung dabei, sie hatte mit der Einrichtung dem Notwendigen Genüge getan, sie legte keinerlei Wert mehr darauf, in irgendeiner Hinsicht mit dem Angeschafften zu brillieren. Als schließlich alle einen bequemen Sitz gefunden hatten, ließ die Hausfrau Tee und Wein servieren. Ihre Pflegetochter Antoinette ging mit kleinen Porzellantassen und Gläsern zwischen den Gästen umher. Nach einer Weile hatten sich Körper und Geist allgemein aufgewärmt mit Getränk und Austausch städtischer Neuigkeiten, die Frauen holten eine nach der anderen Nadel, Sticktüchlein und Filethäkelei aus ihren Beuteln hervor und schlugen die Augen auf ihre Handarbeiten nieder, und die Gastgeberin gab einem der Herren ein Zeichen, nun zum eigentlichen Zweck des Zusammentreffens zu kommen. Nach kurzem Räuspern und einigen einleitenden Worten holte der Angesprochene die Papiere und Oktavbände, die er beim Eintreten diskret auf einen Tisch an der Wand gelegt hatte, heran und fing an, aus dem ersten Buch vorzulesen.

Was so oder ähnlich begonnen haben kann, war die sogenannte Literarische Damen-Gesellschaft in Oldenburg, die auf Initiative

Lucia Margareta Schüttes, verheiratete Herbart, ins Leben gerufen wurde. Lesegesellschaften waren die gesellig-bildende Form des bürgerlichen Miteinanders in der Zeit der Aufklärung; ob in Hamburg, Bremen, Jena, Frankfurt oder Oldenburg, überall hatten sich Gesellschaften dieser Art konstituiert, allerdings war die Zusammensetzung der Gruppen in einem wichtigen Punkt unterschieden. Es gab ausgesprochene Herrenzirkel, von denen die Frauen expressis verbis ausgeschlossen waren, so die von Kanzleirat Gerhard Anton von Halem gegründete Lesegesellschaft in Oldenburg, es gab aber auch Gruppierungen beiderlei Geschlechts, wie Klopstocks Gesellschaft in Hamburg, wo neben der Bildung auch Unterhaltung und Spiel der Teilnehmenden auf der Tagesordnung standen.

Waren die bürgerlichen Frauen also seit 1779 von der literarischen Diskussion und dem Bildungsanspruch der führenden Lesegesellschaft in Oldenburg ausgeschlossen, so scheinen sich acht Jahre später die Vorzeichen geändert zu haben. Eine Frau aus den Ehekreisen der fürstlichen Beamten und Bildungsbürger lud ein, Vorlesungen für Damen zu halten, und sie sprach eben die Bildungshonoratioren ihres gesellschaftlichen Umfelds an, die sich in ihrer rein männlich besetzten Lesegesellschaft seit Jahren arkanartig abgegrenzt hatten. Mit dem Versprechen der Herren in der Tasche, etwas für die Bildung der Damen zu tun, bat sie dann die in Frage kommenden Frauen dazu. Die uns als Literarische Damen-Gesellschaft überlieferte Einrichtung war bei genauem Hinsehen nichts anderes als eine gemischte Gesellschaft, in der die Rollenverteilung nach bekanntem Muster verlief: die körperliche Bewirtung oblag den Frauen, für die geistige Nahrung waren die Männer zuständig. Man(n) gab sich im Lauf der regelmäßigen Zusammenkünfte eine Satzung, formulierte Statuten, führte Protokoll über das Vorgelesene, formal alles Anklänge an die aufklärungsverpflichteten egalitären Männergesellschaften, eigentlich aber entstand eine Hierarchie zwischen männlicher Münd-igkeit und weiblicher Hör-igkeit. Wer redet, dominiert, wer nur zuhört, ist nicht stimm-berechtigt.

War dies im Sinn der Initiatorin? *Es war 9 Uhr geworden, und alle, sehr zufrieden von dem angenehmen Abend, trennten sich mit der Abrede, sich am nächsten Donnerstage in des Canzl.Raths von*

Halem Hause wieder zu versamlen. Der Protokollant der ersten Stunde läßt keinen Zweifel daran. Frau Herbart hatte mit ihrer Initiative einen glücklichen Einstand gehabt. Und fünf Sitzungen später, am 25. Januar 1798, war sie turnusgemäß wieder Gastgeberin. Ein Stimmungsbild, Diskussionsbeiträge, Atmosphärisches geben die überlieferten Protokolle leider fast überhaupt nicht. Aber immerhin schon im Februar 1798 eine sehr ausführliche Paraphrase eines der behandelten Themen: *Fichte gab den ersten Stoff zur Vorlesung. Ich wagte es, aus dessen jüngst herausgekommenem Naturrechte (II.8.2/3.) den Abschnitt über das gegenseitige Rechtsverhältnis beyder Geschlechter im Staate vorzulesen.* Worin lag das Wagnis dieser Lesung für den Kanzleirat Gerhard Anton von Halem? In der Vorstellung eines philosophischen Textes für die Zuhörerinnen? Dem Inhalt des Textes, von dem sich der Vortragende durch wiederholtes *sagt er* oder *so weit Fichte* durchaus als Referierender abgrenzte? Oder vielleicht in der Tatsache, gerade unter den anwesenden Frauen eine intime Kennerin des Jenaer Philosophieprofessors und der Entstehung dieses Abschnitts seiner Naturrechtslehre vor sich zu haben?! Anzunehmen ist, daß es sich auf die philosophische Argumentation bezog, die für die nicht akademisch vorbereiteten und ausgebildeten Frauen tatsächlich schwere Kost war, denn die gleiche Formulierung wiederholte sich in Bezug auf den Königsberger Philosophen, der in diesen Jahren mit seinen Schriften auf sich aufmerksam machte. *Protokollist wagte es, einmal Kant in den Damenkreis zu führen.* Niemand ahnte in diesem Jahr und in dieser Runde, daß der Sohn Herbart einmal sein Lehrstuhlnachfolger werden sollte.

Ich ziehe den Vorhang meiner Dilettantenbühne wieder hoch. *Hat das Weib die gleichen Rechte im Staate, welche der Mann hat?* – Mit diesem Satz begann Kanzleirat von Halem seine heutige Lesung, nachdem er die Rockschöße mit routiniertem Griff auseinandergebreitet und sich auf einem Stuhl in der Mitte des Kreises niedergesetzt hatte, aufrecht, dabei dennoch die Beine lässig übereinanderschlagend. Er blickte einen kurzen Moment auf von der Neuausgabe in seiner Hand und faßte die anwesenden Damen und Herren ins Auge. Ein unentschlossen-verlegenes Lächeln machte sich auf den meisten Gesichtern breit, halb gönnerisch bei dem einen, herausfordernd-zustimmend bei einer anderen. Die Augen der Zuhörenden streiften eine Sekunde im Kreis herum, um die Reaktion der Mithörenden abzuschätzen. Herr von Halem fuhr fort: *Diese Frage könnte schon als Frage lächerlich scheinen. Ist der einzige Grund aller Rechtsfähigkeit, Vernunft und Freiheit, wie könnte zwischen zwei Geschlechtern, die beide dieselbe Vernunft und dieselbe Freiheit besitzen ein Unterschied der Rechte stattfinden?*

Nun aber scheint es doch allgemein, seitdem Menschen gewesen sind, anders gehalten, und das weibliche Geschlecht in der Ausübung seiner Rechte dem männlichen nachgesetzt worden zu sein. Eine solche allgemeine Übereinstimmung muß einen tiefliegenden Grund haben, und ist die Aufsuchung desselben je ein dringendes Bedürfnis gewesen, so ist es in unseren Tagen.

Frau Herbart ließ ihr Sticktuch im Rockschoß liegen und träumte mit offenen Augen am biederen Gesicht der Deichgräfin Burmester vorbei. Was sollte das mühsame Sticheln, so weit mußte ihre Anpassung und Verstellung nun wirklich nicht mehr gehen. Ja, ja, der große Meister! Hatte sie selbst nicht mit Fichte diskutierend in der Unterlauengasse in Jena gesessen, und die Fichtin hatte im Nebenzimmer den Säugling gewiegt? Johanna, die kluge, jüngere Freundin, und der noch jüngere Meister. Die beiden hatten sich wirklich gefunden. Nie hätte Johanna Rahn ihren Esprit und ihre gute Bildung an der Seite eines vorbestimmten alten Ehemanns vertrocknen lassen. Mochte es mit dem sieben Jahre jüngeren Fichte ein herzlich schwieriges und beunruhigendes Leben sein, es war Leben! Da flogen eben auch einmal nächtens die Fensterscheiben ein und greuliche Katzenmusik erklang vor dem Haus. Aber was war das gegen das herrliche Ständchen, mit dem die treuen Studenten abends die Geburt des Jungen gefeiert hatten! Allerdings, es hatte nicht der Fichtin gegolten, das wußte sie wohl, sie taugte in ihrer herben Erscheinung wenig zum äußeren Vorzeigeblümchen und hatte einen schweren Stand vor den jungen Herren Akademikern. Und nicht nur da. Hartmann Immanuel – eigentlich fand sie diesen gewichtigen Namen für das kleine Kind doch eine schwere Bürde. Aber der Sohn eines Philosophieprofessors in Jena konnte wohl nicht anders heißen. Würde er in diesen Namen hineinwachsen? Wie hatte die Fichtin unter der Geburt gelitten im Juni des vergangenen

Jahres, und wie hatten sich ihre hochfliegenden Pläne im Wochenbett zu schwarzen Wolken zusammengebraut, als sie das Kind fast nicht nähren konnte und eine heftige Entzündung sich einstellte ...

*Oder das Weib ist **verheiratet**, und dann hängt ihre eigne Würde daran, daß sie ihrem Manne ganz unterworfen sei und scheine. – Man bemerke wohl – es geht zwar dies aus meiner ganzen Theorie hervor, und es ist mehrmals ausdrücklich angemerkt, aber es ist vielleicht nicht überflüssig, es wiederholt einzuschärfen, – das Weib ist nicht unterworfen, so daß der Mann ein **Zwangsrecht** auf sie hätte: sie ist unterworfen durch ihren eignen fortdauernden notwendigen und ihre Moralität bedingenden Wunsch, unterworfen zu sein. Sie dürfte wohl ihre Freiheit zurücknehmen, wenn sie **wollte**; aber gerade hier liegt es; sie kann es vernünftigerweise nicht **wollen**. Sie muß da ihre Verbindung nun einmal allgemein bekannt ist, allen, denen sie bekannt ist, erscheinen wollen, als gänzlich unterworfen dem Manne, als in ihm gänzlich verloren.* Thomas Gerhard Herbart, der am Kamin lehnte, vermied es, den Blicken seiner Frau zu begegnen. Es war zwar etwas unangenehm, daß Kollege von Halem nun ausgerechnet einen solchen Text heute zur Anhörung bringen mußte, aber diese Passage war ja durchaus bemerkenswert. Allzu gern hätte er jetzt in den Gedanken seiner Frau lesen können. – Gottlob, ihre Eskapaden waren hoffentlich überstanden. Sie hatte sich ihm gegenüber nicht geäußert, was sie nach ihrer Rückkehr bewogen hatte, diesen literarischen Damenzirkel ins Leben zu rufen, aber zumindest stimmte ihr beider gesellschaftliches Erscheinungsbild wieder. Auch wenn sie ihm steif wie ein Brett den Arm überließ, wie heute nachmittag bei der Begrüßung im hiesigen Haus, es hatte etwas Beruhigendes, daß sie überhaupt neben ihm stand, daß sie da war, mit ihm in der Öffentlichkeit. – Ja, dieser Fichte brachte es auf den Punkt: Sie muß, da ihre Verbindung nun einmal allgemein bekannt ist, allen, denen sie bekannt ist, erscheinen wollen, als gänzlich unterworfen dem Manne. Letzteres allerdings, das spürte Herbart instinktiv, strahlte Lucia Margareta doch nicht ganz aus an seiner Seite. Wie getragen von den volltonigen Endvokalen ihrer Vornamen, schien sie sich neben ihm immer zu größerer Körperstatur aufzurichten, als ihrer eigentlichen Größe entsprach.

Und von Halem fuhr fort zu lesen, daß die Frauen zwar öffentlich nicht aufträten, was nun einige neumodische Vertreterinnen des Geschlechts und ihre Schutzredner einforderten, daß sie aber doch in Wahrheit immer ihr Stimmrecht ausgeübt hätten, indirekt sozusagen, über den Einfluß, den sie auf ihre Ehemänner genommen. *Die Sache selbst? Sie sind in dem vollkommensten Besitz derselben. Nur der äußere Schein kann es sein, nach welchem sie lüstern sind. Sie wollen nicht nur wirken, sondern man solle es auch wissen, daß sie gewirkt haben. Sie wollen nicht bloß, daß geschehe, was sie wünschen; sondern es soll auch bekannt sein, daß* **sie, gerade sie**, *es ausgeführt haben. Sie suchen Zelebrität bei ihrem Leben, und nach ihrem Tode in der Geschichte.*

Die Diskussionen in Jena hatten nichts mehr gefruchtet. Fichte war bei seinem idealistischen Ansatz geblieben, der ihr so unendlich weit von der Realität schien, daß sie keinen Sinn in dieser Gedankenakrobatik sah. Vorsichtig hatte sie ihm ihren eigenen Fall anzudeuten versucht, nur so weit enthüllend, wie unbedingt nötig zum Verständnis ihres Standpunktes. Er hatte sie wohl unter jene verirrten modernen Weiber subsumiert, die argumentativ verführt worden waren. Daß hier ihre ureigene Erfahrung aus ihr gesprochen hatte, wollte er nicht wahrnehmen. Und auch Johanna hatte in diesen geistigen Höhen kein Mitspracherecht gehabt. Zwar hatte sie die Verbindung mit Fichte frei wählen können, aber am Eingang zur Ehe hatte sie staatsbürgerliche Rechte, persönliche Freiheit und eigenes Wollen abgegeben, freiwillig versteht sich, und nun agierte und repräsentierte Fichte. *Ruhmsucht und Eitelkeit ist für den Mann verächtlich, aber dem Weibe ist sie verderblich, sie rottet jene Schamhaftigkeit und jene hingebende Liebe für ihren Gatten aus, auf denen ihre ganze Würde beruht. Nur auf ihren Mann, und ihre Kinder, kann eine vernünftige Frau stolz sein; nicht auf sich selbst, denn sie vergißt sich in jenen.* War sie die einzige, die eine solche Ehe führte? Sie konnte es nicht glauben. Die anderen anwesenden Frauen, was dachten sie? Aber irgendwie sah es in allen diesen männlichen Köpfen gleich aus. Lucia Margareta versuchte, sich Passagen aus einem Gedicht jenes Friedrich Schiller ins Gedächtnis zu rufen, das sie im vergangenen Jahr gelesen hatte:

> *Ehret die Frauen! sie flechten und weben*
> *Himmlische Rosen ins irdische Leben.*
> *Flechten der Liebe beglückendes Band.*
> *Und in der Grazie entzückendem Schleier*
> *Nähren sie wachsam das ewige Feuer*
> *Schöner Gefühle mit heiliger Hand.*

Sie hatte wenig Geschmack an dieser lyrischen Kost gezeigt, aber eine kluge Freundin wußte noch nachzuwürzen mit einer Epistel desselben Autors, und Lucia Margareta war sich bis jetzt nicht sicher, ob der scharfe misogyne Ausfall darin ernst gemeint war. Vielleicht war es doch ein ironischer Blick auf die borniert Selbstgefälligkeit der Männer? Da tröste doch der Ehemann einer selbständigen, berühmten Frau den gehörnten Freund:

> *Dich schmerzt, daß sich in deine Rechte*
> *Ein zweiter teilt? – Beneidenswerter Mann!*
> ***Mein*** *Weib gehört dem ganzen menschlichen*
> *Geschlechte.*

Weibliche Berühmtheit, ein Laster wie Ehebruch! – Ihre Gedanken waren weit weg von dem Vorlesenden gewandert. So hatte sie verpaßt zu hören, wie, nach Fichte, allein durch die Ehe die Frau sich aller autonomen Selbstvertretung in der Öffentlichkeit begibt, daß die ledige Frau vormundsfrei vor Gericht treten, Eigentum besitzen, ja daß sie Ackerbau und Kaufmannschaft treiben könne, so sie es wolle. Vom Staatsamt aber sei die Frau als Frau prinzipiell und unwiderruflich auszuschließen. Und warum? Die immer mögliche und eigentlich ja naturgemäße Verheiratung hätte sie jederzeit unfrei machen können – und das Staatsamt dulde nur freie Vertreter. *Das Amt würde an ihn verheiratet, sowie das übrige Vermögen der Frau, und ihre Rechte an ihn verheiratet würden.* – Bei dem Stichwort Vermögen kehrte Frau Herbart ins Zimmer und in die Gegenwart zurück. Und während sie mechanisch wieder nach der Handarbeit in ihrem Rockschoß griff, hörte sie von Halem noch den letzten Paragraphen von Fichtes Abschnitt aus dem Eherecht vortragen, eine sophistische Darlegung, warum Frauen nach allem Gesagten gar keiner höheren Bildung und Ausbildung bedürften. Hier ging ihr Blick wie von selbst für eine Sekunde zu ihrem Mann hinüber, der offensichtlich auch erst wieder durch die letzten Sätze aufmerksam geworden war. Dies war wieder ein Gedankengang für ihn. Er beugte sich leicht vor, um keines der Argumente zu verpassen, die ihm seinen immer vertretenen Standpunkt stützen konnten. Sie wandte die Augen von ihm ab, angewidert. Noch einmal wurde die Natur bemüht, die Mann und Frau eben als prinzipiell verschiedene Wesen geschaffen habe, es klang alles geradezu wie ein Lob auf weibliche Fähigkeiten, und doch war es nichts als eine Feststellung eingeschränkter geistiger Kapazitäten der Frau, durch die sich der Philosoph Fichte selbst und allen anderen Männern unerwünschte Konkurrenz vom Leibe hielt. Ein Mann hatte befunden. So war es. Punktum. – Und doch war der Jenaer Philosoph in einem vielen anderen voraus, das erkannte Frau Herbart an und begriff es als einen bahnbrechenden Unterschied zu ihrem eigenen Erleben: eine Frau sollte nie zur Heirat gezwungen werden, zur Heirat mit einem ungeliebten Mann. Zumindest freiwillig und aus Liebe sollte sie den Schritt in die Ehehierarchie tun. Wie Johanna Rahn. Aber sollte dies wirklich das letzte Wort sein zum Verhältnis von Mann und Frau?

Demoiselle Schütte: Herkunft und Jugend

Heirat: oldenburgische Gepflogenheiten und geltendes Recht

Mutterschaft

Ein Sohn wird Student

Lucia Margareta war Oldenburgerin, am 10. April 1755 dort geboren. Ihr Vater Dr. med. Kornelius Schütte praktizierte als Arzt in ihrer Heimatstadt, ihre Mutter Elisabet Adelheit Bode stammte aus einer Oldenburger Kaufherrenfamilie. Das Taufregister teilt sich fein säuberlich in vier Spalten, und ich erfahre daraus alles Notwendige: die erste Rubrik benennt mir den Tauftag, die zweite die Eltern, die dritte das Neugeborene, *Lucia Margarete*, die letzte schließlich die Gevattern. Drei bekommt das Mädchen zur Seite, und von den weiblichen hat sie natürlich ihre Vornamen. Da ist zum einen die Großmutter Schütte, dann vermutlich die Tante, Frau Provisor Bode, und ein männlicher Pate, Herr Provisor Abot Gerhard Ahrens.

Im Haus Nr. 82 in der Langen Straße kam das Mädchen zur Welt. Dieses stattliche Domizil hatte Dr. Kornelius Schütte um die Zeit seiner Eheschließung 1750 als Eigentum erworben. Die Lange Straße war eine bevorzugte Adresse in der Stadt, hier wohnten die Kaufleute, vornehmen Handwerker und einige fürstliche Beamte. Über Lucia Margaretas Kindheit bleibt alles im Dunkeln: wie wuchs sie auf, welchen Unterricht, welche Bildung genoß sie? Vielleicht besuchte sie die sogenannte Freischule in ihrer Heimatstadt, die den Kindern landesherrlicher Beamter offenstand, aber auch denen anderer Bürger, die bereit waren, ein erhöhtes Schulgeld zu zahlen. In der Freischule wurden vor allem Mädchen unterrichtet. Auch Jungen durchliefen sie, als Vorbereitung für die Lateinschule oder das Gymnasium, wie es später heißen sollte. Ihnen stand natürlich eine höhere Bildungseinrichtung offen, für Mädchen ging es nicht über den Elementarunterricht hinaus. Hatten die Eltern dennoch ein wenig Ambitionen mit ihren Töchtern, mußten sie privat für Sprachunterricht sorgen. Schaue ich auf Lucia Margaretas gutes Französisch in späteren Jahren – auch die Frage nach Lateinkenntnissen wird eine Rolle spielen –, ihre Lesebegeisterung, ihre gute Orthographie und ihren spontanen, manchmal scharfen Stil, meine ich, ihr unbedingt eine Jugendbildung bescheinigen zu müssen, die über das Elementare hinausging. Sie selbst aber wird darüber klagen, daß sie sich *so ganz allein von früher Jugend her – alles seyn mußte – auch nicht aus Büchern nur, Rath schöpfen konnte.* Nicht einmal autodidaktisch hätte sie sich demnach bilden können?

Sicher war sie in zweifacher Weise benachteiligt: einmal schon durch ihr Geschlecht, zum zweiten aber auch durch den frühen Tod des Vaters. Dr. Schütte war bereits fünf Jahre nach der Geburt seiner Tochter gestorben. Sein Tod war sogar in den *Oldenburgischen wöchentlichen Anzeigen* bekannt gemacht worden, was durchaus noch nicht üblich war und beweist, daß der Vater in der Stadt eine herausgehobene Stellung inne hatte. Eigentlich hätten die Halbwaisen Lucia Margareta und ihr Bruder Johann Wilhelm nun mit fünf bzw. drei Jahren einen männlichen Vormund bekommen müssen, denn eine Mutter war in der Regel als Frau nicht berechtigt, ihre Kinder selbstbestimmt zu erziehen und zu vertreten. Hoffnungsvoll wendet sich mein Blick auf 3000 historische Stadtgerichtsakten von Lucia Margaretas Heimatstadt, ich weiß, daß Vormundschaftsbestellungen unter die willkürliche Gerichtsbarkeit der Stadt fielen und dort also aktenkundig geblieben sein können. Viele Vormundschaftsbelege tauchen auf unter meinen Händen, beim Durchblättern des Zettelkastens scheint es mir fast unmöglich, daß 'mein' Fall nicht mehr zu finden sein soll, und doch bleibt meine Suche erfolglos: Vormünder für die Schütteschen Kinder lassen sich nicht namentlich machen.

Sollte Dr. med. Kornelius Schütte vielleicht nicht dem allgemein üblichen Recht unterstanden und für ihn und seine Familie eine abweichende Situation gegolten haben? Tatsächlich gehörte er als Arzt zur Gruppe jener Standespersonen, die dem sogenannten ‚Römischen' oder ‚Allgemeinen Recht' unterstanden, das sich wesentlich von dem sonst für die einfache Bevölkerung gültigen ‚Germanischen Recht' abhob. Vor allem für eine Frau barg die Rechtsposition nach dem sogenannten *Ius Communis* wichtige Besonderheiten. Dazu gehörte unter anderem, daß eine Witwe selbstverständlich das Sorgerecht für ihre noch unmündigen Kinder übernehmen konnte. Zwar wurde auch sie offiziell als Vormünderin bestellt, mußte ein Inventar aufstellen und Rechnung ablegen über die Vermögensverhältnisse ihrer Söhne und Töchter, aber dann war sie selbständige Sachwalterin von deren Interessen. Die Mutter war womöglich weit eher geneigt, zum Beispiel in die frühe Bildung der Tochter etwas zu investieren (ich denke an das erhöhte Schulgeld und die Kosten für häuslichen Privatunterricht), als ein gerichtlich bestellter männlicher Vormund es für vertretbar und ratsam gehalten hätte. Und schließlich hatte sie bei der für eine junge Frau alles entscheidenden Frage der Eheschließung eine ausschlaggebende Stimme. In beiden Fällen konnte ihr Einfluß von Vorteil sein, mußte es aber nicht, wie der Werdegang Lucia Margareta Schüttes beweist.

Das vorbestimmte weibliche Schicksal der Verheiratung nahm für die junge Oldenburgerin am 26. Mai 1775 seinen Lauf: *Mad.^{lle} Lucia Margareta Schütten, weiland Hn. Cornelii Schütten, Medicinae Doct. und Fr. Elisabet Adelheit, gebohrene Bode, eheleibliche Jungfer Tochter* wurde an diesem Tag an den vierzehn Jahre älteren Thomas Gerhard Herbart verheiratet. Ich staune und vergleiche mit dem Eintrag im Taufregister, natürlich von anderer Hand: jetzt auf einmal ist sie Margaret*a*, wohlklingend, volltönend, irgendwie raumfüllend. Sollte der Schreiber dem Vater nicht richtig zugehört haben, als der sein Kind damals als geboren und zur Taufe melden kam? Was hat es schon für eine Bewandtnis, so ein kleines Wurm, dazu ein Mädchen, ob –e oder –a, wahrscheinlich überlebt es nicht einmal das erste Jahr. Lucia Margaret*e* also. Vielleicht haben die Eltern zu Hause aber an der eigentlich gewünschten Namensform festgehalten, die auch der Vorgabe der Gevatterinnen-Namen entsprochen haben mag; die Abkürzungen beim Taufeintrag geben mir leider keine endgültige Auskunft darüber. Bei der Eheschließung wird endlich ihr richtiger Name aktenkundig, und so wird sie für mich bleiben: Lucia Margaret*a*. Als ob ihr dieser eine Buchstabe, dieser andere Laut den Rücken stärken könnte für den Schritt ins Leben.

Ich hole mir die notwendigen historischen Kenntnisse aus der Literatur: eine Ehe wurde in der Regel durch die sogenannte *sponsalia*, die Verlobung, vorbereitet. Diese mußte, sollten sich daraus Rechte ableiten, mit dem Wissen der Eltern bzw. Vormünder vor dem Ortsgeistlichen eingegangen und von ihm registriert worden sein. Dann mußte das zweimalige öffentliche Aufgebot erfolgen. Es bot die Gelegenheit, daß irgendjemand noch unbekannte, rechtserhebliche Sachverhalte ans Licht bringen konnte, die einer Verbindung entgegengestanden hätten. Kamen dem Pastor Zweifel, konnte und mußte er sich damit an das Konsistorium wenden, das dann die Bedenken prüfte, für unerheblich erklärte oder bestätigte. Eingesegnet werden sollte das Hochzeitspaar dann innerhalb von sechs Wochen nach dem Eheversprechen, und zwar in der Kirche, in Anwesenheit der Gemeinde und der Familien beider Seiten. Haustrauungen galten als Ausnahme. Die Trauung siegelte die Lebens- und Rechtsgemeinschaft eines Paares; Beischlaf vor der Eheschließung galt auch in Oldenburg als Unzucht.

Wie verlief das Procedere bei Lucia Margareta und Thomas Gerhard? Die Trauung fand *im Hauße* statt, ich gehe davon aus, daß es das Elternhaus der Braut war. Man hatte vorher kein öffentliches Aufgebot bestellt, sondern stattdessen die *hochoberliche Erlaubnis* eingeholt, auf die Proklamation verzichten zu dürfen. Es mag ein Privileg des herzoglichen Beamten gewesen sein. Vielleicht bezahlte der angehende Ehemann dafür sogar mit barem Geld, wie aus einer wenige Jahre später geltenden Verordnung hervorgeht. Der Braut mit dem Myrtenkranz auf dem Kopf wird es letztendlich egal gewesen sein. Auch bei einem öffentlichen Aufgebot hätte sich kaum ein Retter für sie gefunden, niemand, der einen triftigen Ehehinderungsgrund hätte anführen können. Formal gab es keinen. Und Abneigung galt nicht als solcher. In einem unveröffentlichten Brief an Gerhard Anton von Halem wird sie sechsundzwanzig Jahre später schreiben, daß sie *ohne ihr Wissen an einen Mann versprochen und fast gewaltsamer Weise zur Vollziehung einer Verbindung genöthigt worden, welche man für sie so ehrenvoll als glücklich ansahe.*

Kein Porträt der beiden liegt uns vor, so bleibt es unserer Phantasie überlassen, uns das Brautpaar vorzustellen. Als Jurist war Thomas Gerhard Herbart bereits mit zweiundzwanzig Jahren als Dritter Sekretär bei der oldenburgischen Regierung angestellt worden. 1768 reüssierte er zum Zweiten und Ersten Sekretär, 1774 zum Kanzleirat (1781 wurde er Regierungs- und Justizrat). Das heißt aus der Sicht der verwitweten Mutter Schütte: sie hatte für die junge Frau einen Regierungsbeamten in herausgehobener Position ausgesucht, mit sicherem gut dotierten Einkommen und gesellschaftlichem Renommee. Sein Einkommen belief sich immerhin auf rund 900 Reichstaler im Jahr, eine selbst unter Oldenburger Regierungsbeamten stattliche Summe, mit der sich erst einmal sorgenfrei in die Zukunft sehen ließ. Die Neigung würde schon im Lauf des Zusammenlebens kommen, schließlich verbanden nicht zuletzt gemeinsame Pflichten in der Ehe.

Lucia Margaretas Schicksal war weder einzigartig noch bemerkenswert. War eine Tochter womöglich nicht strahlend schön nach dem Geschmack der Zeit, was konnte sie mehr erreichen als eine solche Partie?

Mittellos allerdings war Lucia Margareta nicht. Im Gegenteil. 7600 Reichstaler brachte sie in die Ehe ein. Eine attraktive Summe, die den Bewerber über Äußerlichkeiten wie Statur, Teint oder Haarfülle seiner Zukünftigen getrost hinwegsehen lassen konnte. Ein solch wohl gefülltes Portefeuille verlieh jeder jungen Frau eine Anziehungskraft besonderer Art. Der Braut selbst konnte diese Summe das Gefühl geben, eine Stütze für den Fall frühzeitiger Witwenschaft zu haben. Ob die Mutter daran dachte, einen förmlichen Ehevertrag auszuarbeiten oder ausarbeiten zu lassen angesichts der Summe, die hier im Raum stand, wie es damals seit längerem in vermögenden bürgerlichen Kreisen üblich geworden war, um die Braut und künftige Ehefrau abzusichern? Wieder suche ich die Literatur nach Auskunft ab: die Niederschrift von Eheverträgen fiel in den Bereich der pastoralen Rechtsvorsorge, und so hatte der Geistliche die Abreden der beiden Verlobten bzw. Heiratswilligen in ein ordentliches Protokoll und in ein Register aufzunehmen. Aber vielleicht wurde an einen solchen Kontrakt auch gar nicht gedacht, weil er überflüssig, ja eigentlich kontraproduktiv gewesen wäre in diesem Fall. Denn was für den Mediziner und Arzt Dr. Schütte in Oldenburg gegolten hatte, traf ebenso auf den jungen Staatsdiener Herbart zu: auch er unterstand dem ‚Römischen Recht'; und damit kam ein zweiter wichtiger Aspekt dieser rechtlichen Sonderstellung zum Tragen: Lucia Margareta und Thomas Gerhard Herbart gingen zwar die Ehe miteinander ein, teilten von nun an Tisch und Bett; ihr Vermögen aber blieb getrennt. Die Frau verfügte über das ihre, der Mann über das seine. Theoretisch. Eine Regelung von 1754 in der großen oldenburgischen Gesetzes- und Verordnungssammlung, dem *Corpus Constitutionum Oldenburgicarum Selectarum*, hatte noch einmal das Sonderrecht bestätigt, das Staatsbedienstete und ein kleiner Kreis anderer ausgezeichneter Untertanen genossen: für sie galt nicht automatische Gütergemeinschaft wie für das Gros der Bevölkerung, die dem Ehemann alle Verfügungsgewalt über das gemeinsame Eigentum einräumte. Gerade für die meisten Frauen, die verheiratet wurden, war ein eventueller Ehevertrag also von großer Wichtigkeit, denn er konnte vor eben dieser automatischen Gütergemeinschaft in der Ehe schützen. Er hatte Vorrang vor dem geltenden Land- bzw. Stadtrecht. Er konnte eine Bastion, ein Fluchtturm für die Frau werden, dieser vor Zeugen beglaubigte Vertrag. Konnte, mußte es aber nicht, wie andere Frauen in dieser Zeit erfuhren (z.B. Dorothea Schlözer in Göttingen). Denn er sicherte ihnen zwar das eingebrachte Vermögen im Fall von Verwitwung oder Bankrott des Mannes, schützte aber nicht vor schleichender Veruntreuung, Verschwendung oder Mißwirtschaft während der gemeinsamen Ehejahre.

Hatte die zwanzigjährige, also noch unmündige Lucia Margareta Schütte eine nur andeutungsweise Vorstellung, wie dieser Rechtsraum Ehe für sie als Frau aussah? Nun, blind vor Liebe war diese Braut am allerwenigsten, wie ihr Brief aus dem Rückblick verrät, Zuneigung versperrte ihr nicht den klaren Blick auf ihre kommende Situation als Ehefrau; Unkenntnis der Rechtslage aber kann ich 1775 mit Sicherheit bei ihr und allen anderen zu verheiratenden Frauen annehmen. Niemand wird sich mit ihr hingesetzt und ihr das Privileg der Gütertrennung dargelegt haben; ihr daraus ein Gefühl der Sicherheit und des Auswegs aufgezeigt haben. Was hätte dies auch schon genutzt? Eine einmal sanktionierte Ehe war ziemlich unumstößlich, die Kirche hielt mit eisernem Griff die Hand über die von ihr geschlossenen Lebensverbindungen, nur gröbste Verstöße und Verletzungen konnten ein Grund sein, eine Ehe aufzuheben. Solche aber würde keine Braut auch bei schlimmsten Befürchtungen ernsthaft für sich erwarten. Und Abneigung war keiner. So wird auch diese junge Frau der Mutter gehorcht haben, beugte sich über ihre Weißnäherei, stickte und faßte Kanten ein und versuchte, sich in ihre Situation zu finden. Vielleicht brodelte manchmal ein Anflug von Rebellion hoch, er ging im allgemein üblichen Ungleichgewicht von elterlicher Gewalt und kindlichem Gehorsam unter. Von der Obhut der Mutter würde Lucia Margareta in die Obhut des Mannes übergehen, dann würde sie ihm Gehorsam schulden, seine Autorität anerkennen und noch ganz neue unbekannte Pflichten auf sich nehmen. So sahen es die Ratgeber-Bücher vor.

Nach der Heirat war die vormalige Demoiselle Schütte also Frau Kanzleirätin in Oldenburg, ihr gesellschaftlicher Status drückte sich in der nominellen Teilhabe an der beruflichen Position ihres Mannes aus. Als Frau Kanzleirätin wurde sie auf der Straße gegrüßt, als Frau Kanzleirätin zum Tee gebeten, für Frau Kanzleirätin wurden die Stoffballen zur Begutachtung abgerollt, für Frau Kanzleirätin breitete die Putzmacherin die neuesten Bänder und Kunstblüten aus. Aber in einer Hinsicht blieb sie ihrer Herkunftsfamilie verhaftet: da ihr Schwager Johann Friedrich Jakob Herbart das elterliche Haus in der Haarenstraße erhalten hatte, richtete sich das junge Paar Thomas Gerhard und Lucia Margareta in ihrem Elternhaus in der Langen Straße ein. Dort wird die Mutter Schütte knapp ein Jahr später die Geburt ihres Enkels Johann Friedrich erlebt und überwacht haben. Ihr blieb eine mühevolle Anfahrt zum Wochenbett der Tochter erspart, neben ihrer weiblichen Kompetenz in Geburtsangelegenheiten brachte sie sicher auch ein paar medizinische Kenntnisse ihres verstorbenen Mannes mit. Hatten die Herren Mediziner doch allmählich auch auf dieses Refugium weiblichen Erfahrungswissens ihre akademische Hand und Vormundschaft gelegt.

Schon seit Tagen war auf der ruhigen Rückseite des Hauses ein Zimmer sauber und immer gut gelüftet bereit gehalten worden. Die alte Frau Schütte hatte einen Fußteppich in diesem Raum auslegen und die Türschlösser frisch einschmieren lassen, um alle überflüssigen und störenden Geräusche für die Gebärende auszuschalten. Hätte die Geburt in einem Vorderzimmer stattfinden müssen, hätte sie frühzeitig für Stroh gesorgt, mit dem man die Straße vor dem Haus auslegen konnte gegen die Erschütterung der klappernden Fuhrwerke. Als die Wehen sich ankündigten, ließ sie nach der Hebamme schicken, stellte selbst Wasser und Zitrone bereit zur ständigen leichten Erfrischung für die Gebärende und sorgte dann auch dafür, daß die Hebamme sich für ihre Tochter Zeit nahm. Als alles glücklich überstanden war, blieb die Wehmutter vielleicht noch eine Weile im Geburtszimmer, half, die erschöpfte junge Mutter nach der extremen Anstrengung ins Bett zu legen und den Geburtsstuhl beiseitezuräumen. Dann setzte sie sich an die Seite des Bettes, beobachtete den Schlaf der jungen Mutter und rieb und massierte ihr später sanft den Leib, um die Rückbildung anzuregen. Vor allem aber legte sie ihr das Kind zum ersten Mal an die Brust. Die Rousseauschen Ideale einer neuen Mutter-Kind Beziehung waren auch bis Oldenburg gedrungen, natürlich kannte die Hebamme die Forderung, die leibliche Mutter solle unbedingt ihr Neugeborenes selbst stillen und es keiner bezahlten Amme überlassen. Lucia Margareta wußte sie offen für das neue Ideal, und sie hatte sich gefreut, einmal nicht um eine Amme vom Land annoncieren zu müssen, wie sie es sonst immer noch häufig tat. Die Wöchnerin wandte sich ganz ihrem Kind zu, schon während der Schwangerschaft hatte sie auf alle einengende und schnürende Kleidung verzichtet, im Wochenbett verzichtete sie noch mehr auf überflüssiges Beiwerk, die Haare blieben ungepudert und ohne kunstvolle Drapierung. Und als sie wieder aufgestanden war und sich Bewegung verschaffen sollte und wollte, da suchte sie Spaziergänge in der frischen Luft und nicht den obligatorischen Weg in die kühle, feuchte Kirche. So oder ähnlich kann ich mir die Umstände von Lucia Margaretas Niederkunft vorstellen, wenn ich zeitgenössische Ratgeber der Geburtshilfe studiere.

Am 5. Mai 1776 hatte die Einundzwanzigjährige ihr erstes und einziges Kind geboren. Die Ehe war also für die Gesellschaft sichtbar und erfolgreich vollzogen, ein Stammhalter geboren. Und die junge Frau hatte ihr Ziel erreicht: sie war Mutter. Hätte sie ein eigenes Schlafzimmer gehabt, wäre die Tür von jetzt an konsequenter geschlossen geblieben, aber da war das große stattliche Doppelbett, das er für ihren gemeinsamen Ehestand erworben hatte … Dennoch versuchte sie, die Rolle der Ehefrau zugunsten der neuen Mutterpflichten häufiger von sich zu weisen. Das Kind war eher zart, man hielt es für besonders pflegebedürftig, desto intensiver konnte sich der mütterliche Elan der Zuwendung ausleben. Statt weiterer leiblicher Mutterschaft wählte Lucia Margareta die Doppelrolle der Pflegemutter. Sie adoptierte nach dem Tod ihres Schwagers Johann Konrad Herbart 1784 dessen Tochter Antoinette Christiane, die ein Jahr früher als ihr eigener Sohn geboren war. Dieser Bruder ihres Mannes war Pfarrer in Stollhamm gewesen, seine Frau lebte später in einfachen Umständen in Varel und hielt immer Kontakt zu ihrer Tochter. Außerdem kümmerte sich Lucia Margareta auch intensiv um die Erziehung von Annette Schröder (im Taufregister hieß sie eigentlich Anna Margareta), die 1778 geborene Tochter einer entfernt verwandten Freundin. Ob sie gleich strategische Pläne mit diesem

Pflegekind verband, läßt sich nicht mehr nachvollziehen. Auf jeden Fall hatte sie Verheiratungsabsichten, als die Kinder herangewachsen waren. Die selbst durch eine Konvenienzehe Überrumpelte hatte Annette Schröder als Frau für ihren Johann Friedrich ins Auge gefaßt. Es kam zu keiner solchen Verbindung, beweist nur, wie sehr Lucia Margareta ihrer Zeit verhaftet war, daß sie überhaupt Absichten hegte, auf diesem heiklen Gebiet zu planen, einzugreifen. Überhaupt wollte sie alles im Griff haben, alles kontrollieren, dies ist ein konstanter Zug, dem ich wiederbegegnen werde bei ihr. Ein Produkt ihrer eigenen Erziehung konnte und mußte die adäquate Ehefrau und Partnerin für ihren Sohn sein, den sie seinerseits hoch ambitioniert in seiner Entwicklung beobachtete, förderte, forderte. Ihr wachendes Auge, ihre organisierende Hand, ihr planender Verstand waren überall präsent, eilten auf Ausflügen voraus, hielten zu Hause alles für die Heimkehr gerichtet, hatten im Alter des Kleinkindes schon die Schul- und Akademikerkarriere fest im Visier.

Im Oktober 1794 ließ sich dieser Sohn Johann Friedrich in Jena an der Philosophischen Fakultät immatrikulieren. Lucia Margareta, die in diesem einzigen leiblichen Kind ihren Lebenszweck und -mittelpunkt gelebt hatte, blieb in der Heimatstadt zurück. Thomas Gerhard und sie hatten, zunächst widerstrebend, dem Wunsch des Sohnes nach einem einjährigen Philosophiestudium zugestimmt. Ihre eigenen Pläne, aus ihm einen Juristen für den späteren Dienst in der oldenburgischen Landesverwaltung zu machen, waren damit zwar aufgeschoben, aber noch nicht aufgehoben. Wie die Mutter den Verlust ihres Lebensmittelpunktes erlebte, läßt sich nicht mehr nachvollziehen, sie blieb als etablierte Frau Justizrätin der oldenburgischen Gesellschaft erhalten. Der Studienort Jena hing einerseits mit dem hohen Ansehen der dort damals lehrenden Professoren zusammen sowie mit der Tatsache, daß hier seit der Berufung Reinholds, Wielands späterem Schwiegersohn, 1788 eine Kant-Hochburg entstanden war. Schließlich war ein Oldenburger Landsmann, Professor Woltmann, gerade als Historiker nach Jena berufen worden und konnte indirekt Johann Friedrichs Werdegang begleiten.

Aber von Jena aus herrschte während des ersten Studienjahres bis auf knappe Mitteilungen erst einmal Schweigen, man kann sich ungefähr vorstellen, wie das auf die Mutter, die Eltern gewirkt haben muß. Viele Spekulationen werden ihnen durch den Kopf gegangen sein, was dort im fernen Jena vor sich ging. Immerhin hatten sie dem Sohn eine Unterkunft mit Aufwärterin zugebilligt, keine selbstverständliche Vergünstigung; sie hatten ihm, dem musikalisch so Begabten, auch das lang entbehrte Klavier zukommen lassen. Vielleicht hatten sie ihm sogar die Möglichkeit gegeben, Sofa und Pult zu mieten, auch ein Extra, das teuer zu bezahlen war. Etwa 200 Reichstaler mußte ein Student jährlich in Jena zur Verfügung haben, andere Universitätsstädte waren allerdings kostspieliger. Die Herren Professoren der Philosophischen Fakultät in Jena hatten kaum mehr an Gehalt, als die Studenten an Lebensunterhalt aufbringen mußten. Als Johann Friedrich sich im September 1795 endlich zu drei ausführlichen erklärenden Briefen an die Eltern aufraffte, unterschlug seine Aufwärterin die Briefe um des Postgeldes willen, das sie gern einsteckte. Die Eltern blieben ein Vierteljahr ganz ohne Nachricht von ihrem Sohn, die Reaktion war entsprechend verstimmt. Ein neu gewonnener Freund und Kommilitone, Johann Smidt aus Bremen, wurde zum Mittler zwischen den Parteien.

Fast bin ich versucht zu sagen, die Mutter stürzte sich auf diesen neuen Bekannten ihres Sohnes, vereinnahmte ihn in geradezu frappierender Weise. Kaum hatte er das Bild des Sohnes bei der Mutter wieder geradegerückt, wurde er sehr bald zum Vertrauten und Mitwisser in einer durchaus delikaten Sache: der Flucht der Justizrätin aus Oldenburg. Flucht? Dieses Wort ist Interpretation und Wertung aus 200 Jahren Abstand, und doch erwecken die vorhandenen Quellen genau diesen Eindruck, den Eindruck einer wohl geplanten Flucht in der ersten Jahreshälfte 1796.

Inventur
Ein junger Mann aus Bremen
Große Auktion
Ein leeres Haus
Heimliche Reisepläne

Lucia Margareta ging taxierend durchs Haus. Bleistift und Papierbogen in der Hand, machte sie eine Aufstellung über ihr Mobiliar und Inventar und vermerkte mit ihrer klaren Schrift jeweils dahinter den veranschlagten Wert der Stücke. Zuoberst notierte sie das große Bett für zwei Personen, das sie mit sehr leichtem Herzen auf die Verkaufsliste setzte. Dann kamen die Gästebetten, die sie wohl auf jeden Fall noch brauchen würden, die Bettstellen des Gesindes. Vor einzelnen Schränken blieb sie einen Moment stehen, mit der Hand fuhr sie über die glatte Oberfläche der beiden großen Bogenschränke mit Nußbaumfournier. Ihr Eichencorpus war massiv und unverwüstlich, der Inhalt darin unsichtbar und absolut versteckt. Wie unsere Ehe, dachte die Hausherrin, niemand ahnt hinter der polierten Fassade, was sich dahinter verbirgt. Nicht alles war da so wohl geordnet und wirklich sauber wie das reichhaltige Leinenzeug und das schöne Porzellan, das hinter den sich öffnenden Türen zum Vorschein kam. Sie ging noch einmal durch, ob von dem Kaffee- und Teegeschirr alle Teile vorzeigbar und ohne Sprung waren, eines aus der Dresdner, ein anderes aus der Rudolstädter Manufaktur, ein drittes vollständiges Tafelservice aus englischer Fayance mit Federrand. Es war alles komplett, alles in gutem Zustand. Ihr Hausherr konnte zufrieden sein.

Die Inventur dauerte mehrere Tage. Schließlich war alles auf Papier festgehalten: Kommoden, Spieltische, Spiegel und Spiegeltische, ihr Schreibpult mit aufgesetztem Schrank, an dem sie so viele Briefe geschrieben oder geöffnet und gelesen hatte, das auch jetzt tagtäglich seinen Dienst tat. Sein Schreibtisch, der große Eßtisch mit den zwölf hohen Lehnstühlen, das Canapé. Alles Moderne, was er im Lauf der Ehe angeschafft, hatte sie innerlich schon abgestoßen, schwerer viel ihr die Trennung von ererbten Stücken aus ihrer Familie, aber auch da überwog das Gefühl, sich von Ballast zu trennen, alle aufkommende Trauer. Als sie auch in die Küche kam und anfing, das verschiedene Wirtschaftsgerät aus Eisen, Messing, Kupfer, Zinn, Blech und Holz aufzunehmen, löste sie bei ihrem Mädchen helles Entsetzen aus. Diese ahnte mehr als daß sie in Pläne eingeweiht war, welche grundlegende Veränderung im Haus der Herrschaft bevorstand. Lucia Margareta notierte den großen Feuertopf, die Bratmaschine, Tortenpfanne und die verschiedenen Kucheneisen. Zum Glück war die

Geschen außer Haus, auf ihrem üblichen ausführlichen Einkaufsgang, und mancher Schwatz mit einer der Aufkäuferinnen würde sie eine ganze Weile aus der Küche fernhalten. Schon lange kannte die Stadt keinen Wochenmarkt mehr, die Köchin mußte die verschiedensten Stellen anlaufen, um ihren Korb mit dem Nötigen zu füllen; und sollten einmal Blumenkohl oder Spargel den Tisch der Herrschaft bereichern, so wußte die Hausfrau sehr gut, daß die Köchin an mehreren Gärten in der Stadt würde nachfragen müssen nach solcher Delikatesse. Beim Gang in die Waschküche nahm Lucia Margareta die beiden Waschtröge, die Zeugpresse und die Zeugrolle in ihre Liste auf. Der holländische Pferdeschlitten kam zuletzt an die Reihe. Er war einer der stattlichsten in der Stadt gewesen, mit Schellendecke und Plumage, dem schönen Kopfschmuck für die Pferde, und einer warmen Schlittendecke. Sie war sicher, hierfür würde sich schnell ein Liebhaber finden.

Als alles inventarisiert war, setzte sie sich an ihren Schreibtisch und führte das Notierte noch einmal säuberlich mit Feder und Tinte aus. Diese Bögen legte sie ihrem Mann zur weiteren Verfügung hin. Am Montag, den 21. März konnte sie im wöchentlichen Anzeigenblatt lesen, daß der Herr Justizrat Herbart gewillt war, *verschiedene Mobilien und Hausgeräthliche Sachen [...] verkaufen zu lassen*. Der Herr Justizrat! Als eine Woche später die vollständige Aufzählung der Verkaufsgegenstände in der Zeitung erschien, registrierte sie, daß er alles in eine neue Anordnung und Reihenfolge gebracht hatte und zu guter Letzt auch noch die alten Fenster und etwas Bauholz dazu anbot.

Vorerst aber gingen ihre Gedanken in eine ganz andere Richtung. Seit sich der junge Smidt aus Bremen vermittelnd zwischen ihr und Johann Friedrich eingeschaltet hatte, brannte sie darauf, ihn kennenzulernen. Vor kurzem noch Studienkollege des Sohnes im weimarischen Herzogtum, war er bereits wieder in seine Heimatstadt zurückgekehrt und also vergleichsweise nahe greifbar. Nach einigem brieflichen Hin und Her hatte er tatsächlich sein Kommen zugesagt, selbst die Absage des sehnlich aus Jena erwarteten Professor Woltmann hatte ihn nicht veranlaßt, seine Reisepläne zurückzunehmen. Sie lockte mit anderen interessanten und jungen Gesprächspartnern und Gästen, die ebenfalls erwartet werden sollten, arrangierte und plante mit kaum verhohlener Dringlichkeit, von der sie selbst spürte, daß sie hart an Aufdringlichkeit grenzte. Ja sie konnte nicht lassen, sich als Frau mit ironischer Koketterie zu präsentieren und schrieb, während die Tinte zum Glück schon merklich blasser floß: *Sonst werden Sie hoffentlich nicht viel erwarten. z. E. Nahrung des Geistes finden Sie nur im Club; wohin mein Mann aber auch Sie oft genug führen wird. Im Hause wo wir Frauenzimmer uns gewöhnlich der Conversation bemächtigen dürften Sie leicht vor geendigten Feiertagen kein gescheutes Wort hören.* Dieser junge Mann konnte für sie ein Lotse werden. Mit seiner Hilfe würde sie ihr Schiff, das sie im Begriff war, loszubinden, im Ernstfall vielleicht manövrieren können. Sie wußte nicht, ob die ausgewählte Fahrrinne nicht doch gefährlicher war, als angenommen.

Sie verdrängte ihre Wetterfühligkeit, die sich in diesen Tagen durch drückende Kopfschmerzen bemerkbar machte und stürzte sich in ihre Aufgaben als Hausfrau. Sie mußte die Gästebetten herrichten, das Osterfest und nicht zuletzt Annettes Geburtstagsfeier vorbereiten lassen. Ihre Pflegetochter war am 22. März achtzehn Jahre alt geworden, es war seit langem der feste Plan, dies mit einem Ball und vielen jungen Gästen zu begehen. Schließlich mußte das Mädchen jetzt in die Gesellschaft eingeführt werden. Alles gelang, es wurde ein prachtvolles Fest, die Gäste gingen erst um fünf Uhr morgens auseinander, und der Bremer Gast, der letztlich doch eher aus Höflichkeit und Verpflichtung gegenüber dem Freund dessen Oldenburger Eltern besucht hatte, nahm an allem lebhaft Anteil. Zuerst hatte er sich zwar als Nichttänzer aus der Affäre ziehen wollen, als Lucia Margareta ihn aber recht dringend wenigstens um einen Tanz bat, ließ er sich überzeugen, daß es um seine Fähigkeiten gar nicht so schlecht stand. Er nutzte den Abend, sich im englischen Tanz zu vervollkommnen. Seine Gastgeberin verfolgte diese Entwicklung mit Aufmerksamkeit und Genugtuung. In Bremen wußte man kaum den Namen seiner neuen Oldenburger Bekannten, deren Werben er da gefolgt war. Der Justizrat seinerseits führte ihn erwartungsgemäß in den Herrenzirkel, bei Kanzleirat von Halem genoß er Punsch und lernte diesen Mentor seines Studienfreundes ebenfalls schätzen. Mit Mademoiselle Annette gab es einen Spaziergang über Land, ein Knistern und Zündeln lag in der Luft, unausgesprochene

Mädchen-Erwartungen bauen sich auf. Alles in allem ein geselliges Intermezzo für den jungen Bremer, das dank Organisationsgeschick der Hausfrau die Waage hielt zwischen konventionellem Arrangement und angenehmer Freiheit für den Gast. Den aus Jena übermittelten Auftrag zu erfüllen, fiel Smidt allerdings schwer. Diese Frau Herbart, die Mutter seines Freundes, wie stand es wirklich um sie? Hatte sie als muntere Gastgeberin eigentliche Niedergeschlagenheit und körperliche Krankheit überspielt? Seine Anwesenheit war ihr Bedürfnis, dieser Eindruck aus ihren Briefen hatte sich im Zusammensein bestätigt. Sie verband mit seiner Person Erwartungen, was ihm nicht uneingeschränkt lieb war.

Als man den Bremer Gast nach einer knappen Woche verabschiedet hatte, machte sich im Haus in der Langen Straße endgültig Aufbruchstimmung breit. Möbel wurden abgestaubt und ein letztes Mal auf Hochglanz gebracht. Lucia Margareta legte selbst Hand mit an und zeigte ihrem Mädchen noch einmal, wie man den wollenen Lappen über Kohlen erwärmte, gelbes Wachs darauf strich und dann die Nußbaumoberflächen vorsichtig bohnerte. Als alles duftete, blinkte und strahlte, wurden die Möbel zuletzt mit großen Tüchern abgehängt. Der Justizrat überließ das Feld ganz seiner Frau, nachdem er die Bekanntmachung der Auktion wiederholt veranlaßt hatte; er sah keinen Grund mehr zu weiterem Handeln. So wie sie im häuslichen Bereich immer alles geregelt und ausgeführt hatte, würde es auch diesmal gehen. Als am 11. April morgens die ersten Besucher sich meldeten, um das zum Verkauf Stehende zu besichtigen, suchte er nach kurzer Begrüßung das Weite. Mit der Entschuldigung auf den Lippen, die Pflicht rufe ihn, ließ er sich den Hut reichen und verließ erleichtert das Haus. Mochte sie die peinliche Angelegenheit allein durchfechten, sie hatte überhaupt erst diese Auflösung betrieben und veranlaßt, sollte sie sie nun auch durchstehen. Er hatte genug damit zu tun, allen Fragen mit zugleich zufriedenstellenden und ausweichenden Antworten zu begegnen. Luftwechsel der Justizrätin aus gesundheitlichen Gründen, Reduzierung des Hausstands auf ein praktisches Minimum ... Wohnte er doch selbst seit kurzem nicht mehr in seinem Haus, sondern hatte sich in einer Wohnung am Dammtor eingerichtet.

Ich durchblättere die *Oldenburgischen wöchentlichen Anzeigen* des Jahres 1796 und suche nach einem Anhalt für seine neue Adresse. Er selbst hat nicht annonciert, Diskretion war ihm wichtig, im übrigen verfügte er über genügend Beziehungen in seiner gesellschaftlichen Position, um unter der Hand für sich zu sorgen. Dennoch möchte ich sehen, was sich ihm eventuell per Anzeigenblatt anbot. Er hätte bei *Cammerdiener Laurin* anmieten können, *einige gute Stuben mit Möbeln*. Um das Dammtor herum wechselten gerade in diesen Wochen zwei Häuser tauschweise den Besitzer, zwischen Regierungsadvokat Kirchhoff und Laurin. Dann hätte Herr Herbart am sogenannten inneren Damm gewohnt, also innerhalb der ehemaligen Stadtbefestigung. Oder hatte er sich in einem der gerade entstandenen Neubauten an der ebenfalls neu angelegten Huntestraße einquartiert? 1791 bis 1797 entstanden dort acht Häuser für Hofbedienstete und Privatpersonen, auch für den Hofbaumeister Becker, die den jetzt offen gestalteten Schloßbezirk in einem Halbbogen nach Süden umrahmten. Mich irritiert, daß der Justizrat in diesem Jahr als Käufer eines Hauses am Markt aktenkundig ist, ohne dort eingezogen zu sein. Womöglich investierte er sogar Geld in Umbaumaßnahmen. Woher kam dieses Geld? War es der Erlös aus dem Verkauf des Wohnhauses in der Langen Straße? Welchen Preis konnte man überhaupt mit einem Haus erzielen, beziehungsweise, was mußte man für ein komplettes Wohnhaus eventuell zahlen in diesen Jahren, in denen die Preise für Immobilien angeblich sprunghaft angezogen hatten? Ich vergleiche Kaufgebote für gerichtlich verfügte Hausverkäufe und finde eine Spanne zwischen 2200 bis 3330 Reichstaler. Das stattliche Schüttesche Haus mit Keller muß eher der oberen Kategorie zugerechnet werden. Ein Blick hinüber in eine andere Residenzstadt rückt mir diese Zahlen in anschauliche Relation. Der Weimarer Herzog Karl August erwarb seinem Lieblingsbeamten das große Haus am Frauenplan für 6000 Reichstaler. Goethes Gehalt betrug dabei das Doppelte eines normalen Regierungsbeamten Herbart in Oldenburg. Wobei zu bedenken ist, daß der oldenburgische Reichstaler nicht exakt gleichzusetzen ist mit dem sächsisch-weimarischen, die Einheitswährung hatte sich schon seit langem in ihrem Wert auseinanderentwickelt.

Margareta nahm ihre Aufgabe an. Etwas aufgesetzt munter überspielte sie ihre körperliche Schwäche und ihre Beschwerden und führte die Kaufinteressenten durch die Räume, pries die gute Qualität eines Schrankes, die Funktionstüchtigkeit von Hausgeräten. Als alles vorab in Augenschein genommen worden war, eröffnete sie die eigentliche Auktion. Annette und Antoinette assistierten, wiesen die bezeichneten Objekte, und Lucia Margareta konnte sich aufs Kaufmännische konzentrieren. Nach den ersten beiden, mit gutem Preis versteigerten Stücken gewann sie zunehmend an Vertrauen und vermochte geschickt, den Geboten nachzuhelfen und sie langsam in die Höhe zu treiben. Mehr als ein Stück brachte es auf einen Preis deutlich über ihrer Veranschlagung. Sie staunte selbst, wie ihr die mit Bedenken erwartete Aufgabe unter der Hand zur Freude wurde. Es machte Spaß, mit erhobener Stimme vor diesem 'Publikum' zu agieren und verdeckt machtvoll Einfluß auszuüben. Eigentlich war das eine Beschäftigung nach ihrem Geschmack, aufrecht, stehend, alle Blicke auf sie gerichtet. Das Sitzen mit gebeugtem Blick, die Handarbeit im Schoß, es war noch nie ihre Welt gewesen. Am Ende blieben einige Schränke, Stühle und andere Sachen übrig, aber sie war rundherum zufrieden mit ihrem Verkauf. Vielleicht konnte man die Teile erst einmal im Haus stehen lassen, selbst wenn Ratsherr Schröder sein neues Eigentum schon angetreten hatte, August Schröder, der begeistert gewesen war, dieses stattliche Haus erwerben zu können.

Blieb am Ende noch das Gesinde. Lange hatten die Geschen und die Magd die Vorgänge im Haus ihrer Herrschaft nicht wahrhaben wollen. Verpflichtet, selbst mit Hand anzulegen beim Ordnen, Säubern und Stapeln, hatten sie bis zuletzt nicht geglaubt, daß dieser Hausstand wirklich ganz und gar aufgelöst werden sollte. Als sie jetzt sahen, daß auch ihre Bettstellen tatsächlich veräußert worden waren und offensichtlich ihre Anstellung im Haus Herbart zu Ende war, kam für beide ein böses Erwachen. Das Mädchen ging zuerst, weinend, sie hatte es gut gehabt im Haus der Justizrätin und hatte keine neue Anstellung. Die Geschen hielt die Stellung, sie legte sich freiwillig auf Stroh und ging erst Tage später, als sie die Aussichtslosigkeit ihrer Lage in diesem Haus einsehen mußte. Es gab nichts mehr zu kochen, zu säubern, zu holen, zu bestellen. Lucia Margareta schloß die vordere Haustür zu und war allein. – Setzte sie die Frauen wirklich von einem Tag auf den anderen unversorgt auf die Straße? Es wäre eine brutale Rücksichtslosigkeit gewesen, denn sie hatten damit keinerlei Bleibe, geschweige denn Einkommen. Oder hatte sie doch vorsorgend annonciert, schon im März: *Eine Person, welche einer Haushaltung in der Stadt, oder auf dem Lande vorstehen kann, auch alle andre weibliche Arbeiten wie Nähen, Stricken, Kochen pp. versteht, suchet Condition?* Ich wünsche es, ohne es belegen zu können, damit ihr Schritt in die eigene Freiheit nicht buchstäblich über andere Frauen hinweggeht.

Das Haus war leer, war still. Nach den Tagen der Auktion und des Möbelherausschaffens war der Kontrast besonders stark. Es gab keine bürgerlich korrekte Haushaltung mehr, die gewohnten Richtlinien von Anstand und Contenance waren außer Kraft gesetzt. Hinter ihrer verschlossenen Tür ließ Lucia Margareta die Justizrätin Herbart fallen, sprach sich von allen gesellschaftlichen Verpflichtungen frei und – legte sich ins Bett! Die letzte Zeit hatte sie extrem gefordert, sie war körperlich erschöpft und ruhebedürftig. Aber das war nur die halbe Wahrheit. Das Schlafen war Nebensache, es ging ihr um die wunderbare Freiheit, einmal ihr momentanes Bedürfnis leben zu können. So baute sie um sich herum einen kleinen Essensvorrat auf, alles, was von der Hand in den Mund genossen werden konnte, daneben stapelte sie Lektüre – und streckte sich aus. Sie schlug ihre Lieblingsstelle im jüngst erworbenen Roman auf, dort, wo sie sich schon vor Tagen ein Zeichen eingelegt hatte: *Nichts ist unerträglicher als so ein alter Kram von Besitzthum. Wie läßt sich bey einem todten Kapital nur irgendeine Freude denken!* Sie konnte diesen Satz immer wieder lesen, eigentlich wußte sie nicht mehr, ob er die Quelle für ihren Mut gewesen war, das zu bewerkstelligen, was sie in den letzten Wochen geplant und geleistet hatte, oder ob ihr Entschluß schon festgestanden und sich nur hier im *Wilhelm Meister* bestätigt gefunden hatte. Aber genau das war es: Ballast abwerfen, Leichtigkeit und Beweglichkeit zurückerlangen, Freude leben! Nach *Wilhelm Meister* griff sie zu Vossens schöner Idylle, auch eine neuere Erwerbung unter ihren Büchern. Sie lehnte sich ganz zurück und versank in der Schilderung des ländlichen Picknicks, genoß die Atmosphäre von Toleranz und Menschenfreundlichkeit, die die Gespräche der Protagonisten atmeten und freute sich am Ende auf die glückliche, zeremonielose Vermählung von Luise und Arnold. Sie las nicht mit der wissenden Distanz der erfahrenen Matrone, sie ging in der Geschichte auf, lebte auf den Papierseiten mit, was sie selbst nie erfahren hatte, und manchmal schoben sich auch die Gesichter ihrer Kinder über Luise und Arnold.

In ihre Lektüre hinein kam ein Brief aus Jena. Fein säuberlich in ein Bremer Kuvert gehüllt mit Bremer Schriftzügen. Smidt war inzwischen ihrer beider Geheimagent geworden. Uneigennützig und freundlich war er zu Diensten, eingeweiht in alle Pläne. Der Freund hatte sich nicht entziehen können, entziehen wollen. Johann Friedrich war vorsichtig! Er vermutete richtig, daß der Umzug vollzogen und die Mutter im Haus allein zurückgeblieben war. Sie überflog den Dank für gesandtes Geld, die Schilderungen seiner Pläne und Aktivitäten und blieb dann an Sätzen hängen, die sie weniger kalt ließen, als sie sich gewünscht hätte. Die Gerüchteküche brodelte also, selbst bis Jena waren die Dämpfe und Gerüche gezogen. Trotz aller Vorsichtsmaßnahmen und kaschierenden Scheinabsender. Man munkelte über sie, die Justizrätin, man spekulierte, urteilte, wußte Bescheid und teilte seine Erkenntnisse mit ins ferne Thüringen, wo der Landsmann auf Professor Schillers Lehrstuhl es schließlich auch erfuhr. Und den Sohn informierte, damit er im Bilde war. Was ein Akt der Menschenfreundlichkeit war und den Beteiligten gleich zu Anfang den Irrglauben nahm, einen Schritt wirklich allein, geheim und unbeobachtet machen zu können. – Die Vorstellung, aus diesem 4000-Seelen-Oldenburg bald herauszukommen, die Landesgrenzen hinter sich zu lassen, dieser im Stillen gehegte Plan, das Geheimnis zwischen Mutter und Sohn, war in jenem Maß gereift, wie Johann Friedrich sich in den vergangenen Monaten langsam vom Vater gelöst und sich auf die Seite Lucia Margaretas geschlagen hatte. Die Mißstimmung zwischen ihm und ihr hatte Freund Smidt beheben geholfen, gleichzeitig hatte sich zwischen Thomas Gerhard und dem Sohn ein immer breiterer Graben aufgetan. Lucia Margareta hatte die ausgestreckte Hand des Sohnes angenommen, für einen Moment nur, wie sie meinte, er aber hatte die Rolle des Mannes an ihrer Seite gewissenhaft belegt. Je mehr sie jetzt las, um so ungläubiger staunte sie, wie der Junge die Rolle füllen zu müssen glaubte. Er arrangierte, plante, entschied, was ihr Schritt in die Freiheit sein sollte! Wenn schon ihre beabsichtigte Reise nach Jena mehr offenes als wirkliches

Geheimnis war, so sollte sie doch wenigstens vor Ort unauffindbar sein, also nicht in seiner unmittelbaren Nähe zu suchen, nicht in Jena selbst. In einem Dorf in der Nähe wollte er ihr eine Unterkunft besorgen, einfach, aber sauber und bei freundlichen, dienstfertigen Leuten.

Tage später noch hatte Lucia Margareta diesen letzten Brief ihres Sohnes nicht verschmerzt. Sie machte sich Luft in einem Schreiben an Smidt, tunkte die Feder heftig ein und schrieb mit etwas zu viel Druck in der Hand: *Hat man je so was gehört? Bin ich denn wirklich so schwach? ist* [sic] *meine völlige Dependenz von einem vielleicht noch unbärtigen Knaben denn so bekannt so ausgemacht gewiß? Sagen Sie mir doch lieber Freund, was soll ich thun, um den Kopf wieder oben zu kriegen?* Sie überlegte kaum, was sie formulierte, so schnell gingen ihr die Worte in ihrer Erregung aus der Feder. Sie war dabei, Smidt für sich zu reklamieren, i h r Vertrauter, i h r Freund sollte er sein. Und ebenbürtig sie dem jungen Mann, nicht als Mutter des Studienfreundes, als Matrone hofiert und hingenommen. Vor der Tür hielt auch sie alle Regeln gesellschaftlicher Contenance aufrecht, gab sie dem Namen Herbart keine Blöße, aber hinter verschlossener Pforte und im privaten Brief, da wollte sie heraus aus ihrer Rolle, schon das probieren, was sie sich vom Auszug aus Oldenburg versprach. Sie konnte es nicht lassen zu schreiben: *daß es mir aber lieb wäre wenn Sie Sichs abgewöhnen könnten mir mein Alter und meine Geburt vorzuwerfen. So fein und zierlich dies auch das letztemal war, so wissen Sie doch nicht besser als ich selbst, ob ich wohl oder übel geboren bin, wohl aber sind Sie jetzt schon überführt daß (etwas Corinthenartiges ausgenommen) nichts verehrungswürdiges zu finden ist an Ihrer – Freundin Herbart.*

Wieder hatte sie dick aufgetragen, die forcierte Jugendlichkeit erinnerte an rosarote Apfelbacken auf alternder Haut, mit Ironie hatte sie sich obendrein vom Verdacht mütterlicher Betulichkeit freizuhalten versucht. Sie sah die Wirkung ihres Briefs – und schickte ihn ab.

Der Justizrat kam jeden Tag, er besuchte seine Frau im halb leeren Haus, ließ Grüße in ihre Korrespondenz mit aufnehmen, wenn er sie gerade mit Schreiben beschäftigt fand und bemühte sich im übrigen, nach Außen den Eindruck selbstverständlicher Normalität zu wahren. Auch brachte er Grüße an sie mit aus der Gesellschaft, im

Gegensatz zu seiner Frau legte er das konventionelle Miteinander nicht ab, wenn er die Tür hinter sich geschlossen hatte und sie allein waren. Er hatte kein Gespür für die Vorgänge in ihr, und sie machte keine Anstalten, ihm Einsicht zu gewähren. Ihre Welten trennten sich immer mehr, Stück für Stück kappte Lucia Margareta die Verbindungen. Sein neues Domizil hatte sie ihm noch eingerichtet, jeder, der es wollte, hatte ihre sorgende Hausfraulichkeit registrieren können. Unmittelbar vor der Auktion hatte sie sich zwei Tage dafür Zeit genommen, dazwischen noch Besuche geschoben und alles bestens gerichtet. In diesen Tagen war der Justizrat kaum aus dem Club herausgekommen, sein Weg von der Kanzlei in die Lange Straße hatte ihn direkt in von Hartens Gasthaus geführt in die hinteren Clubräume, wo er sich im Lesezimmer hinter den aktuellen Zeitungen verborgen hatte, bis ihm die politischen Ereignisse im fernen Paris lebhafter vor Augen standen als das Geschehen rund um seine eigene Person.

Für Lucia Margareta war es ein endgültiger Abschied, den sie in diesen Wochen vorbereitete, zwar hieß ihr offizielles Reiseziel die kleine Stadt Ratzeburg, nordöstlich von Hamburg, dorthin führte der Reiseweg mit der Post. Sie kannte alle Stationen auswendig: Huntebrück, Elsfleth, Rekum, Scharmbeck, Stade, Elbe, Cranz und Blankenese. Aber tatsächlich war verabredet, daß sie und ihr Sohn sich in Wolfenbüttel treffen und von dort gemeinsam Richtung Jena reisen wollten. Die ganzen äußeren Umstände waren dazu angetan, daß die Herbarts doch die Aufmerksamkeit in Oldenburg auf sich lenken mußten, zu sehr war man gesellschaftlich eingebunden und in den Straßen und Gassen der immer noch mittelalterlich engen Stadt den neugierigen Blicken der Mitbürger ausgesetzt. Der Justizrat tat, was er konnte, die Fassade seiner Ehe aufrecht zu halten, auch nahm man diskret lächelnd seine diversen Erklärungen auf, und tuschelte sich nichts desto trotz andere Informationen zu, die man eigenen Beobachtungen verdankte. Vielleicht glaubte am Ende der Justizrat als einziger noch an Ratzeburg, und allen anderen war absolut klar, daß Mutter und Sohn sich zu einer Liaison anschickten. Denn daß Lucia Margareta nur den Mann an ihrer Seite wechseln, nicht aber etwa allein aufbrechen konnte, das war ungeschriebenes Gesetz. Die einzige, die ihre Situation anders sah, war sie selbst, und so bäumte sie sich einen Moment auf gegen die neue Rolle, die ihr Sohn sich anmaßte ihr gegenüber. Ihr Pragmatismus siegte schließlich über das Unmutsgefühl und den Widerstand im Innern, sie nahm die ausgestreckte Hand an mit dem festen Vorsatz, sie bei erster Gelegenheit freundlich, aber entschieden wieder beiseite zu schieben. Erst einmal fort von Oldenburg, Aufbruch zum Neuen.

Viel interessanter als alle Überlegungen um echte und fingierte Reisewege ist die Frage, was Lucia Margareta überhaupt in den Stand versetzte, einen solchen Schritt aus Heimat und Ehe wagen zu können: ihre finanzielle Basis. Eigentlich war sie als wohlhabende junge Frau in die Ehe geschickt worden, und die Voraussetzungen schienen gut, ihr auch in der Ehe Selbständigkeit zu bewahren. Aber diese einfache Rechnung ist ohne ihren Mann gemacht: bereits nach zwölf Jahren Ehe hatte er ihr quittiert, daß von ihrem eingebrachten Vermögen nur noch 600 Taler übrig waren! Er hatte **ihr** Geld durchgebracht neben seinem eigenen Gehalt von inzwischen 1200 Reichstalern im Jahr. In dieser Situation war ein Unglück ihr Glück geworden. Ihr drei Jahre jüngerer Bruder war 1795 gestorben und hatte ihr ein Vermögen hinterlassen, das einträgliche Zinsen abwarf und ihr für einen bescheidenen persönlichen Lebensstil ausreichen konnte. Und eigentlich hätte im Zuge der Gütertrennung auch das Elternhaus nach dem Tod ihrer Mutter und ihres Bruders ganz auf sie fallen müssen als Erbin. So formuliert sie aus ihrer Perspektive auch klar das Eigentumsverhältnis zum Zeitpunkt des Verkaufs: es war **ihr** Haus, das sie veräußerte und das eine gute Summe eingebracht haben muß, wie ich im Vergleich gesehen habe. Die historischen Akten aber sprechen eine ganz andere Sprache, da ist der Justiz- und Regierungsrat ab ca. 1790 als neuer Eigentümer des Hauses Nr. 82 in der Langen Straße ausgewiesen. Strich also doch er den Verkaufsgewinn ein und war dadurch in der Lage, am Oldenburger Wohnungsmarkt mitzumischen? Die landesherrliche Bautätigkeit zur Verschönerung der Stadt setzte in diesen Jahren Maßstäbe, und eigentlich war jeder wohlhabende Bürger aufgefordert, im Privaten das Seine zur Verbesserung der Wohnsituation in der Residenz beizutragen. – Mehr Fragen stellen sich, als ich Antworten finden kann.

Lucia Margareta regelte jede Kleinigkeit. Insofern war ihr geplanter Fortgang eben doch keine Flucht, sondern ein wohl durchdachter und durchgeführter Abzug. Sie überließ nichts dem Zufall, nach ihrem Weggang sollte niemand auch nur die geringste Vernachlässigung ihr nachsagen können, dafür hatte sie in fast einundzwanzig Ehejahren zuviel Organisationstalent und Verantwortungsgefühl bewiesen. Vermutlich an einem Freitag im Juni 1796 brachte schließlich der Justizrat seine Frau und ihre Reisebegleiterinnen, von denen sie sich später trennte, bis Vegesack. Von dort ging es dann per Schiff nach Stade und Hamburg – aber eben nicht weiter bis Ratzeburg. Im Gegenteil: in Hamburg nutzte Lucia Margareta die Möglichkeit zur ersten uneingeschränkt freien Entscheidung, sie entschloß sich, der öffentlichen Post den Rücken zu kehren für die noch vor ihr liegende lange Strecke und sich die Annehmlichkeit einer eigenen Reisechaise zu gönnen. Zwar war die Einrichtung einer regelmäßigen öffentlichen Reisebeförderung, die Ordinari-Post, bereits eine große Errungenschaft, es gab tatsächlich schon so etwas wie Fahrpläne und feste Bedingungen der Personen- und Gepäckbeförderung in jenen Jahren des ausgehenden achtzehnten Jahrhunderts. Wer aber nur ein wenig auf sich hielt und individuelle Betreuung an den Poststationen wünschte abseits des Fahrplanreglements, der fuhr zumindest mit sogenannter Extra-Post. Die Beschreibungen von Postwagenfahrten genügen, um auch heute noch Lucia Margaretas Schritt uneingeschränkt nachvollziehen zu können. Und im Norddeutschen hatte die öffentliche Post nicht einmal wirklich Kutschen, sondern simple Wagen, deren Kasten starr mit den Achsen verbunden war, ohne Dämpfung durch Riemen, Ketten und Federn, wie sie eben die Kutsche auszeichnete. Da mag die Fahrt bis Hamburg gereicht haben, um in Lucia Margareta den festen Plan reifen zu lassen, der drangvollen Enge Körper an Körper mit unliebsamen Reisegefährten zu entkommen. Und der Gefahr, sich regelrecht zu verletzen bei den harten Stößen. Sie muß die Investition aber auch im Gefühl einer finanziellen Sicherheit gemacht haben, die ihr solche Großzügigkeit erlaubte. Von jetzt an konnte sie sich in ihrem leichten, sänftenartigen Wagen unbehelligt zurücklehnen und die Fenster zugezogen halten, wenn ihr beim Pferde- und Kutscherwechsel an einer Poststation nicht nach Neugier und Informationsaustausch zumute war. Ihr Weg bog jetzt geradewegs nach Süden ab, ihr Ziel war

Wolfenbüttel. Eigentlich waren Mutter und Sohn dort für den 24. Mai verabredet, aber Briefe gingen irre, kreuzten sich, es gab Sorgen und Unruhe: es kam zu keinem Treffen in Wolfenbüttel. Vermutlich litt Johann Friedrich mehr unter dem Fehlschlagen aller wohldurchdachten Pläne als Lucia Margareta. Dann machte sie die ganze Reise eben allein!

Uhlstädt bei Jena soll es sein
Eine Schwester ‚Auf dem Schwarzen Bären'

Die Lücke in der Überlieferung läßt mir freie Hand zu arrangieren. Ich lasse die beiden Ende Juli 1796 glücklich in Uhlstädt, eine Stunde vor Jena, zusammenkommen. Dort hatte der Sohn schon im vorhinein für seine Mutter eine einfache Unterkunft bei biederen Leuten gefunden, genau wie er geschrieben hatte. Von unterwegs erreichte ihn endlich eine Nachricht Lucia Margaretas, und er hatte gerade noch Zeit, der Ankommenden von Jena aus zu Fuß entgegenzugehen. Als sich auf dem einsamen, holperigen Weg eine elegante Reisechaise zeigte und der Kutscher anhielt, um sich nach dem Namen des nächsten Ortes zu erkundigen, wußte der wartende Johann Friedrich, daß seine Mutter da war. Wenig später lagen sich beide nach langer Trennung in den Armen. Johann Friedrich führte sie in das reservierte Quartier, machte sie mit ihren Wirtsleuten bekannt und ließ sich bei einem Imbiß die Reiseeindrücke seiner Mutter erzählen. Sie waren ein willkommenes und ganz spontanes Mittel, nach so langer Trennung wieder ins Gespräch miteinander zu kommen, sich ausgiebig mustern zu können und die frühere Vertrautheit langsam und tastend wieder aufzubauen. Mit Staunen hörte er, wie sie von der ihm wohlbekannten Landstraße bei Rothenstein erzählte und von jener Stelle, die fast jedem Reisenden den Atem stocken ließ: links die aufragende Felswand, rechts am Weg der tiefe, wie eine senkrechte Mauer zur Saale hin abfallende Steilhang. Seine Mutter, die Flachländerin, war fasziniert von dem landschaftlichen Reiz jener Stelle und schwärmte von dem prickelnden Hinabschauen aus dem Schlag ihres Wagens, wo andere den Atem anhielten und die Augen zupreßten, bis der Wagen die heikle Passage glücklich überwunden hatte. Hinter den Falten des alternden Frauengesichts sah er springlebendige Augen, die wie aus einer unterirdischen Magmaquelle beseelt schienen. So hatte er seine Mutter aus Oldenburg nicht in Erinnerung.

Es drängte Lucia Margareta, nach Jena zu kommen. Das ländliche Quartier fand ihre Billigung, aber am 28. Juli hielt sie nichts mehr, sie ließ ihre Chaise anspannen, und Johann Friedrich mußte mit, obwohl er gern gesehen hätte, wenn seine Mutter sich erst einmal ruhig in Uhlstädt eingelebt und ausgeruht hätte. Nach einer angemessenen Zeitspanne auf dem Land hatte er sie abholen und in Jena einführen wollen. Sie nahmen den Weg gleich zum Gasthof 'Auf dem schwarzen Bären', wo Johann Friedrich seine Mutter, wenn sie denn in Jena war, unterbringen wollte. Es war nicht einfach gewesen, ihr auch diese Vorabregelung schmackhaft zu machen, hatte sie doch tatsächlich ins Auge gefaßt, aufs Geratewohl nach Jena zu fahren und vor Ort eine Unterkunft zu nehmen, prima vista sozusagen, aus der Entscheidung des Augenblicks heraus. Das von ihm gewählte Haus war einfach, unter den in Frage Kommenden immerhin noch das komfortabelste. Unterwegs erzählte er Lucia Margareta, daß in diesem Gasthof bereits Martin Luther logiert hatte, als er 1524 von der Wartburg nach Wittenberg gereist war. Den Wirtsleuten hatte er bereits für die nähere Zukunft die Anreise seiner – Schwester angekündigt, die Zimmer im oberen Stockwerk vorsichtshalber besichtigt und für ausreichend befunden.

Kaum hatte der Wagen rasselnd und klappernd seine Ankunft hörbar gemacht, kam ein Hausknecht aus der Tür, hinter ihm gleich die Wirtin. Als Johann Friedrich den Wagenschlag öffnete, erkannte sie sofort den jungen Herrn Studenten wieder, der bei ihr angefragt hatte und war im Bilde. Beflissen näherte sie sich der Chaise, um Demoiselle willkommen zu heißen. Lucia Margareta war noch ganz damit beschäftigt, wie gewöhnlich vorsichtig tastend eine Stelle zu suchen, wo sie den Fuß aufs Pflaster setzen konnte, um dann schnell ihr Kleid zusammenzuraffen. Aber sie staunte, wie sauber die Gasse hier war. Die Wirtin ergriff die Gelegenheit, ihre Heimatstadt gleich in bestem Licht zu präsentieren. Ja, dies sei eine sehr nützliche Einrichtung, zweimal wöchentlich öffne man die Schleusen der Leutra, dann fließe das Wasser durch viele kleine Kanäle in die Straßen, vor allem auf den schönen Marktplatz, und spüle allen Unrat mit sich fort. Die Oldenburgerin staunte über diesen Jenaer Sinn fürs Praktische und beschloß, in einer solchen Stadt werde sie sich wohlfühlen können. Man stieg in den oberen Stock, um das Zimmer zu inspizieren. Nach den ersten Tagen in Uhlstädt hatte sie sich bereits an ein ziemlich hartes Bett und grobes Leinen gewöhnt. Ihr erster Blick fiel auf ein breites blaues Sofa, das an der Längswand des Raumes stand und sie sofort für dieses Zimmer einnahm. Die Wirtin meinte, noch auf die angenehme Westausrichtung hinweisen zu müssen, wodurch die wohltuende Nachmittags- und Abendsonne den Aufenthalt in diesem Raum besonders angenehm mache. Aber Lucia Margareta hatte sich schon entschieden.

Während ihr Sohn eine Ruhepause für angezeigt hielt, drängte es seine Mutter in die Stadt. So zur Schwester verjüngt, was brauchte sie da Ruhe! Die Stadt wollte sie kennenlernen, und gleich jetzt war der beste aller möglichen Momente, damit zu beginnen. Innerlich seufzend, reichte der Einundzwanzigjährige ihr den Arm und führte seine 'Schwester' hinaus auf die Straße. So lernte sie auf einem ersten Spaziergang die winklige Stadt kennen. Und während sie auf den zentralen, schönen Marktplatz zugingen, von dort über den Kreuzplatz in die Johannisstraße bogen, auf halber Länge in die Leutrastraße wechselten und schließlich noch die gesamte Collegienstraße entlangspazierten, führte Johann Friedrich ihr die Paradeseiten der Stadt vor und erzählte gleichzeitig von den verschiedenen Einrichtungen, die seine Mutter in Zukunft vielleicht interessieren könnten. So wies er sie auf die Existenz gleich zweier öffentlicher Leihbibliotheken hin, die Voigtische und die Stranckmannsche. Beide waren vorzüglich bestückt und durchaus immer auf dem neuesten Stand, was gute schöngeistige Produktionen anging. Die Büchersammlungen waren jeden Tag zur Nutzung geöffnet, für sechzehn Groschen im Vierteljahr konnte man von ihren Schätzen profitieren. Da er die Leseleidenschaft seiner Mutter kannte, hatte er mit diesen Informationen gleich ins Schwarze getroffen. Er versprach, sie in den nächsten Tagen mit Gewünschtem zu versorgen. Und sollte sie auf Anhieb keinen Titel wissen, so wollte er sich anhand der Rezensionen vor Ort orientieren, denn Voigt versah, was ziemlich einzig war, die Katalogzettel mit Auszügen aus Buchbesprechungen, um den Lesern und Leserinnen auch auf diese Weise entgegenzukommen. Lucia Margareta nahm jede Information auf wie ein Schwamm das Wasser. Übelbefinden und Reiseanstrengungen waren vergessen.

Unterdessen waren sie vor das Akkouchierhaus auf dem sogenannten Graben gelangt. Die Herzogin Mutter in Weimar hatte in ihrer Zeit als aktive Landesfürstin für diese Einrichtung gesorgt und nebenan gleich eine Hebammenlehranstalt dazu einrichten lassen. Lucia Margareta hörte mit Erstaunen, daß der Professor Stark hier für Frauen der unteren Stände gute erfolgreiche Geburtshilfe leiste, aber sie schreckte zurück, als sie sich gleichzeitig vorstellen mußte, wie die angehenden Mediziner, die Herren Studenten, hierbei ihre

Studien trieben und Erfahrungen sammelten als künftige Akkoucheurs. Aber daß diese Einrichtung intensiv genutzt wurde, daran hatte sie keinen Zweifel, waren ihr doch schon beim ersten Gang durch die Stadt soviel schwangere junge Frauen aufgefallen, wie selten irgendwo anders. Auf der anderen Seite des Grabens aber gab es etwas für sie noch Befremdlicheres, das Gebäude der Anatomie. Hier unterwies der berühmte Mediziner Loder seine Studenten im Sezieren des menschlichen Körpers. Johann Friedrich ersparte seiner Mutter die allenthalben kursierende Anekdote vom Akademie-Aufwärter, der den vermeintlichen Leichnam seiner noch warmen Ehefrau gleich zum Zergliedern gebracht hatte, was sich dann als gehöriger Irrtum herausgestellt hatte ... Ehe sie zum ‚Schwarzen Bären' zurückkehrten, wollte die Mutter zumindest noch einen Blick werfen in die Unterlauengasse, wo der Professor der Philosophie wohnte, um den die Studenten kreisten wie die Motten ums Licht. Und dem sich ihr Sohn auf eine inzwischen bereits mehr als freiwillige Weise verpflichtet fühlte. Hatte sie selbst doch schon mit kleinen Diensten und Aufmerksamkeiten, die Johann Friedrich an sie delegiert hatte, von Oldenburg und Bremen aus diesen Professorenhaushalt unterstützt. Schließlich hatte das Ehepaar aber auch im April Johann Friedrich mit auf eine Reise nach Leipzig und zu Kapellmeister Reichardt auf sein neues Gut nach Giebichenstein genommen, die Frau Professorin trotz ihrer fortgeschrittenen Schwangerschaft. Nun hatte sie gerade vor zehn Tagen vom ersten Kind entbunden. Bei Gelegenheit wollte Lucia Margareta diesen Anknüpfungspunkt nutzen, im Haus Fichte ihre Aufwartung zu machen an Johann Friedrichs Seite.

Lektüre und ein Mantel

Junge Männer

Arztvisiten

Eine neue Freundin

In den folgenden Wochen blieb Lucia Margareta in Jena. Nach der ersten Aufgewühltheit der Ankunft und Begeisterung hatte sich doch ihre körperliche Schwäche wieder bemerkbar gemacht. Ihre Backe schmerzte heftig, und Johann Friedrich hatte sie tatsächlich bewegen können, den Professor Loder zu konsultieren, obwohl ihr bei seiner Untersuchung nicht aus dem Sinn ging, daß diese Hände vielleicht eben noch einen Toten betastet hatten. Aber daß er mit dem großen Goethe zusammen experimentierte und theoretisierte, gab seiner Person in ihren Augen gleich auch wieder einen fast poetischen Anstrich. Gebracht hatte der Besuch nichts, auch machte sie sich wenig Hoffnung auf Hilfe, sie selbst schob es auf eine Überreizung der Gesichtsnerven, verordnete sich Wärme und Vorsicht bei Zugluft. So verbrachte sie viele Stunden des Tages in ihrem Zimmer im ‚Schwarzen Bären'. Sie war inzwischen bestens mit Lektüre eingedeckt worden, die sich auf dem kleinen Tisch vor dem Sofa stapelte. Das *Blüthenalter der Empfindung* hatte sie noch aus Oldenburg mitgebracht, hier, wo sie die Chance hatte, der Dichterin selbst zu begegnen, wollte sie ihre eigene Ausgabe bei sich haben und jederzeit zeigen können, daß sie das Werk bestens kannte. In einer ihrer Lieblingsstellen lag ein Band; wie oft sie die kurze Passage schon gelesen hatte und noch lesen würde, wußte sie nicht. Eigentlich kannte sie die wenigen Worte auch schon auswendig, aber es bereitete ihr eine ungemeine Genugtuung, sie lesen zu können, gedruckt auf Papier, geschrieben von einer Frau: *Wo haben wohl Weiber das Recht, sich unmittelbar des Schutzes der Gesetze freuen zu dürfen? – Sind sie nicht fast allenthalben mehr der Willkür des Mannes unterworfen? Wie wenig wird noch jetzt auf ihre natürlichen Rechte, auf den ungestörten Genuß ihrer Freiheit und ihrer Kräfte Rücksicht genommen!* Zwar hatte sich die kühne Schreiberin zuerst nicht namentlich zu erkennen gegeben, aber ihr Geschlecht hatte sie doch unmißverständlich im Vorwort klargestellt. Und diese vierundzwanzigjährige Frau, deren Veröffentlichungen schon vor ihrer Eheschließung Aufmerksamkeit erregt hatten, wußte sich auch Zugang zu den Privat-Vorlesungen des Herrn Fichte zu verschaffen! Lucia Margareta war tief beeindruckt von der Dichterin Sophie Mereau. Auch einen kleinen Gedichtauszug trug sie schon seit mehreren Jahren bei sich. Aus dem *Journal des Luxus und der Moden* hatte sie sich das Kleinod einmal notiert, der Zettel war abgegriffen und knittrig, aber immer zur Hand. Wie hatte sie damals gestaunt über soviel weibliche Unbedingtheit:

> *Nur **Wahrheit** bleibt ewig, und wandelt sich nicht:*
> *sie flammt wie der Sonne alleuchtendes Licht.*
> *Ihr hab' ich mich ewig zu eigen geweiht.*
> *Wohl dem, der ihr blitzendes Auge nicht scheut!*

Hier in Jena kursierten die wildesten Gerüchte über Liebschaften der jungen Schriftstellerin, die ihren trockenen Ehemann, den Herrn Universitätsbibliothekar, zum Hahnrei machte, schön und anmutig war sie angeblich, und die Männer umschwärmten sie. Man munkelte sogar schon von Trennungsabsichten, die Sophie Mereau haben sollte, trotz ihres noch kleinen Kindes, aber das konnten sich weder Lucia Margareta ernsthaft vorstellen noch die neugierigen Jenaer Beobachter. Wie hätte die Oldenburgerin ahnen können, daß fünf Jahre später sie und die junge Schriftstellerin für den gleichen Schritt reif sein würden: zur willentlichen Scheidung vom ungeliebten, ja verhaßten Ehemann? Eine Scheidungskommission unter dem Vorsitz von Superintendent Herder würde die endgültige Trennung der Mereaus aussprechen. Aber das war erst im Juli 1801. Allerdings gab es auch jetzt schon Beispiele weiblicher Aufbruchstimmung. Im nahen Weimar hatte sich Caroline von Beulwitz vor wenigen Jahren von ihrem Mann getrennt und war eine neue Verbindung mit Wilhelm von Wolzogen eingegangen. Jetzt arbeitete sie an ihrem ersten Roman, *Agnes von Lilien*. Wieder ein Stück Frauenliteratur für Lucia Margareta.

Obwohl eine Stadt von vergleichbarer Größe, war in Jena vieles anders als im heimischen Oldenburg. Die Akademie und ihre Studenten prägten die Stadt, kaum ein Haus, das nicht in irgendeinem Verhältnis zur Studentenschaft stand durch Vermietung, Mittagstisch, diverse Dienste. Ja inzwischen war Lucia Margareta der Gedanke gekommen, daß die vielen werdenden Mütter, die ihr da auf der Straße aufgefallen waren, offensichtlich biedere, einheimische Töchter, vielleicht auch in 'akademischem Dienste' gestanden hatten? – Einer ihrer ersten Wege war gewesen, sich einen Mantel zu beschaffen. Auch hier trug man nämlich praktische Mäntel, nicht die neumodischen Damen-Schawls, die um der Präsentation willen kunstvoll drapiert werden mußten und doch nur wenig wärmten. Schön waren solche Mäntel nicht, und das *Journal des Luxus und der Moden*, an dessen Quelle sie ja sozusagen gerückt war, empfahl sie keineswegs in seinen Kupfern, aber die Frauen hier hatten mehr einen Sinn fürs Praktische. In die weiten Kleidungsstücke konnten sie sogar ihre Säuglinge mit einwickeln oder anderes vor dem Wetter bergen. Lucia Margareta aber ging noch einen Schritt weiter. Sie, obwohl Frau, nahm Maß an den Studenten, die hier immer noch in Werther-Manier auftraten, und bald ging auch sie abends unbekannt-unerkannt durch die Straßen Jenas, in einem neuen Mantel aus blauem Tuch, auf dem Kopf einen einfachen runden Bürgerhut, und sie fühlte sich auf eine nie vorher gekannte Art frei, unbeschwert, unternehmungsbereit zu fast allem und jedem. Es war wunderbar, hier im alltäglichen Geschiebe des Lebens unauffällig unterzutauchen und alles Beiwerk einer Fremden, ja sogar einer Frau ein wenig hinter sich zu lassen. Die Justizrätin hatte sie abgelegt wie die Studenten Zopf und Dreispitz.

Überhaupt die jungen Männer! Nach und nach brachte Johann Friedrich sie zu ihr in den ‚Schwarzen Bären‘, die Herren Studienkollegen. Zuerst waren sie von verlegener Zurückhaltung, fast alle, kamen in der wohlgemeinten Absicht, der alten Justizrätin ihre Aufwartung zu machen, ein Akt der Höflichkeit, der Freundschaft gegenüber dem Kollegen Herbart, obwohl diesem der Zug der Pilger in den oberen Stock des Gasthauses manchmal schon etwas übertrieben war. Sie alle setzten ihr Schifflein vorsichtig in den Strom, wollten es ein klein wenig am Ufer entlang treiben lassen, die zuerst Gekommenen noch mehr als die später Eintreffenden. Und auf einmal geriet das Bötchen in Fahrt, sie wußten selbst nicht wie. Innerhalb kürzester Zeit geriet jeder in äußerst flottes Fahrwasser mit der Dame Herbart, man wurde mitteilsam, beugte sich beim Reden etwas vor, ihre Antworten kamen rasch und oftmals mit so spontaner Offenheit, daß jeder aufstand mit der festen Absicht, diese erstaunliche Frau nicht das letzte Mal gesehen zu haben. So kamen nacheinander die beiden Schweizer Johann Rudolf Fischer und Johann Rudolph Steck, Friedrich Muhrbeck, der Kurländer Casimir

Ulrich Böhlendorff, Friedrich August Eschen aus Eutin, der Bremer Johann Georg Lange. Ihr Zimmer füllte sich, auf einmal hatte sie viele Söhne. Mit Staunen hatten manche registriert, wie Johann Friedrich und sie das vertrauliche Du der Kindertage beibehalten hatten. Natürlich hatten sie und ihr Sohn mit diesen engen Bekannten und Freunden kein Versteck gespielt, sie war Madame Herbart von allem Anfang an; überhaupt bröckelte das incognito im Lauf ihres Aufenthaltes immer mehr. Zu viele Bekanntschaften bahnten sich an, zu viele Briefe wurden geschrieben und in verschiedenste Städte adressiert, wo auch ihre Person Erwähnung fand, als daß ihr Aufenthalt dauerhaft hätte ein Geheimnis bleiben können.

Dem Oldenburger Landsmann Professor Woltmann hatte man am allerwenigsten die Reise nach Jena geheimhalten können. Auch er kam und machte seine Aufwartung. Hatte er sich eventuell von brieflichen Seitenhieben des Justizrats auf ihre Person beeinflussen lassen? So aufmerksam sie den jungen Gelehrten beobachtete, sie konnte seinem immer lächelnden Blick keine Heuchelei unterstellen, seine liebenswürdige Freundlichkeit war nicht gekünstelt, allenfalls schien eine Portion Selbstgefälligkeit sich in sein Auftreten und seine Erscheinung zu mischen, was Lucia Margareta innerlich schon wieder zu Spott anregte. Sie schmunzelte über das Etikett 'Der Schmetterling' und fand, daß die Jenaer Gesellschaft seine Erscheinung treffend zu charakterisieren gewußt hatte. Seit sie ihn zuletzt in ihrer gemeinsamen Heimatstadt gesehen hatte, war sein Äußeres modisch geworden wie bei wenigen jungen Männern, die sie kannte; alles *le dernier cri*. Fehlte nicht viel, und die Gassenjungen äfften hinter ihm her: schaut, die Wadenstrümpfe à la Woltmann oder balancierten ihre zerschlissenen Mützen wie dieser seinen neuesten Hut auf dem Kopf. Den Wissenschaftler, den Professor, der auf dem Lehrstuhl für Geschichte den erkrankten Friedrich Schiller vertrat, sah man ihm nicht an, für Uneingeweihte mußte er ein charmanter Literat sein, der keine Gesellschaft und keine Liebschaft ausließ. Sie verglich Johann Friedrich und den jungen Woltmann, der Unterschied zwischen dessen ernsthaftem akademischen Ringen und der geselligen Nonchalance des Professors lag offen zu Tage. In Oldenburg galt er als Freund Goethes und war schon von da her unanfechtbar in seiner Position. Sie führten eine liebenswürdig-offene

Unterhaltung, tauschten Nachrichten aus der Heimatstadt gegen Informationen über die Jenaer Gesellschaft, und Lucia Margareta empfand dieses Gespräch wie eine Initiation in die Zirkel ihres neuen Wohnorts. Auch auf Sophie Mereau kam ihre Unterhaltung, deren Buch lag wie immer sichtbar auf dem Tisch, und Woltmann ließ es sich nicht nehmen, manches aus seiner Rezension des Romans in der *Allgemeinen Literatur-Zeitung* zu wiederholen. Er lobte noch einmal wortreich die weiblichen Qualitäten des Werks, das zarte Gefühl und die Phantasie der Darstellung. Nur leider ja, es fehle eben eine stringente Handlung. Lucia Margareta fragte sich im Stillen, ob ein Mann die revolutionären Passagen des Buches wohl nicht erkennen könne – oder nicht wolle? Sie hütete sich aber, Woltmann nun ihrerseits ein Kolleg zu halten über das, was ihr in diesem Buch bemerkenswert gewesen war. Als er sich von ihr verabschiedete, ahnten beide nicht, daß eine schwere Erkrankung ihn im folgenden Herbst und Winter aus seinen wissenschaftlichen Pflichten wie gesellschaftlichen Vergnügungen abziehen und ihn schneller, als er je vorgehabt hatte, wieder nach Oldenburg zurückführen würde.

Auch Lucia Margaretas körperliche Verfassung stabilisierte sich nicht. Sie selbst, seit langem gewöhnt, mit Beschwerden und Einschränkungen zu leben, sah eigentlich keinen Sinn darin, einen weiteren Arzt zu konsultieren. Von allen Seiten aber wurde sie dazu gedrängt. Schließlich willigte sie ein und merkte, wie mit der Aussicht, den berühmten Professor Hufeland kennenzulernen, in ihr doch wieder Hoffnungen keimten, sich noch einmal verjüngen, ihren Körper, der ihr so früh gealtert schien im Verhältnis zu Kopf und Empfindungen, wieder belastbarer, geschmeidiger fühlen zu können. Johann Smidt war ein guter Anknüpfungspunkt für ihr erstes Gespräch, Hufeland erinnerte sich gern an den Bremer Studenten und nannte ihn seinen Freund. Er erkundigte sich eingehend nach dessen Befinden, das lange durch ein schweres Augenleiden getrübt und eingeschränkt worden war. Der Mediziner kam mehrmals zu ihr, nicht als Weimarer Hofmedicus, sondern als praktischer Arzt, der den Leiden einer ihm Unbekannten Aufmerksamkeit und Zeit widmete. Er befand, daß sie körperlich offensichtlich wenig auf sich geachtet hatte, viele Kämpfe und Krankheiten ihre Spuren dauerhaft hinterlassen und sie jetzt Anfang des fünften Lebensjahrzehnts geradezu gebrechlich gemacht hatten. Er wußte nichts über ihre persönliche Situation, umso bemerkenswerter fand Lucia Margareta seine einfühlsame Diagnose. Seinen Ausführungen über die Lebenskraft hörte sie mit besonderer Aufmerksamkeit zu. Von der Notwendigkeit von Wärme, Licht und Luft sprach er, und als er merkte, in ihr eine interessierte Frau und geübte Leserin vor sich zu haben, legte er ihr seine eigene jüngste Veröffentlichung wärmstens ans Herz. *Makrobiotik oder die Kunst, das menschliche Leben zu verlängern.* Als medizinischer Schriftsteller legte er Wert darauf, nicht nur für die Herren Fachkollegen zu schreiben, sondern für ein breites, aufgeschlossenes Publikum, für Menschen wie diese Patientin. Sie nahm alles in sich auf, fühlte sich bei diesem Arzt und Menschenkenner besser aufgehoben als je bei einem anderen, und spürte doch sofort, daß sie seinem dringenden Ratschlag, bald einen Kuraufenthalt wahrzunehmen, zum Beispiel in Carlsbad, nicht nachkommen würde. Nichts konnte sie im Moment aus Jena fortbringen, so lange sie noch irgend konnte. An Tagen von Galgenhumor sah sie sich selbst wie eine Spinne, die bewegungslos in der Mitte ihres Netzes darauf wartete, junge, interessante Gäste einzufangen und sich von ihnen zu nähren. An besseren Tagen konnte sie ihren Körper, ihr Alter, ja selbst ihr Geschlecht zeitweise vergessen und fühlte sich ebenbürtig mit den Studenten um sie herum und ihren Aktivitäten und Bewegungsmöglichkeiten.

Im Lauf des Herbstes war eine Aristokratin in Jena auf die Oldenburger Justizrätin neugierig geworden und wünschte, sie kennenzulernen. Was bot sich da besser an, als einen Kreis ihr vertrauter Bekannter zum Souper einzuladen und diese Runde um die sie interessierende Person zu erweitern? So fand sich Lucia Margareta an einem Abend des vorgerückten Oktober im Speisezimmer der Gräfin von Kameke, einer trotz ihrer Körperfülle vornehm wirkenden Dame mittleren Alters; Johann Friedrich, der wieder einmal die Kavalierspflichten erfüllte, führte seine Mutter zu Tisch. Nach einem guten Vierteljahr in Jena war sie inzwischen so mit den Verhältnissen vor Ort vertraut, daß sich schnell Gesprächsstoff fand mit der Kirchenrätin Szykler ihr gegenüber und einem dänischen Kanzleirat und seiner Frau. Die anwesenden jungen Männer, Herbart, Steck und Fischer hielten sich zurück im Gespräch, aber als es ans Musizieren ging, mischten sich die Altersstufen, die Gräfin sang, Herbart begleitete sie am Klavier, und Lucia Margareta mußte sich wieder einmal die Außergewöhnlichkeit seines Könnens eingestehen. Der Gesang der Gräfin fiel dagegen ab, er war erbaulich-simpel, offensichtlich mehr zur Ehre eines Höheren gedacht als zur angenehmen Unterhaltung der Gäste.

Dennoch beschäftigte diese Frau Lucia Margareta außerordentlich. Das machten weniger die gemeinsamen Oldenburger Beziehungen, denn die Gräfin kannte Oldenburg sehr genau, wo ihr Vater, Graf zu Lynar, dänischer Statthalter gewesen war. Der alte Schwiegervater Herbart und der dänische Graf waren sogar befreundet gewesen. Nein, es war die Tatsache, daß die füllige Amalie Wilhelmine Gräfin von Kameke, in ihrer Herrnhuterhaube mit dem blauen Band der Verheirateten, nicht im geringsten den Eindruck einer Frau machte, die an einen Hausherrn gebunden war. Die Gastgeberin trug Trauerflor, aber dieses Zeichen galt ihrem im vergangenen Monat verstorbenen Bruder, der seit zehn Jahren hier in Jena gelebt hatte und dessen geistige wie materielle Hinterlassenschaft sie zu besorgen gekommen war. So hatte sie ihre Wahlheimat, die Brüdergemeine in Neudietendorf, wo auch er früher gelebt und gewirkt hatte, vorübergehend verlassen und hatte mit ihrer sechsjährigen Tochter Amalie in der Stadt Quartier bezogen. Die beiden fast gleichaltrigen Frauen gefielen einander, und es war klar, daß nach diesem offiziellen Bekanntwerden intimere Treffen folgen konnten. Lucia Margareta erfuhr allmählich mehr über die Gräfin. Sie war als junge Frau mit dem preußischen Fürstendiener Graf Alexander Hermann von Kameke verheiratet worden. Dieser besaß zahlreiche Güter, war aber hoch verschuldet. Als sie ihm pflichtgemäß einen Sohn geboren hatte, war er auf Reisen gegangen, um sich drei Jahre weder um sie noch das Kind weiter zu kümmern. Vor die unausgesprochene Wahl gestellt, in Selbstmitleid und eine passive Opferrolle zu fallen oder ihrerseits ihr Schicksal in die Hand zu nehmen, hatte sie sich für letzteres entschieden. Und so war Amalie geboren worden, deren Vater in Diensten des Grafen stand. Als Graf von Kameke irgendwann überraschend wiederkehrte, hatte er seiner Frau ihren 'Fehltritt' – das, was sie die Selbstgestaltung ihres Lebens nannte – zutiefst verübelt, war aber um des eigenen Rufes willen bereit gewesen, den Ehebruch seiner Frau geheimzuhalten und erneut mit ihr zusammenzuleben. Als Bedingung hatte er ihr allerdings die unbedingte Trennung von ihrer Tochter, dem lebenden Beweis ihrer Verfehlung, befohlen. Sie hatte es erhobenen Hauptes als unannehmbar abgelehnt. Der Kampf war noch nicht entschieden, Graf von Kameke lebte seither in Charlottenburg, sie hatte sich mit ihrer Tochter der Brüdergemeine in Neudietendorf zugewandt, wo sie probeweise lebte. Ihr verstorbener Bruder hatte sie zu seinen Lebzeiten mit der Lebensform und den Gedanken der Herrnhuter vertraut gemacht; was sie vor allem anzog, war der Umgang mit den Kindern, Unterricht und Erziehung, womit ihr Bruder sich intensiv beschäftigt hatte. Innerlich froh, auf diese Weise der unerwünschten Gemeinschaft mit ihrem Mann erst einmal entkommen zu sein, hatte sie für sich und ihre Tochter ein gutes Arrangement getroffen und erfreute sich in der religiös dominierten Atmosphäre einer persönlichen Freiheit, die sie in der Ehe nie gefunden hätte. Jetzt war sie im Begriff, formell ihre Anbindung an die Brüdergemeine zu vollziehen.

Lucia Margareta entging kein Wort dieser stückweisen Mitteilungen, die die Gräfin ihr in ruhigen Stunden des Zusammensitzens oder -spazierens machte. Das Kind Amalie hüpfte manchmal neben ihnen her, und es fiel auf, daß sie offensichtlich mehr Freiheit gewöhnt war draußen in Neudietendorf als die Mädchen hier in der Stadt. Wieder ein Bruder als indirekter Helfer aus der Ehemisere, Lucia Margareta war ständig bewußt, daß nur Johann Wilhelms Erbe ihr die Reise und den Aufenthalt in Jena ermöglichte. Diese finanzielle Unabhängigkeit hatte ihr Bewegungsfreiheit verschafft. Allerdings, eine Einbindung in eine religiöse Gemeinschaft wie die Herrnhuter konnte sie sich für sich selbst unmöglich vorstellen. Da war sie doch zu sehr oldenburgisch geprägt, wo die Erweckten keine Rolle spielten, im Gegenteil, das neue Gesangbuch 1791 hatte sie alle noch stärker auf eine rationalistische, nüchterne Glaubenspraxis eingeschworen. Und das war gut so. Schwärmerisches lag Lucia Margaretas persönlichem Glauben nun einmal überhaupt nicht. Aber das Erleben ähnlicher weiblicher Lebenskonstellationen war zwischen den beiden Frauen stärker als alles Trennende, und so sahen sie sich gern und häufig an den Nachmittagen, und nur die Außenstehenden wunderten sich, was sie einander sein konnten.

Bei Fichtes

Ein neues Eherecht: ein Philosoph und
eine Frau im Gespräch

Ein Sohn und sein Frauenbild

Auch im Haus Fichte war sie nach einiger Zeit tatsächlich eingeführt worden. Lucia Margareta hatte mit Erstaunen registriert, daß ihr Sohn den berühmten Philosophen um Haupteslänge überragte, die Körpergröße schien das Lehrer-Schüler Verhältnis umzukehren, und ihr fiel ein, wie selbstbewußt-kritisch Johann Friedrich immer wieder von den philosophischen Ansätzen des verehrten Meisters sprach. Johanna Fichte, die frisch gebackene junge Mutter und die der Mutterpflichten schon fast wieder ledige Oldenburgerin waren sich schnell näher gekommen. Johanna Fichte freute sich über eine ältere, erfahrene Freundin, die nach kurzer Zeit schon helfend in das Haushaltsgeschehen eingriff. Besonders, als der kleine Hartmann Immanuel die Kuhpockenimpfung erhielt und heftig an den Auswirkungen litt, war sie froh um Beistand und Hilfe. Die Ältere versorgte mit ruhiger Hand die Wundstelle, wo der Arzt dem Kind den infizierenden Eiter mit dem Skalpell unter die Haut geritzt hatte. Sie kümmerte sich um die kühlenden Umschläge und wirkte beruhigend auf den fiebernden Jungen. Auch von den Erfahrungen der äußerst schweren Geburt erleichterte die Fichtin sich gern durch Erzählen, und das Thema Stillen mit seinen schönen und beschwerlichen Seiten war für die eine unmittelbare Gegenwart, für die andere ein angenehmer Erfahrungsschatz ihrer Vergangenheit. Bald schon erledigten sie manche Alltagsverrichtungen und Sorgen einträchtig, aber im Grunde war es eine tiefere Basis, die ihre junge Bekanntschaft schnell zur freundschaftlichen Beziehung heranreifen ließ. Beiden Frauen widerstrebte es, auf weibliches Gesprächsgeplänkel zwischen Mode, Kindern und Schönheit reduziert zu werden. Johanna Fichte war oberflächlich betrachtet ebenso wenig eine Schönheit wie Lucia Margareta, auf dieser Ebene konnte sie bei männlichem Gegenüber keine Punkte sammeln. Gleichzeitig aber kränkte es sie, daß die jungen Studenten, die in ihrem Haus aus- und eingingen, offensichtlich den Gesprächsstoff anders wählten, belangloser, wenn sie sich still mit ins Zimmer setzte und zumindest hörend an der Diskussion der Männer teilnehmen wollte. Sie wußte, daß man sie ausschloß von den wirklichen Gedankenflügen und geistigen Turnübungen, umso willkommener war ihr eine Frau, die solche Einschränkung und Ausgrenzung ebenso ablehnte und sich über alle Vorurteile hinwegsetzend ins Gespräch mischte. Der Oldenburgerin kam der Altersvorsprung zugute, verkappt unter der Rolle der Mütterlichen konnte sie im Kreis der jungen Männer im ‚Schwarzen Bären' sitzen und mitreden. In einer Mischung aus söhnlichem Respekt und Fasziniertheit durch das ganz Andere akzeptierten die Kommilitonen Johann Friedrichs ihre Einmischung und ihr Engagement. Aber Johanna Fichte war eben keine Sophie Mereau. Bewußt und zielstrebig hatte sie die Verbindung mit Fichte gesucht, das bewegte Leben mit ihm durch alles Auf und Ab bisher geteilt und wollte dies auch weiter tun, nur sobald sie sich zu Wort meldete, zum Geschehen an der Universität eine Meinung äußerte, eine eigene Stimme hatte in Sachen Literatur oder gar zum politischen Geschehen, da wusch Fichte ihr den Kopf ganz gehörig und wies sie in ihre weiblichen Schranken von Sitte und Häuslichkeit. Die Öffentlichkeit war sein Wirkungsbereich.

Der Justizrätin Herbart begegnete der Philosoph mit kühler Höflichkeit, sie war die Mutter eines seiner aufgewecktesten Studenten, also brachte er ihr den gebührenden Kavaliers-Respekt entgegen. Hinzu kam, daß sie als Versorgerin im Hintergrund auch ihm und seiner Familie manchen Dienst für Leib und Magen getan hatte, was ihn zu ehrlicher Dankbarkeit verpflichtete. Ohne die von ihr arrangierten Fuhren aus Bremen wäre sein kleiner Weinkeller oftmals ziemlich trocken gewesen. Beim offenen Mittagstisch, der auch im Haus Fichte aus finanziellen Gründen studentische Kostgänger versammelte, führten die anwesenden Männer das Wort. Wenn das Dienstmädchen aufgetragen hatte, schöpfte Johanna aus, zerlegte, reichte nach, ihre Ohren waren hellwach und registrierten die Themen der Gespräche, aber sie äußerte sich mit keinem Wort. Je unsichtbarer, geräuschloser sie ihre Verrichtungen machte, um so ungenierter sprangen die Sätze und Gedanken der Essenden hin und her, und sie gewöhnte sich daran, diesen Zustand als den bestmöglichen zu erhalten. So bekam sie wenigstens einen Eindruck von dem, was die Männer diskutierten und konnte sich ein Bild machen von dem, was ihren Mann geistig bewegte. Hätte sie ihre Arbeit deutlicher betont, ein vermeidbares Klirren hier, ein unpassendes Nachschenken da, wäre der Gedankenschwung womöglich unterbrochen worden und sie hätte selbst das Nachsehen gehabt. Ein unwirscher Blick Fichtes, die Herren Studenten hätten sich schweigend über ihre Teller gebeugt, aus wäre es gewesen mit der Teilhabe am Philosophieren.

In der ersten Hälfte dieses Jahres 1796 war alles um Fichtes Beitrag zur Naturrechtslehre gekreist. Bis Mitternacht hatte er gesessen und an seinem Entwurf gearbeitet, Korrespondenz und manch anderes mußte hinter diesem Hauptziel zurücktreten. Den Studenten trug er seine Deduktionen in den Vorlesungen und Kolloquien vor. Nicht etwa ruhig und wie ein über den Dingen thronender Weltweiser, sondern zornig und mit Verve, kampflustig stand er in seiner gedrungenen Gestalt am Katheder und dozierte ohne Lächeln. Zur Frühjahrsmesse war der erste Teil des Werks pünktlich im Druck erschienen. Es war schwere Kost für Studenten, Kollegen und Rezensenten, man lobte und beklagte zugleich das hohe Abstraktionsniveau der Gedanken, kritisierte das vorherrschend spekulative Element, wie man fand. Jetzt, wo inzwischen Lucia Margareta in seinem Haus ein- und ausging, arbeitete er am zweiten Teil, dem sogenannten *Angewandten Naturrecht*, dem er als Anhang einen *Grundriß des Familienrechts* anfügte. Die Studenten fingen an, den Kopf zu schütteln über die Gedanken des Mentors, allen voran Johann Friedrich; hatten sie schon Fichtes Staatsvorstellung in seiner *Wissenschaftslehre* allzu rigide gefunden, so verweigerten sie ihm jetzt amüsiert, ungläubig die Gefolgschaft. Es blieb nicht aus, daß Lucia Margareta auf die Materie aufmerksam wurde. Und so selbstverständlich, wie sich im Lauf der Wochen die jungen Männer um sie her im Gasthauszimmer versammelt und manchen ihrer Zirkel bei ihr gehalten hatten, so mühelos gewann sie jetzt Eintritt in des Philosophen Arbeitszimmer. Mit einem Glas Wasser oder einem Teetablett in der Hand öffnete sich die Tür, in geistvollem Plauderton nahm sie mit einigen Bemerkungen an der Arbeit des Meisters teil, und schon war ein Anknüpfungspunkt geschaffen. Ehe Fichte wußte, wie es gekommen war, gingen ihrer beider Ansichten hin und her, kreuzten sich wie blank geschliffene Degen im Übungsduell, und niemand war Zeuge der immer angeregteren Diskussionen als Johanna mit dem Säugling im Nebenzimmer. Sie fing an, die fremde Frau fast zu beneiden, daß ihr die berüchtigte Fichtesche Kopfwäsche erspart blieb. Lucia Margareta hatte die neuesten Thesen des Philosophen aus Johann Friedrich herausgelockt, der, selbst zutiefst befremdet, sich nicht leicht tat, über ein solches Thema mit der Mutter zu sprechen. Ehe, das Miteinander von Mann und Frau, es war schwierig, dies mit Anstand zu behandeln zwischen Sohn und Eltern. Kannte seine Mutter überhaupt irgendein Tabu, vor dem sie weiblich zurückschreckte? Es war doch etwas ausgesprochen Männliches in ihrer Entschlossenheit und Scham-losigkeit, mit der sie alles und jedes in Angriff nahm. Wäre sie körperlich nicht oft so schwach gewesen, er hätte vergessen können, daß sie eine Frau war.

Lucia Margareta argumentierte aus dem Erfahrungsschatz eigenen Erlebens; unmündig verheiratet an einen ungeliebten älteren Mann, hatte sie die ehelichen Pflichten nur dadurch ertragen können, daß sie sehnlich wünschte, Mutter zu werden. Kaum war dieser Wunsch in Erfüllung gegangen, hatte sie sich so viel wie möglich aus ihren sogenannten Pflichten zurückgezogen. Und nun dozierte dieser junge Philosoph hier in Jena, daß die Ehe vorderhand eine natürliche und moralische Gesellschaft sei. *Die besondere Bestimmung dieser Natureinrichtung*, hatte er geschrieben, sei *die, daß bei der Befriedigung des Triebes, oder Beförderung des Naturzweckes, was den eigentlichen Akt der Zeugung anbelangt, das eine Geschlecht sich nur tätig, das andere sich nur leidend verhalte*. Aktiv war in seinen Augen allein der Mann, die Aktivität adele ihn, sie sei dem Vernunftwesen einzig angemessen, ja sie autorisiere und legitimiere damit auch die Befriedigung des eigentlich niedrigen körperlichen Triebes. Die Frau aber, wollte Fichte wissen, stehe unter dem Mann, in ihrer naturbedingten Passivität der Hingabe im Geschlechtsakt erniedrige sie sich ja unter die Vernunft. Unvermeidlich. Aber – und dann zauberte der Philosoph für die Frauen großzügig einen zweiten Naturtrieb hervor, der sie nun doch wieder in den Kreis der Vernunftwesen hinaufheben sollte: die *Liebe*. Liebe allein war es nach seiner Ansicht, durch die eine Frau ihren aktiven, freien Beitrag als Mensch leisten und leben konnte, Liebe kompensiere die demütigende körperliche Passivität, mache die Frau zum – fast – ebenbürtigen Mitglied der Menschheit. Der Mann liebt nicht, wußte Fichte, er antwortet aber mit dem passenden Gefühl der – *Großmut*. Und diese Situation im Ehebett war grundlegend und bestimmend überhaupt für das Miteinander der Geschlechter, prinzipiell und überall. So hatte es der gedrungene, etwas finstere Mann in seinem Studierzimmer zu Papier gebracht. Von nebenan konnte man vielleicht leise Verrichtungen der Hausfrau hören, das Lallen Hartmann Immanuels.

Sie fochten nicht unfreundlich miteinander, der junge Philosoph und die lebenserfahrene Oldenburgerin, vielleicht zum ersten Mal mußte Fichte seine Thesen vor einer Frau vertreten, einer Frau, die nicht fragte, ob sie eine eigene Meinung haben dürfe, sondern sie einfach zum besten gab. Die Liebe der Naturtrieb des Weibes, einen Mann zu befriedigen! Das sollte Freiheit und Tätigkeit der Frau sein? Lucia Margaretas Freiheit lag in ihr selbst, unabhängig vom Mann, nicht auf einen Mann gerichtet. Schwer zu erringen war diese Freiheit, aber dies war ein Hindernis, das die Gesellschaft ihr entgegenstellte, ihr als einer verheirateten Frau. Und Johanna? Sie liebte Fichte, war freiwillig zu ihm gekommen in all die Unwägbarkeiten seiner Existenz damals. Aber sie war nicht Liebe, ebenso wenig beruhte ihre menschliche Würde einzig darin, daß sie ihm gehörte und sich in ihm gar *verloren* hätte. Gewiß, sie ordnete sich ihrem Hausherrn unter, wie gut kannte Lucia Margareta das selbst, aber hinter ihrer Rolle als Fichtes Frau war Johanna Rahn sie selbst geblieben, einzig wie er, eine kluge Frau.

So sehr diese merkwürdigen Ideen Fichtes den Widerspruchsgeist Lucia Margaretas weckten, so sehr sprach sie ein anderer, eng damit verbundener Gedankengang an. Und ohne es zu ahnen, legitimierte der Philosoph sozusagen ihr eigenes Handeln: was sie selbst dachte und tat, fand ja in seinem System Rechtfertigung und Anerkennung! Denn zum einen sollte – so Fichte – keine Frau jemals in eine Ehe gezwungen werden, immer hatte es ein Schritt ihrer eigenen Entscheidung und Wahl zu sein. Und wenn die Liebe der Frau zu ihrem Mann erloschen war, so wollte er es, müsse sie schon zum Erhalt ihrer eigenen Würde das Verhältnis lösen, und *das Hauptgeschäfte der Ehe* vor allem und zuerst aussetzen. Zumal, wenn der Ehemann die weibliche Unterwerfung unters Ehejoch eben nicht mit Großmut, sondern mit Gewalt des Stärkeren beantwortet habe. Lucia Margareta hütete sich, Einzelheiten ihrer Ehe preiszugeben, aber es tat ihr wohl, ihr Handeln indirekt auf solche Weise bestätigt zu finden. Unausgesprochen hatte sie also auch in den Augen dieses geistigen Mentors für ihre Würde gesorgt. Wie viele Ehen, 'bis daß der Tod euch scheidet' geschlossen, hätten dann aber vielleicht aufgekündigt werden müssen, auf Bestreben der Frauen? – Unter diesen Gedanken fühlte sie sich dem Philosophen auf einmal fast freundschaftlich nahe, ließ aber ihr Angerührtsein nicht nach außen dringen. Nur machte es ihr jetzt nicht mehr so viel aus, wenn er ihr scheinbar kalt und nur höflich begegnete. Auch wenn er es nicht wußte: sie hatte in seinem Sinn ihre Würde als Frau, als Mensch gerettet und konnte ihm um so mehr aufrecht entgegentreten. – Nach einer solchen Diskussion schloß sie behutsam die Tür hinter der Studierstube zu und kehrte mit der leeren Teekanne in die weibliche Welt zurück.

Johann Friedrich erfuhr von diesen Disputen zwischen seinem Lehrer und seiner Mutter, amüsiert und beunruhigt zugleich stellte er sich die Szenen in der Unterlauengasse vor. Wenn er und seine Mutter abends auf dem Sofa im ‚Schwarzen Bären' nebeneinander saßen, das Treiben aus der Gaststube zu ihnen hoch drang, dann war ihre Unterhaltung immer angeregt von den Eindrücken des Tages, dem Gesprochenen, Gehörten, Gesehenen, Gelesenen; lebhaft sprangen sie von einer Assoziation zur anderen, und Johann Friedrich wunderte sich nicht selten, woher diese Energie seiner Mutter rührte. Wenn ihm der Lärm der unten zechenden Landsmannschaften zu viel wurde, und er sich angewidert die Ohren zuhielt, dann lachte sie und stimmte plötzlich in eines der Trinklieder ein. Einmal war er aber auch Zeuge, wie sie still am dunklen Fenster stand und eines der Abendständchen anhörte, das ihr die Studenten vor dem Haus unten brachten. Dann dachte sie an Fichte und die Fichtin, wie sie am Fenster das Vivat der Herren Kollegiaten entgegengenommen hatten. Kaum war die Musik draußen verklungen, schloß sie das Fenster, und alle sanfte Innerlichkeit war wie weggeblasen. Sie zündete ein Licht an, wie um auch atmosphärisch die letzte Schummrigkeit zu verbannen. Sie liebte Klarheit, wollte sehen, deutlich wahrnehmen können. Zielstrebig kam sie dann auf den vorher verlassenen Gesprächsgegenstand zurück.

Johann Friedrich war zwanzig Jahre alt, Lucia Margareta die einzige Frau, die er näher kannte. Amouröse Abenteuer waren nicht die Sache seines durch und durch vergeistigten Charakters. Sie bestimmte sein Frauenbild. Ich denke, daß vor allem die Kenntnis ihrer Persönlichkeit es war, die ihn spontan Anstoß nehmen ließ an Fichtes *sonderbarem* Eherecht. Auch seine Kommilitonen staunten die Mutter an, sie umwarben sie, schrieben begeisterte Briefe über sie an ihre eigenen Mütter und rühmten sich, der Umgang mit ihr gebe ihnen so viel wie das Zusammensein mit ihrem hochbegabten Sohn. Sie drängten sich, sie begleiten zu dürfen und nahmen lange Umwege in Kauf, sie an ein Reiseziel zu bringen. Sie weihten sie ein in ihre Absichten, machten sie zur Komplizin ihrer Pläne, zur Mittlerin ihrer Wünsche den eigenen Eltern gegenüber. Lange würden sie ihr als Briefpartner treu bleiben, ihr heikle finanzielle Transaktionen andienen und ihr organisatorisches Geschick für Dritte erbitten. Lucia Margareta war untypisch für ihre Zeit. Aber in ihrer ständigen Gratwanderung zwischen Bewunderung- und Anstoß-Erregen tauchte sie auch weiterhin für viele Stunden des Tages in unauffällig weibliche Angepaßtheit ab, die perfekte Verrichtung von Hauswirtschaftsaufgaben entsprach ihrem erlernten Pflichtgefühl und war ihr immer eine Wohltat gewesen, um im Tätig- und Beschäftigtsein manche innere Krise zu überstehen. Von letzterem ahnte der Sohn nichts. Er wird manchesmal froh und erleichtert gewesen sein, wenn seine Mutter unauffällig war, eine Frau wie alle anderen. Kaum ein Kind ist begeistert, wenn die Eltern sich jenen gesellschaftlichen Normen zu entziehen versuchen, in die er oder sie gerade hineinerzogen worden ist. Der Ruch des Peinlichen ist da schnell im Spiel. Lucia Margareta war entscheidungs- und entschlußfähig, selbständig in ihrem Urteil. Sie konnte scharfzüngig sein, bisweilen verletzend zynisch, hart. Das machte auch vor ihrem Sohn nicht halt. Nie hatte er eine sanfte Rousseauisch-entsagende Mutter kennengelernt, immer eine planende, dirigierende. Es war eine Zeit, in der die Mehrzahl der geistigen Wortführer das Verhältnis der beiden Geschlechter ausschließlich in ‚natürlicher' Opposition denken konnten, weiblich versus männlich, passiv versus aktiv, schwach versus stark, bescheiden versus selbstbewußt, gehorchend versus herr-schend. Eine Frau wie Lucia Margareta lag mit ihrem Verhalten auf der ‚männlichen' Seite.

Je mehr Frauen Johann Friedrich in den folgenden Jahren kennenlernte, vor allem Frauen in Mutterfunktion, umso mehr verlagerte sich sein Weiblichkeitsbild auf die Seite des gängigen Ideals. Sanftheit hieß das Zauberwort, in jeder Situation, um jeden Preis. Die spitzen Bemerkungen, das eruptive Lachen mitten im Gespräch, das so verunsicherte und einen nie ganz sicher sein ließ, ob etwas nur mit leichter Hand weggelacht oder man selbst doch ausgelacht wurde ... Das kantige Staccato der Bewegungen, die ständige Kritikbereitschaft, die manchmal in geradezu brillanten Formulierungen aufblitzte. Das oft spürbare Behagen an solch selbständigen, verunsichernden Lebensäußerungen, die spontanen Entscheidungen ... Die eigene Mutter war anstrengend. Die wirklichen Frauen aber verstanden es, unauffällig immer präsent zu sein, ihre Bewegungen und Tätigkeiten flossen gleichförmig rund und ruhig dahin, sie nahmen herzlich Anteil an allem in der kunstvollen Fertigkeit, sich selbst übersehbar zu machen. Man spürte ihre Gegenwart auf angenehme, aber nie beunruhigende Weise. Diesen Frauen konnte man vorlesen, über das Gelesene harmonisch plaudern, man war gerührt über ihre rasche tränenreiche Anteilnahme. Lauter neue Héloisen eben.

Ende der Freiheit
Besuch in Schnepfenthal
Fiktiver Dialog mit einer Engländerin
In Oldenburg weht der Wind anders

Ein knappes Jahr sollte Lucia Margaretas Freiheit in Jena dauern, sie selber trug dazu bei, daß das Ende kam. Vorbei waren die gemeinsamen Ausflüge und Reisen, die sie und ihr Sohn zusammen in ihrem Wagen gemacht hatten. Johann Friedrichs Kommilitone Johann Rudolf Fischer aus Bern hatte den Auftrag erhalten, für die Söhne des Schweizer Altlandvogts Karl Friedrich Steiger einen Erzieher zu finden, und Lucia Margareta überredete ihren Sohn, sich zu bewerben. Er wurde nach seiner schriftlichen Selbstvorstellung begeistert angenommen, und am Ende brachen nicht nur Johann Friedrich und die heimkehrenden Schweizer Kommilitonen ihre Zelte in Jena ab, sondern es gesellten sich weitere Freunde dazu, auch der junge Lange aus Bremen, für den die beiden Herbarts Mutter- bzw. Mentorenstelle übernommen hatten. Der Abschied von Jena war ein einschneidendes Ereignis, nicht nur für die Abfahrenden, auch für die Zurückbleibenden. Es gab feierliche Abschiedsvisiten und Einladungen, die Familie Fichte verließ selbst Jena für ein paar Wochen, weil sie sich den Ort ohne den gewohnten Freundes- und Gesprächskreis der jungen Männer nicht vorstellen konnte. Johanna Fichte verlor in Lucia Margareta eine Partnerin, die ihr in Jena vorab niemand ersetzen konnte.

Am 25. März 1797 rollte eine *Karawane* von vier Kutschen aus Jena hinaus: die Herbartsche Chaise mit Mutter und Sohn, Freund und Schützling Lange sowie dem Schweizer Fischer, dem Urheber des ganzen Aufbruchs. Es folgten in zwei weiteren Reisewagen die anderen Freunde und die kleine Familie Fichte. Der Philosoph hatte es nicht versäumt, die Justizrätin selbst zum Wagen zu geleiten und ernst von ihr Abschied zu nehmen. Ein Wiedersehen war völlig ungewiß, es konnte ein Lebewohl für immer werden. Versprechungen zwischen den Frauen zumindest werden hin- und hergegangen sein, sie wollten den Kontakt zueinander auf jeden Fall pflegen. Was waren Lucia Margaretas Absichten? Einiges deutet daraufhin, daß sie Oldenburg eigentlich für immer verlassen hatte. Wer seine Einrichtung, sein Haus verkauft, denkt sicher nicht an baldige Rückkehr. Auch Briefstellen deuten daraufhin, daß es ein dauerhafter Wegzug hatte sein sollen.

In Neudietendorf nahm sie Abschied von der Gräfin von Kameke, es lag an der Reiseroute. Eine Umarmung vielleicht, ein wissender, aufmunternder Händedruck, die Verabredung, sich auf jeden Fall zu schreiben. Und dann nach Schnepfenthal, ins berühmte Erziehungsinstitut, das nicht nur für den angehenden Hauslehrer Johann Friedrich, sondern für alle Freunde ein attraktives Besichtigungsziel war. So war es abgesprochen. Leider gab es Unstimmigkeiten mit den Kutschern, die den kleinen Umweg über Schnepfenthal nicht nehmen, sondern direkt auf die nächste Poststation an der Reiseroute nach Göttingen zuhalten wollten. Am Ende fuhr nur die Herbartsche Chaise, und wieder einmal erwies sich der Vorteil des eigenen Reisewagens. Lucia Margareta genoß das ausklingende Zusammensein mit den jungen Leuten und war offen für jede geistige Bereicherung, die sie in ihrem Gefolge noch haben konnte. Ich frage mich noch einmal, was sie die Rückkehr nach Oldenburg jetzt hatte allen Ernstes antreten lassen. Im Erleben der Jenaer Monate muß das Bild ihrer dortigen Lebensumstände stark verblaßt und in den Hintergrund ihrer Erinnerung getreten sein. Vielleicht hatte es auch aus der sicheren Entfernung seine erdrückende Bedrohlichkeit verloren, und aufgefrischt mit tausend neuen Eindrücken und hochfliegenden Ideen, dachte sie, dort verändernd wirken und noch einmal von vorn beginnen zu können. Im übrigen trug sie ein paar Briefe in ihrer Tasche, Schreiben des Justizrats, die auf die Möglichkeit friedlicher Arrangements hinzudeuten schienen ...

Am 27. März traf die kleine Reisegesellschaft in Schnepfenthal ein. Die jungen Männer verließen zuerst den Wagen, Lange reichte seiner 'Pflegemutter' die Hand zum Aussteigen. Die Ankömmlinge wurden freundlich empfangen, ihre Ankunft im Journal der Anstalt ordnungsgemäß festgehalten. Christian Gotthilf Salzmann selbst trat ihnen freundlich entgegen, er, der vor dreizehn Jahren das Philantropinum gegründet und dafür seine Predigerstelle in Dessau aufgegeben hatte. Seine Haare waren ungepudert, eine mächtige Nase beherrschte sein langes Gesicht, und wenn seine dunklen Augen und sein Mund lächelten, dann legten sich die Wangen in je zwei tiefe Furchen. Lucia Margareta schätzte den Pädagogen gut zehn Jahre älter als sich selbst. Er ließ es sich nicht nehmen, den jungen Männern, die sich ihm etwas verallgemeinernd als angehende Erzieher vorstellten, selbst die Grundzüge seines pädagogischen Konzepts zu erläutern und führte sie, während er sprach, langsam durch alle Einrichtungen des Instituts. Die Jungen, die hier im Alter zwischen neun und sechzehn Jahren unterrichtet und erzogen wurden, um später eine weiterführende höhere Schule zu besuchen, wurden gleichermaßen geistig und körperlich ausgebildet, das war das Besondere von Salzmanns Ansatz. Und die Besucher konnten gleich dem Kollegen Guts-Muths beim Turnen mit den Jungen zusehen. Lucia Margareta, die sich bei der Besichtigung etwas im Hintergrund hielt, verglich das, was sie hier in Schnepfenthal sah, im Stillen mit den Ideen des verstorbenen Grafen Lynar in Neudietendorf. Gräfin Kameke hatte so viel erzählt. Sie wünschte sich instinktiv, diese Erziehungsanstalt hier wäre nicht nur für Jungen, sondern Mädchen stünde etwas Vergleichbares offen. Was müßten daraus für junge Frauen hervorgehen! Allmählich begann sie, unaufdringlich aus dem Hintergrund die eine oder andere Frage zu stellen, die sich aus ihren Überlegungen und Beobachtungen ergab. Salzmann, der sich zunächst auf die jungen Männer konzentriert hatte, merkte zusehends auf und wandte sich ihr nun direkt zu. Als sie schließlich auf seine pädagogischen Veröffentlichungen kamen, sein *Krebsbüchlein* vor allem, aber auch seine Romane und anderen Schriften, da holte er für die Besucherin speziell zwei kleine Bände, die er ihr mit aufgeschlagenem Titelblatt in die Hand legte: *Rettung der Rechte des Weibes (mit Bemerkungen über politische und moralische Gegenstände). Von Maria Wollstonecraft*, konnte sie lesen. Das Werk einer Engländerin, erläuterte er, das sein Freund und Kollege Weißenborn dankenswerterweise hier im Institut übersetzt und das er vor nun drei, bzw. vier Jahren für deutsches Lesepublikum herausgebracht hatte. Natürlich habe er es mit den nötigen Anmerkungen und einer erklärenden Vorrede versehen.

Rechte des Weibes! Es wäre mit Sicherheit ein Stichwort für Lucia Margareta gewesen, wenn nicht jetzt, wo sie sich erholt und regeneriert fühlte durch ein Jahr persönlicher Freiheit, dann spätestens in den nächsten beiden Jahren, wenn sie um die Rettung ihrer Rechte als Frau kämpfen würde. Mary Wollstonecraft hätte ihr eine Begleiterin, eine Wegbereiterin sein können. Eine den Männern ebenbürtige Erziehung für Frauen, die sie zu geistiger und materieller Selbständigkeit befähigen könnte, war Wollstonecrafts erklärtes Ziel. Sie selbst lebte ihren Forderungen gemäß, hatte die Versorgungsehe ausgeschlagen, verdiente ihren eigenen Lebensunterhalt als Gouvernante, Schriftstellerin und Übersetzerin von Revolutionsberichten aus Frankreich. Schließlich war sie selbst ins Zentrum der politischen Umwälzungen gereist und hatte dort gelebt. Jetzt war sie gerade wieder in London, mit ihrem zweiten Kind schwanger und würde, was hier in Schnepfenthal niemand wissen konnte, ein knappes halbes Jahr später qualvoll im Kindbett sterben.

Wieder konstruiere ich: da ich mir die geistige Begegnung der Oldenburgerin mit ihrer beherzten Zeitgenossin wünsche, lasse ich Salzmann die beiden Bände in ihre Hand geben. Ich lasse sie hinsetzen in einen bequemen Stuhl und die Schrift durchblättern. Ich lasse sie einen ersten Eindruck bekommen von Wollstonecrafts Abrechnung mit dem Genfer Philosophen und seinem Frauenbild der demütigen Zierkultur. *Ebenso wenig kann Lucia Margareta bei Wollstonecraft lesen, werden die Weiber die eigentümlichen Pflichten ihres Geschlechts erfüllen, bis sie einmal aufgeklärte Bürgerinnen, bis sie, mit eigenen Hilfsmitteln zur Erwerbung ihres Unterhalts ausgerüstet, wirklich frei und von Männern unabhängig sein werden – unabhängig (setze ich, um Missdeutungen vorzubeugen, hinzu) in dem Sinn, wie ein Mann von dem andern unabhängig ist.* War Lucia Margareta begeistert? Salzmann hatte siebzehn Seiten beschwichtigende Vorrede dazu gesetzt und immer wieder kommentierend den Text der Wollstonecraft begleitet, bei allen Nützlichkeitserwägungen hatte er nicht gewagt, die Ideen ungefiltert auf deutsche Leserinnen wirken zu lassen. Trat die Engländerin doch unmißverständlich gegen die Monarchie und für die Republik ein! Salzmann schlug lieber den Bogen von einer aufgeklärten Monarchie zu einem vernunftgeleiteten Verhältnis der Geschlechter miteinander, und so wollte er die Herausgabe des Textes auch verstanden wissen, als Anleitung zu einer Selbstbesinnung der Frauen auf ihre Würde, um ihren vielfältigen Aufgaben in der bestehenden Gesellschaft besser gerecht zu werden. Aber Mary Wollstonecraft dachte an wirkliche Unabhängigkeit, der Unteren von den Oberen, der Frauen von den Männern. Lucia Margareta hätte sich unbedingt wiedererkannt in den Forderungen der Engländerin. Ich lasse sie das aufrüttelnde Buch in Schnepfenthal wieder zuschlagen mit dem Gedanken, es sich auf irgendeine Weise noch einmal zur eingehenden Lektüre beschaffen zu wollen. Aber weder in der Herzoglichen öffentlichen Bibliothek in Oldenburg, deren Nutzerin sie im übrigen nie war, hätte sie dieses Werk ausleihen können; noch konnte sie in einer der dortigen gewerblichen Leihbibliotheken als Justizrätin Herbart danach fragen; wenn es überhaupt vorhanden gewesen wäre, hätte bald die ganze Stadt von dieser ihrer Lektüre gesprochen.

In Oldenburg wehte der Wind aus einer anderen Richtung. Der mutige weibliche Entwurf Mary Wollstonecrafts hatte in England unmittelbar einen Gegenentwurf provoziert, der sich bestens verkaufen ließ und dort innerhalb eines Jahres drei Auflagen erlebte. Dr. Gisborne hieß der Autor der Schrift. Das Interesse daran schwappte auch auf den Kontinent herüber, und gerade in Oldenburg fanden sich eifrige Subskribenten für dieses Werk, das sich in die bekannte Tradition der Sittenspiegel stellte: *Versuche über die **Pflichten** des weiblichen Geschlechts.* Über Rechte, befand man, war genug geschrieben. Der junge Übersetzer und Bearbeiter Heinrich Ludewig Bonath kam schließlich auch aus den eigenen Reihen, arbeitete als Kammer-Registrator im Kreise der Oldenburger Beamtenschaft und war nebenher engagiert, Produkte englischen Denkens im Deutschen bekannt zu machen. Vielleicht nur eine willkommene zufällige Möglichkeit für ihn, das bescheidene Gehalt als Registrator aufzubessern? Er hatte das Werk den deutschen Verhältnissen angepaßt, und der ausgesuchte Kreis von Honoratioren in der Literarischen Damen-Gesellschaft würde den vorgetragenen Ideen später lebhaften Beifall spenden. Pflichten statt Rechte, in den bekannten Grenzen der Geschlechterzuordnung, dazu nickten alle zustimmend; es war dem Frauenzimmer nichts anderes zu empfehlen, als *in allen Verhältnissen die heilige Weiblichkeit zu bewahren, seine bezaubernde Würde zu behaupten* und *nie aus der ihm angewiesenen Sphäre herauszutreten.* Lucia Margaretas Schwager, Kammerrat Herbart, würde als Vorgesetzter Bonaths gleich zwei Exemplare subskribieren – nur eine anerkennende Geste gegenüber dem Untergebenen, oder doch eine Überzeugungshandlung, weil man sein Weltbild angenehm bestätigt fand? Es war die angemessene Antwort auf jene schwärmerische Entgleisung der Engländerin, die vor nichts haltzumachen schien. Gesellschaftsverändernde Ideen gehörten nicht in den Kopf von Frauen. Ein Mann wie Professor Woltmann ließ es sich nicht nehmen, aus der Ferne brieflich vor den Gefahren entsprechender Produkte zu warnen: Zeitungsmeldungen, Tagespolitik, nein, das taugte ganz und gar nicht für Damenohren. *Sehr richtig gedachte und schön gesagte Bemerkungen* schrieb er dazu später der Literarischen Damen-Gesellschaft ins Stammbuch. Sehr fein erkannte er, was denn aus eigener gedanklicher Beschäftigung mit der Politik in einem Frauenkopf passieren könnte: die Möglichkeit war nicht auszuschließen, daß diese Frau von der Betrachtung und Reflexion tatsächlich ins Handeln kommen, die Theorie in die Praxis umsetzen könnte ... Handeln aber, das war dem Mann vorbehalten, *dem Repräsentanten des Ganzen in der bürgerlichen Welt*. Vorsicht war geboten, immerhin gab es schon Schriftstellerinnen, die ihren fiktiven Helden eben solche Gedanken in den Mund legten: *ich fühlte es – der Mensch muß **handeln**. Die wirkliche Übung seiner Kräfte ist für sein Wohlbefinden unentbehrlich.* Sophie Mereau hatte es noch einen Mann sagen lassen, aber ihr Gedanke galt – dem Menschen.

Rückschritt oder Neuanfang: wieder in der Heimat

Leere

Ein Brief hilft

Wohnungseinrichtung und Jenaer Anregungen

Wann und wie ich wieder nach Oldenburg kommen werde, daß weiß Gott, hatte Lucia Margareta ihrem Schwager Anton Christian Herbart nach Charlottenburg geschrieben. Der Justizrat hatte klar abgewunken, er hatte keine Zeit, seiner Frau entgegenzureisen und sie sozusagen heimzuführen. – Dringende Geschäfte, gerade im Augenblick, Sie verstehen – an ein Abholen von Göttingen war nicht zu denken. Bis Bremen aber immerhin, das könne man sich vorstellen. Man bedaure zutiefst. Nahm der *hochedelgeborene hochzuverehrende Herr* Smidt in Bremen solchen Beamtenkotau aus Oldenburg noch ernst? Oder ahnte er hinter dieser scheinbaren, devoten Beflissenheit des Schreibers, daß hier jemand eigentlich gar nicht gewillt war, auch nur einen Zentimeter entgegenzukommen? Ich wundere mich, daß Lucia Margareta überhaupt in Erwägung gezogen haben sollte, der Justizrat könnte sie von Göttingen abholen. Vielleicht war es auch Freund Smidts Vorschlag und Anfrage gewesen. Ein dringendes Muß steckte jedenfalls nicht hinter dieser Idee. Denn es gab genügend junge Herren, die sich um die Begleitung der allein reisenden Dame rissen, keiner wollte hintenanstehen. In Göttingen kam die Reisegesellschaft, die sich wegen des Schnepfenthal-Abstechers vorübergehend hatte trennen müssen, wieder zusammen. Am späten Abend des 27. März saßen alle noch einmal als Gesellschaft nach Jenaer Gewohnheit beieinander, Lucia Margareta in der Mitte der jungen Männer, die alle bald in die Ferne aufbrechen würden. War es eine Art Henkersmahlzeit für sie, ein Abschied von der Freiheit, spürte sie Resignation angesichts der Rückkehr in alte Räume? Vor allem war es eine bewußte Entscheidung der Mutter: sie wünschte den Schweizaufenthalt für ihren Sohn, für ihn versprach sie sich Öffnung und Horizonterweiterung, hinter diesem Gesichtspunkt ordnete sie ihre eigenen Bedürfnisse an zweite Stelle. Der Verlust des Kavaliers an ihrer Seite machte ihr allerdings den weiteren Aufenthalt in Jena damit unmöglich, so hatte sie wohl am Ende die Rückkehr erwogen und schließlich auch als möglich akzeptiert.

In Kassel trennte sich die Gesellschaft endgültig in Nord- und Südreisende, Johann Friedrich mit seinen Freunden wandte sich Richtung Schweiz, seine Mutter kehrte mit elf Begleitern wieder nach Göttingen zurück, wo man noch einige Wochen bleiben sollte. Bis jetzt hatte der Sohn noch mit in ihrer Chaise gesessen, sie waren sich ein letztes Mal sehr nahe gewesen. Die Freunde gaben sich alle Mühe, Lucia Margareta über den Abschied hinwegzuhelfen, und sie nahm die ausgestreckten Hände an. Es entsprach nicht ihrer Art, sich jetzt melancholisch zurückzulehnen und dem Sohn nachzusinnen. Sie blieb in der Gegenwart, war in ihrem Reisewagen, bei ihren jungen Begleitern, und die wiederum hatten Freude an ihrer geistigen Präsenz, daß sie noch im Nachhinein von dieser und der weiteren gemeinsamen Fahrt schwärmten. Und Johann Friedrich war auf seinem Weg, das war das Wichtigste, sie versprach sich viel Belebung für ihn von diesem Aufenthalt. Einer ihrer Mitreisenden, Rudolf Steck, erster Regierungs-Sekretär in Bern, wollte gern die Möglichkeit nutzen, um an der traditionsreichen Göttinger Georgia Augusta einige Zeit zu hospitieren. Lucia Margareta nahm den Aufenthalt gelassen hin, es drängte sie nichts zum schnellen Aufbruch. Irgendwann fuhren sie dann weiter nach Bremen, wo Freund Smidt auf die Ankunft vorbereitet war. Sie war auf niemandes Hilfe angewiesen, Steck war freudig bereit, sie unmittelbar bis Oldenburg zu bringen, denn er selbst hatte weite Pläne: Den Haag, Antwerpen, Paris, dort wollte er für einige Zeit ins Zentrum der politischen Ereignisse eintauchen. Noch ließen die unabhängigen, reisenden Männer Lucia Margareta hinter sich zurück.

Vielleicht aber schaffte der Justizrat es doch, ihr bis Bremen entgegenzufahren und in einem Gasthof dort sind sie sich nach einem Jahr zum ersten Mal wieder gegenübergetreten. Allein, vor Publikum? Waren Steck oder Smidt Zeugen der Begegnung, vielleicht auch Pflegetochter Antoinette, die aus Oldenburg mit herübergekommen war, dann sehe ich seine gedrungene Gestalt mit eiligen Schritten in ihr Zimmer treten, fast etwas atemlos, in fliegender Hast war er natürlich hergeeilt, gerade eben seine dringenden Geschäfte unterbrechend. Den Hut vor die Brust gepreßt, rasch einen Schwall Artigkeiten auf den Lippen, griff er nach Lucia Margaretas Hand, um ihr tatsächlich einen flüchtigen Kuß daraufzuhauchen. Er freue sich, die Reise sei hoffentlich – man habe sicher – Seine Augen streiften nur einen Moment den Blick seiner Frau und ankerten dann in sichererem Gewässer, bei den Umstehenden. Lucia Margareta betrachtete ihn, sein plattes Gesicht, die unruhigen Augen. Sie hatte vorgehabt, ihn eigentlich nicht wiederzusehen.

Dann dachte sie an seine Briefe in ihrer Tasche. Vielleicht hatte sich doch etwas verändert, unter der Larve? Die war ja für die anderen aufgesetzt, für die Zuschauer. Sie kannte ihn. Immerhin hatte er ein neues Haus gemietet in Oldenburg, wie er geschrieben hatte, sie sollten dort wohnen, jeder für sich, in seinem uneingeschränkten Bereich, auch finanziell sollte alles anders werden. – Heimkehr? Neuanfang? Lucia Margareta hätte ihre Rückkehr vielleicht selbst nicht recht definieren können. Die Augen aber kannte sie. Worauf ließ sie sich ein?

Ein Haus hatte Thomas Gerhard Herbart tatsächlich gemietet, und die beiden einigten sich in die Aufteilung der Zimmer: er die Reihe Richtung Osten, sie gegenüber die Westräume und ein Schlafzimmer neben seinen Räumen. Um deutlich zu machen, daß sie wirklich zurückgekehrt war, annoncierte sie sehr rasch in den *wöchentlichen Anzeigen: Eine fast neue moderne gut laquirte und auf hiesigem Spuhr gehende Chaise, deren Kasten in 4 englischen Stahlfedern hängt, ist zu verkaufen. Liebhabern kann der Sattlermeister Schmiediger Nachricht ertheilen.* Schon am 1. Mai las sie ihre Anzeige so in der Zeitung und hatte keine Schwierigkeit, den Wagen günstig zu veräußern. Wehmut ließ sie nicht zu, so gern sie an die Reise und alle Eindrücke zurückdachte. Die Chaise war ein Gebrauchsgegenstand, kein Erinnerungsrelikt, sie wollte das ganz nüchtern sehen. Die neu gewonnenen menschlichen Beziehungen blieben ja von dem Verkauf des Wagens unberührt. Die Oldenburger Gesellschaft nahm die Justizrätin wieder auf. Die maßgeblichen Familien waren auf ihre Wiederkehr vorbereitet. An Sonntagen bestand der Justizrat darauf, mit ihr den obligatorischen Spaziergang zu machen, sie ließ ihn grüßen, bald rechts, bald links, den Hut mehr in der Hand als auf dem Kopf. Sie ging aufrecht neben ihm, sagte manchen ein paar freundliche Worte, und nahm mit gewissem Interesse die lange nicht gesehenen Gesichter auf. Bald war sie wieder auf dem neuesten Stand des gesellschaftlichen Wissens, auf den Visiten, die sie anfangs mehr selbst wahr- als entgegennahm, weihten die Damen sie bereitwillig in alle Verlobungen, Heiraten, Geburten und Sterbefälle ein, und sie teilte mit aus der Jenaer Welt, was sie für angezeigt hielt. Die Oldenburgerinnen begegneten ihr freundlich, diskret, aber mit einer spürbaren Portion Verunsicherung, die die vielen Gerüchte um ihre Abwesenheit hinterlassen hatten. Niemand fragte sie schlichterdings und ins Gesicht nach den Hintergründen ihres Weggangs und ihrer Wiederkehr. Man lächelte sie verständnisvoll und vielsagend an. Die Gesellschaft legte sich langsam ihr eigenes Erklärungsmuster zurecht, was die Herbartin anging.

Die Haushaltung nahm einen großen Teil ihres Tages ein, das neue Mädchen mußte eingewiesen, die Ausstattung der Küche gesichtet und komplettiert werden. Die Handgriffe und Verrichtungen unterschieden sich in nichts von denen in der Unterlauengasse in Jena, aber mit welcher Leichtigkeit war ihr dort alles gelungen an der Seite von Johanna Fichte! Der Austausch mit ihr, die Gegenwart des Meisters im Nebenzimmer, die große Mittagstafel mit den hungrigen Herren Studenten. Die Arbeiten in Haushalt und Küche waren auch da ein unentbehrlicher Teil des Tages gewesen, aber eben nur ein Teil. Und dann hatte sie sich ihr Stück von der anderen Seite des Lebens geholt. Hatte sich innerlich gedehnt und gereckt und entfaltet, wie eine Pflanze, die endlich aus dem Kümmerdasein im Dunkeln sich ans Licht vorgearbeitet hat und nun wächst und grünt und blüht, wie es ihrer Anlage entspricht. Sie hatte sich bewegt, gelacht, mit der Sprache jongliert, ihre kleinen spitzen Pointen abgeschossen, Rolle und Geschlecht hinter sich gelassen und war schließlich so ausgefüllt gewesen, daß ein unglaubliches Wohlgefühl sich breit machte: sie hatte gelebt. Einfach gelebt. Und das Ausgefülltsein hatte eine Ausgeglichenheit, eine Heiterkeit im Gefolge gehabt, die sie beglückt begrüßt hatte wie etwas lange Geahntes, unterbewußt Bekanntes, das nun endlich eingezogen war. Hier in Oldenburg aber, wenn der Braten begossen und gerichtet, die Kuchen gebacken, das Kraut angesetzt war, da war es rasch wieder anders. Da kam die große Leere, der sie nichts entgegenzusetzen hatte. Zu gut kannte sie dieses Gefühl, dieses Vakuum, es war in ihren letzten Oldenburger Jahren übermächtig geworden und hätte sie um ein Haar in seinen Sog gezogen, wenn sie sich durch ihren Aufbruch nach Jena nicht davor gerettet hätte. Nun kam sie wieder, diese Leere, schneller und intensiver, als sie für möglich gehalten hatte. Die Erinnerung daran war in den lebendigen Jenaer Tagen fast völlig verblaßt. Bei ihrem Entschluß zur Rückkehr hatte das Schreckgespenst all seine Bedrohlichkeit verloren gehabt.

Leere wie im Grabe, nannte sie es. Das Gespenst kroch ihr in den Nacken, schaute bei jedem Handgriff, jeder Verrichtung über die Schulter. Sie empfand es schlimmer denn je. Aber es gab noch eine tiefere Schicht, unter der versteinerten Kruste der Leere brodelte und waberte es, zischte und dampfte beängstigend und beklemmend. Da arbeiteten ihre *Leidenschaften*, wie sie sie vor sich selbst nannte. Unterdrücktes Leben, nicht zugelassener Esprit, Mut und Bewegungsdrang, es war ein ungutes Gemisch von Energie, das da kochte in der Tiefe, und weil es so im Dunkeln arbeitete und sich keinen Weg ans Tageslicht bahnte, wurde es zur Hexenküche, an deren Dämpfen sie selbst zu ersticken drohte. Auf einmal stand alles wieder vor ihren Augen. Damals, als die unterdrückte Energie in pure Verzweiflung umgeschlagen war, als das, was sich an der Oberfläche nicht äußern sollte, sich mit aller Gewalt gegen sie selbst gerichtet hatte. In jener Nacht am Ufer der Hunte: sie war entschlossen gewesen, sich hineinzustürzen, es hatte keinen Ausweg mehr gegeben. Vernunft, was half ihr ihre ganze Vernunft, um die sie sich so bemüht hatte – nur im Einklang mit Leben konnte sie tragen, als klappriger Steg über einen brodelnden Abgrund geschlagen, jeden Tag wieder ausgeflickt und provisorisch nachgebessert, mußte sie irgendwann einbrechen. Wäre nicht Langreuter gekommen, damals, in jener Nacht, es hätte sie nicht mehr gegeben. Adam Christian Langreuter. Sie sah wieder das fassungslose Gesicht des jungen Theologen vor sich, als er sie erkannte. Irgendeine Selbstmörderin hatte er da bewahren wollen, und dann sie! Die Mutter seines jungen Gymnasialfreundes, Johann Friedrichs munterer Hausvorstand, die Hüterin der Picknickkörbe und fröhlichen Ausflüge! Es hatte nicht sein können. Und dann hatte er sie unauffällig nach Hause geführt, war nicht von ihrer Seite gewichen, und zum ersten Mal in ihrem Leben hatte sie sich über ihre Existenz als Justizrätin Herbart einer Menschenseele anvertraut. Auf einmal war alles hervorgesprudelt, Demütigungen, Gewalt, Verstellung, Heuchelei, zutiefst gescheute Wörter hatte sie in den Mund genommen in jener Nacht, hatte für einen Augenblick den Vorhang vor dieser Ehe beiseitegeschoben und den jungen Freund dahinterschauen lassen, daß er erschrocken zurückgewichen war. Er hatte kaum glauben wollen, daß ihr Bild wirklich den geschätzten Vater seines Schulfreundes beschrieb, daß sie das wirklich erlebte, was er damals hörte. – Es hatte ihm keine Ruhe gelassen, schon am nächsten Morgen hatte er sich wieder bei ihr gemeldet, der Student der Theologie, der eigentlich nur zufällig in der Heimat war, zu Besuch im Elternhaus, und der nun so unvorbereitet aus seinen akademisch-theoretischen Höhen mit einer Lebensrealität konfrontiert worden war, die er nicht für möglich gehalten hatte. In bedachten ruhigen Worten hatte er seine nächtlichen Überlegungen vor ihr ausgebreitet, denn Schlaf hatte er nach diesen Enthüllungen nicht mehr gefunden. Die Ernsthaftigkeit des jungen Mannes, sein Eingehen auf ihr Schicksal hatte ihr so geholfen, daß sie die verzweifelten Freitod-Absichten wirklich immer weiter zurücksinken fühlte und sich seinen Ausführungen öffnete. Als er ihr mit fast schon pastoraler Würde das Versprechen abgenommen hatte, solchen verzweifelten Gedanken für immer abzuschwören, war er schweren Herzens, aber doch etwas erleichtert, nach Halle abgereist. Und niemand außer ihnen beiden hatte jemals von den nächtlichen Begebenheiten erfahren. Am allerwenigsten Johann Friedrich. Auch nicht der Justizrat. Langreuters Rat aber war ihr im Ohr geblieben und hatte sich zu einem lautlosen Refrain verdichtet: wenn Johann Friedrich mich nicht mehr braucht, dann ... Sein Rat war gewesen, sie solle sich dann sofort einem Vertrauten, möglichst einem Juristen gegenüber öffnen und Hilfe suchen zur Bereinigung einer unhaltbaren Situation. Er hatte im ersten Impuls an den Kanzleirat von Halem gedacht. Seine unbestechliche, integre Persönlichkeit schien ihm am geeignetsten, in diesem Ehekonflikt eines Kollegen und seiner Frau einzugreifen.

Wenn Johann Friedrich mich nicht mehr braucht, dann ... Auf diesen Moment hatte sie hingelebt, er hatte ihr als Ziel von da an vor Augen gestanden. Was in ihrer Ehe auch kam, an diesem Fixpunkt hatte sie sich festgehalten. Und kaum war der Moment dagewesen, hatte sie gehandelt. Allerdings anders, als Langreuter im Sinn gehabt hatte. Unbürokratisch, unauffällig hatte sie sich ihre Lösung zurechtgelegt. Gelebte Trennung ohne Brief und Siegel, das war ihre Anwort auf eine unhaltbare Ehesituation. Es war ein herrlicher Versuch gewesen. Sie bereute keinen Augenblick der letzten Monate. Und dann war doch wieder Johann Friedrich die Richtschnur ihres Handels geworden: sein Fortkommen, seine Entwicklung hatte sie zu betreiben versucht, da war für ihr Fortkommen, ihre Entwicklung kein Platz gewesen. Rückkehr also. Die Routine so vieler Jahre hatte ihr den Schritt allzu sehr erleichtert.

Aber das Gespenst der Oldenburger Tage ließ sich nicht abschütteln. *Leere wie im Grabe.* Selbst das Versprechen, das sie Langreuter in die Hand gegeben hatte, verblaßte und verlor an Verbindlichkeit, wenn die Tage sich schon beim Aufstehen wie eine unendliche Wüste vor ihr dehnten. *Leere.* In diese Stimmung kam Post aus Jena. Nicht, daß es der erste Brief gewesen wäre, sie stand in regem Schreibkontakt seit ihrer Rückkehr, konversierte scheinbar munter in die Welt hinaus. Dennoch hatte der Brief etwas Besonderes. Er kam von Professor Fichte. Das Schreiben tat eine ungeahnte Wirkung. Noch während des ersten Lesens spürte Lucia Margareta, wie ein warmes Strömen sie auf einmal bis in die Füße durchzog; es war, als ob alles in ihr immer mehr in leise Schwingung geriet, und ein Gefühl zurückkehrender Energie machte sich in den Gliedern, in der Brust, im Kopf breit. Der Meister, der Denker des neuen Eherechts, er hatte sie doch verstanden! Er, den sie so akademisch-höflich erlebt hatte, dessen Äußerungen nicht über das Maß kühler Reserviertheit hinausgegangen waren, nahm Anteil an ihr, an ihr als Individuum! Er hatte eine Ahnung bekommen, wieviel bei ihr Fassade war und schien das zu respektieren, was er mehr dahinter vermutete. Ohne daß er es im Detail kannte. Es hätte also doch ein Fundament geben können, schoß es ihr durch den Kopf, auf dem sie sich allein in Jena hätte einrichten können. Hätte sie nur eine Ahnung von Fichtes Wertschätzung ihrer Person gehabt, sie hätte den Schritt gewagt und wäre allein in Thüringen geblieben. Solche Anbindung, solche Achtung wären ihr Rückhalt genug gewesen. – Der Brief bewirkte eine einschneidende Änderung in Lucia Margareta: er ließ sie nicht mit ihrem Schritt zurück nach Oldenburg hadern, sondern weckte im Gegenteil ein neues Gefühl von Aufbruch. Auf einmal konnte sie zu ihrer Rückkehr stehen. Es genügte, dieses Zeichen menschlicher Anerkennung und Achtung bekommen zu haben von Professor Fichte. Jetzt konnte sie den widrigen Verhältnissen trotzen. Es gab keinen Grund zur Resignation. Mit einem solchen Bewußtsein der Wertschätzung im Rücken würde sie die Situation meistern. Fast war es, als wollte sie dem fernen Philosophen beweisen, daß sie seine Achtung wirklich verdiente.

Als der Herbst kam, begriff sie, mit welch subtiler Berechnung der Justizrat ihre Wohnung aufgeteilt hatte. Der Westwind drückte gegen die Fenster in ihren Zimmern, bei Regen preßte er das Wasser durch alle Ritzen der Scheiben. Die Wände fingen an, die gestaute Feuchtigkeit nach innen auszuschwitzen, kam sie morgens in ihr Wohnzimmer, lief das Wasser immer häufiger an der Tapete herunter. So oft das Mädchen auch die Wände abwischte, es half nichts, der Salpeter schlug durch, vergiftete die Atemluft im Raum und machte Lucia Margareta den Aufenthalt in diesem Zimmer immer unangenehmer. Nicht weniger schlimm war es in dem Raum, der über dem Eingang lag. Hier kroch die Kälte durch die leichte Bauweise von unten hoch, durch die Scheiben zog der Wind an stürmischen Abenden so stark, daß sie selbst mit großer Mühe und abgeschirmt kaum ein Licht brennend halten konnte. Sie saß an ihrem Schreibtisch, in zwei Schawls gleichzeitig gehüllt, am Ende wickelte sie sich sogar in ihren Jenaer Mantel, die Tinte im Fäßchen taugte kaum mehr zum Schreiben vor Kälte. Wenn nichts mehr half, flüchtete sie auf die wetterabgewandte Ostseite, in ihr Schlafzimmer. Da hatte sie das Mädchen angehalten, ihr zwei heiße Backsteine zwischen Matratze und Decke zu schieben am frühen Abend, sie kroch in diese warme Höhle und wartete darauf, daß das Blut wieder begann, wärmend durch alle Körperglieder zu zirkulieren. Manchmal wollte es überhaupt nicht gelingen. – Im Oktober war entschieden, daß die bisher spärliche Möblierung großzügiger ergänzt und verschönert werden sollte. Es war an der Zeit, befand der Justizrat, nicht mehr nur gemeinsam in der Öffentlichkeit zu erscheinen, das Konzert zu besuchen, Visiten zu machen, man sollte nun auch selbst wieder zu Gast bitten. Kaum hatte er an ihre Tür geklopft, stand er schon neben ihrem Schreibtisch und legte ihr die *Bremer Wöchentlichen Nachrichten* vor. Nächste Woche war eine günstige Gelegenheit bei der Messe in Bremen, er habe in der Nähe geschäftlich zu tun, werde sie also mitnehmen können. Sie sei ja nun erprobt im An- und Verkauf, wie er nicht ohne Süffisanz hinzufügte, so könne er ihr wohl getrost dieses Geschäft überlassen. – Lucia Margareta erinnerte ruhig an die Finanzierung. Er habe doch sicher für diesen Fall Vorsorge getroffen? – Die Züge des Justizrats glätteten sich, in seine Augen trat eine schmeichelnde Verbindlichkeit. Nun, ja, nicht direkt, nicht unmittelbar liquide sei er, sozusagen, aber ihr sei es doch sicher ein Leichtes, einen geringen Wechsel aufzunehmen, zu diesem Zweck? Er erinnerte sie an sein schriftliches Versprechen, künftig alle Ausgaben genau zu teilen. Darauf könne sie ja nun bauen. Eine unbedeutende Vorfinanzierung, eine Kleinigkeit, die sie in ihrem eigenen Interesse doch sicher auch befürworten könne ... Lucia Margareta sah an den Flecken der feuchten Wände entlang. Schwerere Vorhänge würden ihr gewiß mehr Behaglichkeit verschaffen, neue Stühle, ein angenehmes Sofa. Ohne sich ihrem Mann zuzuwenden, sagte sie die Erledigung zu. Sie konnte nicht sehen, wie Erleichterung über sein Gesicht huschte, bemerkte aber, daß die Tür ausnahmsweise mit erstaunlicher Dezenz geschlossen wurde.

Sie war ja entschlossen, die Situation für sich zu verbessern. Sie war zurückgekehrt, hatte die Justizrätin wieder auf ihre Schultern genommen, es war schließlich nicht das erste Mal, daß sie etwas durchkämpfen mußte. Sollte es denn sein. Von den zunehmenden Beschwerden wollte sie sich nicht hindern lassen, die Schmerzen in den Gliedern, das drückende Gefühl in der Brust kamen zwar immer wieder, aber zur Resignation gab es überhaupt keinen Grund. Wer A sagte, mußte auch B sagen. Im übrigen konnte sie bei der Fahrt nach Bremen gleich ein paar Freundschaftswünsche erfüllen; ob in Jena oder Oldenburg, überall gingen an sie Bitten heran um dies und das, und noch nie hatte sie jemanden im Stich gelassen, wenn das Anliegen nur einigermaßen realistisch war. Letztendlich wirkten diese Aufgaben ja auch belebend auf sie, das Organisieren tat wohl, das Vertrauen, mit dem die jungen Leute vor allem auf sie zukamen. – Und sie richtete die Wohnung ein; nicht luxuriös, wie es im übrigen nie ihr Stil gewesen war, aber mit einer gewissen Gediegenheit. Das tat sie um ihrer selbst willen, sie wollte sich ja den Aufenthalt in den schäbigen Räumen so angenehm wie möglich machen. Mit Genugtuung betrachtete sie am Ende ihr Werk, wenn sie ehrlich war, hatte sie wieder einmal einiges Geschick bewiesen, Negatives in Positives umzukehren. Unaufdringliche, angenehme Stoffe, neue Stühle, freundliche Ofenschirme. Mit eigentlich geringem Aufwand hatte sie angenehme Effekte erzielt. Die Ausgaben hatten sich gelohnt. Auch seine Zimmer hatte sie mit Überlegung und Sorgfalt in die Umgestaltung einbezogen, so wie es vereinbart war. Natürlich hatte er kein Wort der Anerkennung dazu geäußert, das hatte sie auch nicht wirklich erwartet. Was sie allerdings beschäftigte, war die Frage, wann er nun seinen Anteil an ihren Auslagen zu begleichen dachte. Bei Gelegenheit wollte sie ihn doch darauf ansprechen.

Die angenehmere Wohnung machte ihr Lust, nun auch nach außen aktiv zu werden. Es blieb dabei, wer A sagte, mußte auch B sagen. Eigene gute Ideen waren gefragt, fruchtbar in die Oldenburger Gesellschaft hineinzuwirken. Ob es nicht möglich war, einen Hauch von Jena aufleben zu lassen? Etwas Neues zu beginnen, aus dem sich Weiteres entwickeln könnte? Bewegung, Änderung, Ausprobieren. Im Rahmen des Üblichen, hier Möglichen natürlich. – Im Dezember ergriff sie die Gelegenheit. So wie sie den Herren ihres Bekanntenkreises zufällig begegnete, ließ sie ihre Idee einfließen und wartete, ob sie auf fruchtbaren Boden fallen würde. Kanzleirat von Halem war erstaunt und angetan. Eine Vorlesegesellschaft für die Damen! Was für eine interessante Idee. Auch Kanzleisekretär Erdmann zeigte sich dem Gedanken gegenüber aufgeschlossen. Natürlich, etwas Bildung für die Weiblichkeit, angeleitete Lektüre, Kanzleirat von Berger war gleich im Bilde, worum es ging. Lucia Margareta ließ offen, ob er mit diesem Gesichtspunkt tatsächlich ihre Intentionen traf. Vor allem die selbst schreibenden Herren sahen in ihrem Vorschlag offensichtlich eine willkommene Gelegenheit, eigene Texte zum besten geben zu können, wie man es ja auch unter Männern praktizierte. Die Absprache eines gemeinsamen Versuchs war schnell getroffen. Nun galt es nur noch, die Frauen dafür zu erwärmen. Am 13. traf man sich im Konzertsaal. Die Musik war beendet, man stand noch in kleinen Gruppen zusammen, die Herren hier, die Damen dort, da sprach Lucia Margareta den Frauen ihre Einladung aus. – Die Herren hätten ihr das Versprechen gegeben, *sie* alle *durch angenehme und nützliche Vorlesungen zu unterhalten.* Sie lade herzlich ein, um fünf Uhr des Abends, wenn sie bitten dürfe.

Die Einrichtung erhielt bald einen offiziellen Namen, *Literarische Damen-Gesellschaft.* Und sie war bald nicht mehr Lucia Margaretas geistiges Kind. Reihum in den Häusern der Mitglieder traf man sich zu Tee und Lesung. Bald mußte eine Satzung her, mit Selbstverständlichkeit nahm sich Kanzleirat von Halem des Entwurfs und der Ausformulierung an. Man teilte die Mitglieder in erste und zweite

Klasse, das waren vortragende bzw. besuchende Teilnehmer. Damen der ersten Klasse waren natürlich nicht vortragende sondern *bewirthende* Mitglieder. Der weibliche Aktionskreis. Lucia Margareta nahm an den meisten Sitzungen teil, wöchentlich traf man sich, aber innerlich rückte sie immer weiter fort von ihrem Projekt. Der Elan, mit dem sie die Treffen ins Leben gerufen hatte, verflog. Ein halbes Jahr später wurde weiblicher Unmut in der Runde laut, ich nehme wie selbstverständlich an, daß sie selbst sich hinter der anonym überlieferten Kritik verbarg. Der Protokollant jener Sitzung war diskret genug, die Ruhestörerin nicht mit Namen zu nennen. Liberal gesinnte Männer gingen über einen solchen Seitensprung aus weiblichem Wohlverhalten charmant-poetisch hinweg. War es nicht ein warmer Juninachmittag, saß man nicht in einem verführerisch duftenden, die Sinne umnebelnden Garten, in friedvoller Eintracht bei Kammerrat Schloifer? *Die Klage einer Dame, über die Ungerechtigkeit der Männer, welche sich der Gesetzgebung über die Weiber ausschließlich anmaaßten, ward vom leisen Hauch des Zephyrs verweht.* Ich stelle mir vor, wie die Gruppe aus Frauen und Männern den kleinen Fauxpas ignorierte und sich demonstrativ dem nächsten Vorlesestoff zuwandte, einer interessanten Reisebeschreibung, aus der Feder eines Mannes natürlich.

In den kalten Winterwochen zu Jahresbeginn 1798 fror Lucia Margareta in ihrem Schreibzimmer und floh immer häufiger auf die Ostseite der Wohnung, in ihren Schlafraum, schließlich stellte sie sich einen kleinen Schreibtisch dorthin, um ihre viele Korrespondenz an einem halbwegs wirtlichen Ort wahrnehmen zu können. Keine Woche verging ohne mehrere Briefe an ihre Adresse, sie wußte, daß ihr Mann mit langem Hals spähte, um Schrift oder Siegel auf ihrer Post zu erhaschen, aber sie hatte das Mädchen angewiesen, Briefe an die Justizrätin niemals liegen zu lassen, sondern gleich ins Schlafzimmer der Herrin zu besorgen. Ihre eigenen Briefe ließ sie nur dann bestellen, wenn der Justizrat nicht im Haus war, so daß das Mädchen gar nicht erst in die Verlegenheit kommen konnte, dem Herrn unbotmäßige Fragen beantworten zu müssen oder ihm gar die Post auszuhändigen. Lucia Margareta kannte ihren Mann. Die Korrespondenz hielt sie ein wenig schadlos für die Situation in Oldenburg. Sie lebte in engem Kontakt mit allen ihren Jenaer

Bekannten, blieb die Anlaufstelle ihrer jungen Freunde, es gab fast nichts, daß diese ihr nicht schriftlich anvertrauten, worum sie sie nicht um Rat angingen. Die Herbartin würde es schon richten, ihr würde schon etwas einfallen! Es hatte sich nichts geändert, die Menschen schätzten immer wieder dasselbe an ihr, das Zupackende, Praktische, Beherzte. So war es schon früher in ihren Oldenburger Zeiten gewesen.

Es geht ums Geld
Der Justizrat erobert die Wohnung
Zweiter Abschied

Ein halbes Jahr nach der Neumöblierung der Wohnung ließ es Lucia Margareta keine Ruhe mehr. So sehr sie ihrem Mann weitestgehend aus dem Weg ging, es mußte sein. Sie klopfte an einer der Türen auf der Morgenseite der Wohnung, sie wußte, daß er zu Hause war. Sein Herein klang weder freundlich noch unfreundlich, er erwartete das Mädchen oder die Köchin allenfalls. Als er die Stimme seiner Frau hörte, fuhr er auf seinem Stuhl herum, erhob sich aber nicht. Er erstarrte in einer Art Lauerstellung. Sie hatte sich vorgenommen, ruhig und sachlich zu sein, versuchte, durch sein stumpfes Gesicht einfach hindurchzuschauen. Ihr Atem allerdings ging flach, ihre Hände waren kalt. Die Wohnung sei nun seit Oktober ansprechend möbliert, ihr wie sein Reich, hörte sie sich sagen, sie sei gekommen, die Auslagen, welche sie für ihn verabredungsgemäß gemacht habe damals, nun einmal abzurechnen. Eine genaue Aufstellung der erworbenen Möbel sowie ihres Preises habe sie ihm mitgebracht. Sie war an seinen Schreibtisch herangetreten und legte ihm ein säuberlich beschriebenes Blatt hin. Es kam, wie sie es kannte.

Wie sie dazu komme, ihn mit solchem Weiberkram zu behelligen? All dies Zeug, Stoffe, Tapeten, was habe er damit zu tun? Habe sie Auftrag gehabt zu all diesem pompösen Firlefanz, Auftrag von ihm? Was habe er damit zu tun, wenn sie ihren übertriebenen Eitelkeiten frönen müsse! Er hämmerte mit der Hand auf seine Schreibtischplatte. Dies brauche er, und Ruhe obendrein! Aber in seiner eigenen Wohnung finde er die nicht, kein Ort, wo er ungestört sei! Der Club – bleibe nur der Club; er sprang auf, der schwere Stuhl kippte hinter dem Mann nach hinten, die Tür wurde so hart zugeschlagen, daß die Gegenstände auf dem Schreibtisch wackelten. Eine halbe Minute später schlug eine zweite Tür. Lucia Margareta zuckte zusammen. Sie stand noch an derselben Stelle in seinem Zimmer.

Mochte er geschrieben haben, was er wollte, seine Zusicherungen waren wieder einmal nichts wert. Von diesem Tag an wurden die Türen im Haus nur noch geschlagen, und so sehr Lucia Margareta sich vornahm, es nicht zu hören, das Erschüttern der ganzen Wohnung nicht zu spüren, jedesmal versetzte es ihr körperlich einen Schlag, bald war sie in permanenter Anspannung, wann es wieder passieren würde. Der Versuch, sich innerlich zu wappnen dagegen, ließ sie den Nacken steif machen und den Atem anhalten. Sie spürte, wie schlecht ihr das bekam. So oft wie möglich suchte sie die Gelegenheit, wenn der Justizrat im Haus oder wieder zu erwarten war, sich selbst Beschäftigung außerhalb der Wohnung zu schaffen. Sie nahm jede Einladung an, setzte sich an jeden Teetisch, um sicher zu sein vor dem sie marternden Scheppern. Alles war wie früher, die Zeit in Jena schien nicht existiert zu haben, e r tyrannisierte sie hinter verschlossenen Türen, draußen aber reichte er ihr galant den Arm. Alle Damen wußten doch die leicht belächelte, etwas antiquierte Art des alten Herrn Justizrats zu schätzen. Wer hätte etwas auf ihn kommen lassen?

Als sie von einer Visite abends wiederkehrte und in ihre Wohnung trat, merkte sie schon im Halbdunkel des Flurs, daß etwas anders war. Sie stieß an ihr Bett, das im Gang stand. Von dem Mädchen ließ sie sich ein Licht geben und drückte die Klinke zu ihrem Schlafzimmer. Es war kein Schlafzimmer mehr. An der Stelle ihres Bettes stand ein Bücherregal, von oben bis unten mit schweren Bänden besetzt, die sie sofort als einen Teil der Bibliothek ihres Mannes erkannte. Auf der gegenüberliegenden Seite waren Anstalten getroffen, ein zweites aufzustellen, Bücher stapelten sich in mehreren Reihen auf dem Fußboden. Auf ihren Stühlen lagen Folianten. Um Fassung und Geistesgegenwart bemüht, fragte Lucia Margareta das Mädchen, ob sie etwas auszurichten habe an die Hausherrin? Das hatte sie nicht, berichtete aber treuherzig, der Herr Justizrat habe den ganzen Nachmittag eigenhändig geräumt und gewerkt, sie habe die Bücher abstauben und das Bett der Frau Justizrätin aus dem Zimmer schaffen müssen. Wo sie es denn nun der Frau Justizrätin hinschieben solle? – Ins feuchte Salpeterzimmer kam das Bett, Lucia Margareta fühlte keine Kraft, es auf eine Machtprobe ankommen zu lassen. Möglichst weit entfernt vom zugigen Fenster, abgerückt von der Wand stand es. Aber sie spürte schon nach wenigen Tagen die unangenehmen Folgen des Umzugs. Das Wetter war umgeschlagen, heftige Windböen fuhren gegen die Westseite des Hauses, gegen die Fenster. Da sie dem unwohnlichen Zimmer jetzt nicht mehr entfliehen konnte, zeigten sich bald stärkere Körpersymptome. Sie bekam Schmerzen in der Brust, fühlte sich zerschlagen an Kopf und Gliedern. Dem Justizrat ging sie so gut aus dem Weg, daß sie sich nun wirklich nicht mehr sahen. Sie hatte begriffen, daß sie seiner taktischen Verschlagenheit wieder einmal aufgesessen war, alle schriftlichen Beteuerungen nach Jena waren das Papier nicht wert, auf dem er sie zum besten gegeben hatte. Nach außen hielt sie die Fassade weiter aufrecht, vermied aber immer mehr, mit dem Justizrat zusammen Einladungen und Verpflichtungen wahrzunehmen. Bei den Sitzungen der Literarischen Damen-Gesellschaft, wo er ja nur besuchendes Mitglied war, trafen sie bisweilen zusammen, aber häufig war er bei den Sitzungen nicht mehr dabei.

Am 12. Juli 1798 bewirtete Lucia Margareta zum letzten Mal ‚ihren' Zirkel. Die sommerliche Witterung war ihrer Gastgeberinnenrolle günstig. Die Fenster hatten weit und lange offen gestanden, überall hatte sie freundliche, wohlriechende Sträuße verteilt, und dem leichten Sommerpunsch sprachen alle mit Behagen zu. Ihre Zimmer wirkten angenehm, und die Gesellschaft fühlte sich offensichtlich wohl. Aber der Mantel der Justizrätin paßte ihr endgültig nicht mehr, hing ihr wie ein nasser Mehlsack um die Schultern, wenn sie die Fragen nach dem Befinden des Herrn Justizrat zu beantworten hatte. Heute hatte er sich gleich entschuldigen lassen für die Zusammenkunft, das hatte ihr die Bewirtung innerlich sehr erleichtert. Mochte er zwischen Kanzlei, Konsistoriumssitzungen und Klub seine Schleifen ziehen, wenn sie einander in der Wohnung doch unvermutet begegneten, spürte sie körperlich, daß sie die räumliche Nähe zu ihm nicht mehr ertragen konnte und wollte. Fort, Alleinsein – zurück nach Jena! Wie hatte sie nur hierher wiederkehren können. Sicher, die Idee der Literarischen Damen-Gesellschaft war Frucht der Erfahrungen in Jena. Immer noch konnte sie stolz auf ihre Schöpfung sein. Aber was die ‚Freien Männer' dort schreibend, lesend, diskutierend versuchten, davon konnte sie für sich und die anderen Frauen in Oldenburg nichts herüberretten. Die Zusammenkünfte mit den jungen Männern, wenn sie verabredungsgemäß alle sich in ihrer Gasthof-Stube getroffen hatten, waren schon von anderer Qualität und Lebendigkeit gewesen. Wie hatte es ihr den Rücken herauf und herunter gekribbelt, einfach auf dem Sofa zu sitzen, die Hände frei zum Gestikulieren und eine Freiheit zum Sprechen nach Herzenslust. Ihre Stimme hatte Gewicht gehabt.

Während in ihr die Idee, Oldenburg wieder den Rücken zu kehren, immer konkretere Züge annahm, wurde ihr gleichzeitig bewußt, daß es diesmal anders sein sollte. Sie würde sich nicht davonstehlen, unter falscher Zielangabe. Nein, ganz offiziell wollte sie sich verabschieden, allerdings die Länge ihres Aufenthalts in der Ferne doch lieber offenlassen. Es genügte, die Bekannten Stück für Stück in Kenntnis der Lage zu setzen. Im übrigen wußte sie selbst nicht, wie es diesmal gehen würde. Denn Jena war nicht mehr das, was sie vor einem Jahr verlassen hatte. Ihre jungen Freunde hatten der Stadt zum großen Teil den Rücken gekehrt. Fichte und seine kleine Familie waren noch dort. Die Gräfin würde sie besuchen. Schließlich hoffte sie auch auf neue Kontakte und Bekanntschaften, die sich aus den bestehenden ableiten ließen. Die Freunde würden es an keiner Empfehlung mangeln lassen. Sie begann, ihre Abreise im Stillen zu planen. Sie besprach sich vor allem mit ihrer Pflegetochter Antoinette, die sie diesmal mitnehmen wollte. Dann war die Frage der Reisebegleitung schicklich gelöst. Auch würde das Quartiernehmen besser zu zweit sein. Schließlich war es für die junge Frau eine willkommene Abwechslung. Was hatte Johann Friedrich, der jüngere ‚Bruder', nun schon alles gesehen, und das Mädchen war von Oldenburg höchstens einmal bis zu den Verwandten nach Varel gekommen.

Der Sohn. Er war der einzige gemeinsame Bezugspunkt, den Lucia Margareta mit Thomas Gerhard Herbart noch hatte. Dem Sohn gegenüber war sie bemüht, das Zerwürfnis mit dem Vater zu kaschieren, es sollte ihm das Bild würdiger, ehrgebietender Eltern nicht zerstören, was sich zwischen ihr und ihrem Mann abspielte. Johann Friedrich brauchte das Vorbild des unbescholtenen Vaters. Hatte er nicht jetzt gerade wieder, in diesen Sommerwochen, um die Meinung beider Eltern nachgefragt, um ihre einhellige Antwort, wie er sein weiteres Fortkommen nun gestalten solle und dürfe? Ein langer, sehr langer Brief war es gewesen, in dem er ihnen seine Vorstellungen des Werdegangs entwickelt hatte. Aber alles galt ihm nichts, *wenn Sie nicht beyde mir aus Einem Munde, in Einem Nachruf, Glück und Segen verheißen.* Das vertraute Du an die Mutter hielt er immer noch bei, das Ausnahme-Du. Den Herrn Vater redete er mit dem gesetzten Sie an, wie es sich gehörte. Dieser war unruhig über die ungewisse Laufbahn des Sohnes. Mit dem Herzog sogar war er in

Kontakt getreten, und aus diesem Gespräch war der konkrete Vorschlag erwachsen, Johann Friedrich möge den oldenburgischen Erbprinzen auf seiner anstehenden Bildungsreise begleiten. Der Justizrat wollte den pädagogischen Neigungen des Sohnes entgegenkommen und ihn gleichzeitig doch auch endlich an die Heimat binden. Tatsächlich hatte Lucia Margareta sich nicht zu diesem Vorschlag geäußert. Es war dem Sohn schon aufgefallen, daß nur der Vater Stellung bezogen hatte. So sehr sie immer klare Vorstellungen von Johann Friedrichs Werdegang gehabt hatte, diesmal war sie ihren Standpunkt schuldig geblieben, war einen Moment unentschlossen in ihren Wünschen. Sie selbst war im Begriff, ihre Koffer in Oldenburg wieder zu packen und ein zweites Mal von der Heimatstadt Abschied zu nehmen. Wie konnte sie daran interessiert sein, ihn gerade jetzt wieder hierher zu locken? Schließlich hatten sie Johann Friedrichs eigene Vorstellungen schon ein klein wenig beeindruckt – war da Saat ihrer eigenen Anstöße aufgegangen? Philosophie er-arbeiten und ihre Konsequenzen leben als Pädagoge wollte er, nicht abstrakt spekulativ vom Katheder aus dozieren wie die lebensfernen Theoretiker. Das immerhin hatte ihr gefallen. Der Ehrgeizige wollte über Kant und Fichte hinaus! Und die juristische Laufbahn dann vielleicht eines Tages, wenn die Fülle des Durchdachten und Gelebten ihn befähigen würde, die formalen Aufgaben der Jurisprudenz verantwortlich mit Leben zu füllen. – Andererseits: zehn Jahre Hauslehrer! Denn das war es, was sich der Junge dafür auserbeten hatte. Zehn Jahre Abhängigkeit. Zehn Jahre Schweiz. Das war natürlich nicht, was sie sich erhoffte. – Von Jena aus wollte sie Kontakt mit Johann Friedrich aufnehmen. Andere würde sie um Rat fragen. Einmal schon hatte sie zurückgesteckt, als sie seine Schweizreise befürwortete. Er sollte sich nicht durch Pflichten gegenüber der Mutter gebunden fühlen. Dieses Mal mußte sie ihn warten lassen, bis sie für sich arrangiert hatte.

Jena – alles ist anders
Schwere Erkrankung
Ein Student der Medizin
Das Geld bleibt aus

Wie sich Lucia Margaretas zweiter Jena-Aufenthalt gestaltete, bleibt viel mehr im Dunkeln als beim ersten Mal. Wann reiste sie ab? Im Sommer 1798 irgendwann. Ich weiß nicht, ob sie sich erneut einen eigenen Reisewagen leistete oder sich diesmal der Extra-Post anvertraute. Ich vermute, daß sie sich mit Antoinette nicht in einem Gasthaus, sondern privat einmietete. Die Aufenthaltsdauer war vage bemessen, fest stand erst einmal, daß sie den Winter über in Jena bleiben wollte. Sie hielt gesellschaftlich offiziellen Kontakt zu den Oldenburger Bekannten, *Frau Cammerräthin Schloifer* war eine der ersten Damen, die Nachricht von Lucia Margareta und Antoinette erhielt. Das war im Oktober. Höfliche Grüße, man bedauerte die Abwesenheit der Justizrätin. Denn für die Gesellschaft blieb sie die Justizrätin, ohne Abstrich. Im November schrieb sie wieder, Kanzleirat von Halem las der Gesellschaft vor, auch ein Brief von Johann Friedrich aus Bern war eingetroffen. Daß ihr erneuter Aufbruch wieder Fluchtcharakter hatte, war nicht von der Hand zu weisen, so offiziell das Ganze auch vonstatten ging. Ihre Krankheitszustände und Unpäßlichkeiten rechtfertigten sicherlich in den Augen der Gesellschaft vorderhand ausreichend eine Reise, aber es wurde Herbst und Winter, mit unwirtlichen Temperaturen, und das östliche Klima Thüringens war mit keinem Grad freundlicher als das nordwestdeutsche, dem Lucia Margareta allenfalls zu entkommen vorgab. *Die Veranlasserin* der Literarischen Damen-Gesellschaft *floh uns diesen Winter ...*

Jena also, und erneut Kontakt mit Professor Fichte und seiner Familie, wenn auch diesmal wohl weniger intensiv. Der Stern des Philosophen war ins Sinken geraten, nicht, daß es an anerkennenden Bemerkungen über seine schriftlichen Erklärungsversuche zur Wissenschaftslehre gefehlt hätte, aber die ungebrochene Faszination des Lehrers auf seine Hörer war abgeebbt, es begannen die Querelen und Feindseligkeiten gegen ihn, die später als sogenannter Atheismusstreit in die Philosophiegeschichte eingehen sollten. Gerade im Oktober und November dieses Jahres erregten zwei Aufsätze im *Philosophischen Journal*, der eine von Fichte, der andere von Forberg aus Saalfeld, Aufsehen und Mißfallen; das Oberkonsistorium in Sachsen wurde bei Kurfürst Friedrich August vorstellig, man gab die Angelegenheit nach Weimar weiter, dort fühlte sich der Geheime Rat

Voigt unangenehm von der losgetretenen Peinlichkeit berührt. Minister Goethe nahm die Aufregung eher gelassen, Herzog Carl August aber fürchtete um den Ruf ‚seiner' Jenenser Alma Mater, die zahlungskräftigen sächsischen Studenten drohten auf höchste Weisung hin auszubleiben. *Daß doch die verruchten Philosophen für ihren Dünkel alle Klugheit verlieren!* Eine heikle Situation. Fichte ein Atheist! Und der hoch spekulative, in seinem wissenschaftlichen Denkgebäude verpuppte Philosoph als Auslöser dieses Politikums. Weil er sich hatte erweichen lassen, einen Aufsatz Forbergs zu veröffentlichen, obwohl er als Herausgeber der Zeitschrift selbst Bedenken trug. Dem Aufsatz eine falsch plazierte Erklärung anfügte, später zu öffentlichen Rechtfertigungen Zuflucht suchte. Bis Oldenburg läuteten die Sturmglocken des Falles, denn von Sachsen schrieb man nicht nur die zuständige weimarische Regierung an, sondern informierte die Konsistorien sämtlicher Fürstentümer in ganz Deutschland. Fichte wurde zur persona non grata erklärt. Karl August von Sachsen-Weimar schäumte, wie hatte man einen solchen Revolutionär an ‚seine' Universität berufen können, wäre er damals nicht im Feld gewesen, nie wäre es zu dieser Ernennung gekommen!

Leicht vorstellbar, daß im Fichteschen Haus in diesen Wochen und Monaten keine Atmosphäre herrschte, die ein ruhiges Wiederanknüpfen der beiden Frauen an ihr vertrautes Miteinander zuließ. Vielleicht klagte Johanna Fichte Lucia Margareta ihr Leid; ihre Situation, die sich doch erst vor kurzem so positiv entwickelt hatte, drohte schon wieder ins Unsichere umzuschlagen. Und nun waren sie doch eine Familie. Der Meister selbst wird für die Justizrätin aus Oldenburg wenig Zeit und Sinn gehabt haben. Er wurde auf eine gewisse Weise zunehmend trotzig gegen die Anfeindungen, vor allem gegen die Maßregelungen, die aus Weimar kamen. Verbot man ihm, sonntags Vorlesungen zu halten, trat er dennoch ans Katheder. Jetzt gerade. Am 2. April 1799 war es dann soweit: Fichtes provozierendes Entlassungsgesuch wurde tatsächlich ohne weitere Verhandlungen in Weimar angenommen. Seine Zeit in Jena war vorbei.

Lucia Margareta sah die Gräfin von Kameke wieder, und ihr Spagat zwischen dem freigeistigen Philosophen und der adligen Herrnhuterin muß noch breiter geworden sein, als in ihren früheren Begegnungen, denn weniger denn je gab es zwischen dem des

Atheismus verdächtigten Gelehrten und der Pietistin in Neudietendorf Berührungspunkte. Überhaupt war die Stimmung in der Gesellschaft gespalten, pro und contra Fichte. Der Fall war Gesprächsthema in allen Zirkeln. – Immerhin gab es Begegnungen anderer Art, die Lucia Margareta selbst vielleicht weniger schätzte als die unkonventionellen Kontakte früher, sie aber in den Augen der Oldenburger Gesellschaft später zur interessanten Berichterstatterin machen sollten. Selbst die Herren würden sich um sie scharen, um die neuesten persönlichen Eindrücke aus Weimar und Umgebung zu erfahren. Sie und Antoinette lernten einige der ‚Großen' in der Residenz kennen. Der gesellschaftliche Stand war den Frauen vertraut, wie hätten sie auch sonst Eingang in diese Kreise gefunden. Aber ein Gymnasialdirektor und Oberkonsistorialrat für Schulangelegenheiten in Weimar war eben doch etwas anderes als sein Kollege im Herzogtum Oldenburg. So kamen sie mit Karl August Böttiger zusammen, in dem sie auch dem Herausgeber des *Journal des Luxus und der Moden* begegneten. Vielleicht beeindruckte das die junge Antoinette, die sicher gern einen Blick in dieses Blatt warf. Er, der mit Fichte in Schulpforta zusammen das Gymnasium besucht und die Berufung des Philosophen nach Jena unterstützt hatte. Jetzt hielt er sich eher bedeckt in der allgemeinen Diskussion. Dabei war er durchaus scharfzüngig und nicht um Urteile über Zeitgenossen verlegen. Ich stelle mir vor, Lucia Margareta könnte an seiner Art Gefallen gefunden haben.

Oder Wieland. Begegneten sie ihm in Weimar auf einer der Gesellschaften? Im Winter 1799 war Wieland längere Zeit in der Stadt. Vielleicht fuhren sie auch bis Oßmannstedt, wo der alternde Dichter inzwischen im Kreis seiner Familie residierte, umgeben von seiner Frau Anna Dorothea, seinen Töchtern und Enkeln, umsorgt, umtobt. Der pater familias durchaus launisch, leicht aufbrausend, von einem Augenblick auf den anderen demütig-versöhnlich, von höfischen Verpflichtungen zugleich belästigt und geschmeichelt. Seine Gutsherrlichkeit war noch recht jungen Datums, erst im April 1797 hatte sich ihm dieser Wunsch eines ländlichen Retraits erfüllt, vielleicht schwelgte er noch in Begeisterung für die neue Lebensform. Nach Anna Dorotheas Tod 1801 würde er Oßmannstedt nicht mehr halten und in die Stadt zurückkehren. Der zartgebaute Mann, *die zierliche Jungfrau von Weimar*, Prinzenerzieher, Feendichter, unermüdlicher Übersetzer. Ein Mann einer im Grunde schon halb vergangenen Zeit, der der neuen idealistischen Philosophie aus Königsberg und nun auch Jena ablehnend gegenüberstand. Sein geschätzter Schwiegersohn Reinhold hatte sich da ganz anders gezeigt, sich zu seinem Lehrstuhlnachfolger Fichte anerkennend bekannt. Konnte das Gesprächsthema sein zwischen einer Justizrätin aus Oldenburg und dem weimarischen Dichter? Oldenburg. Wo überhaupt lag dieses Herzogtum, von dem der Schwabe Wieland so gar keine Vorstellung hatte. Die beiden Damen klärten ihn auf, daß es nicht etwa *im Niedersächsischen* lag. Begegneten sich Anna Dorothea, die Mutter vierzehn leiblicher Kinder, und Lucia Margareta, die Mutter des einzigen Sohnes? Die Wielandin eine duldsame und sich immer fügende Ehefrau. Hätte die Oldenburgerin sie geschätzt und geachtet in ihrer Rolle der ewig verständigen Gefährtin des launischen Mannes? Für den Dichter war die Begegnung mit den beiden Damen aus dem fernen Nordwesten keine Bemerkung wert, in den Tagebuchaufzeichnungen suche ich ihren Namen in diesem Winter 1798/99 vergeblich.

Lucia Margareta traf auch Herder, den moralischen Stützpfeiler des Herzogtums. Er war überzeugt, ohne ihn hätte die zügellose Lasterhaftigkeit in Weimar jede Grenze gesprengt: ein Geheimer Rat des Herzogs in illegitimer Verbindung lebend; literarische Schlüpfrigkeiten rings umher; antikisierendes Heidentum allenthalben. Dennoch war Herder gesuchter Seelenführer, Seelenberater für die Weimarer von Stand. Seine Predigten zu hören, war gesellschaftliche Ehrensache. Der Oberhofprediger-Generalsuperintendent-Oberkonsistorialrat Herder war natürlich ein überzeugter Gegner Kants und Fichtes. Traute Lucia Margareta als Frau sich, in diesen Höhen mitzureden? Eher nicht, trotz Kant-Lektüre in der Literarischen Damen-Gesellschaft zu Hause. Dazu brauchte es eine Germaine de Staël, die wenige Jahre später nach Weimar stürmen und philosophische Diskussionen der lebhaftesten Art in Gang setzen würde. Unvorhersehbar, daß Lucia Margareta und die Staël ihren Aufenthaltsort dann geradezu gewechselt haben würden, die eine aus Paris verbannt wegen ihrer literarischen Produktion, die andere dorthin gezogen in der Hoffnung auf persönliche Freiheit. *Sie sei ein Mann-*

weib und befinde sich nur im Kreise der Männer wohl, weil sie zu häßlich sei, um durch den Gürtel der Venus zu erobern, wolle sie durch Witz und Gelehrsamkeit glänzen. Germaine de Staël ist gemeint; ich denke an die alternde Lucia Margareta im Kreis ‚ihrer' jungen Männer und beziehe die Anzüglichkeit mit auf sie. – Ich stelle mir vor, daß sie und der Oberkonsistorialrat einen unverfänglichen Anknüpfungspunkt finden konnten: ah, aus Oldenburg! Ob die Justizrätin um seine Verbindungen mit dem Hause Holstein-Gottorp wisse? Der arme Prinz Peter Friedrich Wilhelm! Der Antrag damals in Riga an ihn, Herder, den Erbprinzen von Oldenburg auf seiner dreijährigen Kavalierstour zu begleiten, sei durchaus ehrenvoll gewesen. Er korrespondiere noch heute mit dem Fürsten, halte ihn durchaus nicht für geisteskrank. Aber mystisch-versponnen, zutiefst schwermütig und lebensabgewandt. Im Vertrauen gesagt: der Prinz sei seines Erachtens zwischen einem überstrengen Vater und einer verzärtelnden Mutter hin- und hergerissen worden. Und vielleicht beugte sich der Konsistorialrat am Ende noch etwas weiter vor und senkte die Stimme: hätte man ihm eine Frau mit Mariengesicht gegeben, die seiner sinnlich-katholischen Bildbegeisterung entgegengekommen wäre und ihn dann zu regieren verstanden hätte, vielleicht wäre er ein Regent so gut wie jeder andere geworden! – Und dann ließ Herder sich berichten, wie sich denn Peter Friedrich Ludwig, der an die Stelle des für unfähig erklärten Vetters getreten war, als Landesadministrator und künftiger Regent anschicke. Witwer seit vielen Jahren schon, wird die Antwort gelautet haben, zutiefst von seinen Pflichten für Land und Untertanen durchdrungen, Aktenstudium am Schreibtisch seine Welt. Hofleben, Bälle, Redouten, nein, das gebe es nicht in Oldenburg. Staunte der Oberkonsistorialrat in Weimar, der so gegen die landesherrlichen Ausschweifungen in Sachsen-Weimar Sturm lief?

Im Februar 1799 fiel so reichlich Schnee in Thüringen, daß alle, die einen Schlitten besaßen, ihn aufpolierten und instand setzten. Wer eigene Pferde hatte, ließ anspannen, und manchmal traf sich die Gesellschaft zu einer gemeinsamen Stadtschlittenfahrt. Die vielen, die das Vergnügen nicht teilen konnten, schauten zumindest von ihrer Arbeit auf, traten vor die Tür, wenn der Zug mit Schellengeläut vorbeikam, die Kinder sprangen neben den Schlitten her, Hunde versuchten, kläffend Schritt zu halten, bedächtige Spaziergänger hielten inne und schauten. Lucia Margareta mag an den Schlitten zurückgedacht haben, den sie mit allem anderen Hausrat veräußern ließ, damals, als sie fortging aus Oldenburg, um nie mehr wiederzukommen. Schön war er gewesen, mit Plumage und Schellendecke, einer der schönsten in der Stadt. – Vielleicht bekam sie diese Winterfreuden der Gesellschaft aber auch schon nicht mehr mit, denn sie wurde ernsthaft krank. Eigentlich hatte sie vorgehabt, sich von Jena aus dem Sohn zu erklären und ihm in Ruhe darzulegen, weshalb ihr ein Bleiben in Oldenburg unmöglich gewesen war. Johann Friedrich in der Schweiz aber nahm ihre Ausführungen anders auf als erhofft, er machte ihr gewisse Vorhaltungen über ihre neuerliche Flucht. Konnten die Eltern denn nicht endlich einvernehmlich leben, in dezenter Trennung, gesellschaftlich unauffällig? Nun womöglich also wieder Gerüchte und Spekulationen über die Mutter. Der Herr Vater schrieb ruhig und entschieden, warum konnte die Mutter nicht einlenken? Die ersehnte Klärung, die Nähe aus der ersten gemeinsamen Jenaer Zeit, sie stellten sich nicht mehr ein zwischen ihr und Johann Friedrich. Lucia Margareta hatte das Empfinden, der Sohn verlange Rechenschaft für ihr Verhalten. Sie gab ihm aber auch keine Details ihrer ehelichen Beziehung preis, das schien ihr unvorstellbar und ein nicht zu verantwortender Verstoß gegen Pietät und Anstand. Wo sollte seine kindliche Achtung bleiben?! Die Situation war verfahren.

Möglicherweise war es dieser wegbrechende Rückhalt, das Einvernehmen mit dem Sohn, was der letzte Auslöser für ihre schwere Erkrankung wurde. Freunde hegten Vermutungen in dieser Richtung, machten nun ihrerseits Johann Friedrich Vorhaltungen und erlegten ihm ein Verbot auf, die Mutter noch irgend mit Briefen zu behelligen, die sie in die Enge treiben könnten. – *Blutauswurf* ist der einzige konkrete Befund, den ich in den Quellen finde. Ich denke an Lungen- oder Rippenfellentzündung, Tuberkulose. Die Wohnsituation in Oldenburg hatte schon einen ungünstigen Grund gelegt, Lucia Margareta war mit noch mehr Symptomen chronischen Übelbefindens abgereist als beim ersten Mal. – Absolute Ruhe, den Kopf leicht erhöht gelagert, Antoinette wird beim ersten Auftreten alles ihr Mögliche getan haben, der Mutter beizuspringen. In diesem Fall aber mußte ein Arzt her, dringender und schneller als beim ersten Jena-Aufenthalt, wo in Ruhe ein Termin mit den Medizinkoryphäen der Universität vereinbart werden konnte. Vielleicht lief Antoinette in ihrem ersten Schrecken in die Unterlauengasse, ins Fichtesche Haus, suchte dort Rat und Vermittlung. Oder Lucia Margareta hatte selbst noch genug Initiativkraft, sie dorthin zu schicken.

Dort wohnte jetzt ein junger Mediziner mit im Haus, Student und Assistent von Hofrat Stark, dem Direktor des herzoglichen Klinikums, ordentlichen Professor für Medizin und Leibarzt der fürstlichen Familie in Weimar. Stark galt als der beste Praktiker unter den Medizinkapazitäten der Jenaer Universität. Der Fichtesche Untermieter war ein junger Mann, der dem Kreis der 'Freien jungen Männer' nahestand und mit dessen Mitgliedern freundschaftlich verbunden war. Sein Name tauchte in dieser Zeit auch in den Briefen auf, die die in Jena verbliebenen Freunde an Johann Friedrich in die Schweiz schrieben: Franz Joseph Harbaur. Er stammte aus dem Elsaß, war also sowohl Deutscher als auch Franzose der Geburt nach, und wird dem strahlenden Ruf der Alma Mater Salana gefolgt sein, vor allem auch Starks Namen, um hier Medizin zu studieren. Daß in Jena jeder Student in diesen Jahren im Sinn eines unausgesprochenen Studium universale auch Philosophie hörte, verstand sich von selbst. So wird Harbaur Fichte kennengelernt und dann den Weg in sein Haus gefunden haben.

Auch wenn das Grundwerk seines akademischen Lehrers erst in diesem Jahr in Druck erschien, er als sein Student und Assistent wird die darin niedergelegten Richtlinien und Ansätze gut gekannt haben: *Handbuch zur Kenntniß und Heilung innerer Krankheiten*. Es war für junge angehende Ärzte wie ihn gedacht. Stark verlangte viel von seinen Studenten, nicht nur in Theorie, sondern auch schon in der Praxis. Unter Aufsicht des Lehrers mußten die Praktikanten die Patienten in der Sprechstunde untersuchen, eine Diagnose stellen und Behandlungsrichtlinien vorschlagen. Die weiter Fortgeschrittenen, zu denen Harbaur damals zählte, hatten eigene Hauspatienten, über die genauestens Tagebuch geführt wurde, oder betreuten sogar die Privatpatienten des Lehrers. – Der junge angehende Arzt also bei Frau Herbart. Ich stelle mir vor, er durchquerte, von Antoinette eingeführt, mit leisen Schritten das Zimmer, und auf diesem kurzen Weg zum Bett der Kranken versuchte er, sich schon einen ersten Eindruck von ihrem Typus zu machen. Stark hatte seinen Schülern vermittelt, immer die ganze Person in Augenschein zu nehmen. Bei einem Befund wie Blutauswurf allemal. Und Harbaur war ein gewissenhafter Schüler. Diese Patientin war in der Mitte ihres fünften Lebensjahrzehnts, schätzte er. Sie schien etwas vorzeitig gealtert, die Haut knitterig, aber von ihrer Konstitution her schien sie nicht prädisponiert fürs Blutspeien, war weder flachbrüstig noch mager. Er horchte auf ihren Atem, die Art ihres hin und wieder auftretenden Hustens. Zu klären war, woher das Blut kam, lag eine innere Organverletzung vor, waren schlaffe, zerstörte Gefäßwände für das Speien verantwortlich? Wenn die Körpersäfte allzuviel Schärfe enthielten, konnten die Aderwände durchgefressen sein. Oder lag hier doch ein tiefer Lungenblutsturz vor? Harbaur notierte gewissenhaft jeden Untersuchungsbefund in ein Oktavheft, das er aus seiner Tasche hervorgeholt hatte. *Morbus acutus. Hämoptysis.* Die Farbe des Auswurfs, seine Konsistenz, die Körpertemperatur der Kranken, alles war wichtig. Antoinette stand, so gut sie konnte, Rede und Antwort, Lucia Margareta selbst konnte in ihrer akuten Schwäche wenig zur Diagnosefindung beitragen. Dennoch beeindruckte sie den jungen Mann nachhaltig, auch in dieser Verfassung körperlicher Niedergeworfenheit. Es war die Haltung, mit der sie ihren Zustand trug, eine Mischung aus ruhiger Ergebenheit in die momentanen Umstände und Gefaßtheit ins Unvermeidliche, denn die Kranke schien sehr genau zu wissen, daß es ernst um sie stand. Es kam kein Jammern, sie klammerte sich jetzt und in den nächsten Wochen nicht an den Arzt oder die anderen Helfer, ihr unbedingt das Leben zu erhalten, war aber auch wieder frei von jedem resignierenden Fatalismus. Aus ihr sprach eine Kraft, die dem Leben zugewandt blieb, und dennoch den Tod als unvermeidliches Ende akzeptierte. Wer gelebt hat, darf auch sterben, schien diese Patientin unausgesprochen zu sagen. Sicher, der Zustand der Kranken war bedrohlich, aber es war eine Energie in ihr, an die Harbaur anknüpfen konnte mit seinen Bemühungen. – Als er seine erste Befunderhebung abgeschlossen hatte, riet er, die Patientin unbedingt flach, sogar leicht abhängig zu lagern, damit das Blut überall freien Zugang habe konnte. Er empfahl dringend Ruhe des Körpers und der Seele, möglichst kein Sprechen und stellte für den Nachmittag ein Hustenreiz linderndes Mittel in Aussicht, damit der Blutfluß nicht immer wieder angeregt würde. Er notierte den Brustlinctus auf einem Rezeptformular. *Mucilag. Salys. / Spirit Minder. / Mass. Pilul. de Cynogloss.* Dahinter die chemischen Zeichen des nötigen Quantums. *Alle halbe oder ganze Stunde einen Theelöffel voll*, wies er Antoinette schon im voraus an. Denn Einlösen konnte sie das Rezept noch nicht beim Apotheker. Erst Stark würde, nach eingehender Vorstellung des Falls und Prüfung von Harbaurs Diagnose- und Therapievorschlägen, mit seiner Unterschrift die Mixtur bestätigen. Der junge Arzt verabschiedete sich und versprach, in einigen Stunden wiederzukommen. Seine Gewissenhaftigkeit wirkte beruhigend auf die beiden Frauen, die sich in den folgenden Tagen ganz nach seinen Anweisungen richteten, vor allem Antoinette als Pflegerin.

Es ist schwer, die medizinischen Ansätze dieser Zeit zu verstehen. Die alles beherrschende Naturphilosophie prägte in diesen Jahren das Denken, und so hielt sie auch in die Medizin Einzug. Neben der praktischen Arbeit hing auch Stark letztendlich einem ontologischen Begriff von Krankheit an, der sich leicht zu abstrakten Gedankenspielereien versteigen konnte, wo kunstvolle Theorien das Hinschauen auf die konkreten Symptome, Erfahrungen und bewährten Methoden bisweilen ersetzte. Um wieviel mehr tat dies noch das *System der Heilkunde* von John Brown. Kaum denkbar, daß ein angehender Arzt damals nicht ein klein wenig Brownianer war. Hatte Harbaur das Werk auch auf dem Schreibtisch liegen? Trat er an Lucia Margaretas Bett wirklich nur mit Starks Anweisungen im Kopf, oder saß dort nicht auch Brown's Idee, daß Gesundheit nichts anderes ist als ein mittlerer Grad von nervöser Erregung, die durch äußere oder innere Reize ausgelöst wird. Es war ein so verblüffend einfaches, faszinierendes Modell! Und wie mühsam dagegen das minutiöse Studieren der konkreten Symptome im Einzelfall, das Wissen um die Heilmittel und Erfahrungen der Vergangenheit. Bei Brown war im Krankheitsfall die Erregung einfach im Ungleichgewicht, entweder zu stark oder zu schwach. Entsprechend hatte der Behandelnde die Wahl: reizende oder beruhigende Mittel. Ich schlage in Brown's Werk nach, um Harbaur indirekt über die Schulter schauen zu können: wo würde er hier den Blutauswurf eingeordnet haben? *Peri-*

pneumonie vielleicht. Brown's Ansatz ist ganzheitlich. *Der Sitz der Krankheit*, obwohl sie sich im Brustraum manifestiert, *ist der ganze Körper, das ganze Nervensystem, nicht bloß der entzündete Theil der Lunge, wie man gewöhnlich glaubt.* Die Entzündung im Brustkorb wird seiner Ansicht nach durch eine allgemeine *Diathesis* bestimmt, also eine Krankheitsbereitschaft aufgrund bestimmter Anlagen, und bald auf den einen, bald auf den anderen Teil des Körpers hingeleitet. In dem Maß, wie die Heilmittel die Diathesis verringern oder wegschaffen, läßt auch die Entzündung nach, verläßt am Ende den Körper. Hier wird mir Harbaur faßbar. Ich weiß, daß er sein Augenmerk in den Wochen der Betreuung und Behandlung Lucia Margaretas zunehmend auch auf die psychische Quelle ihrer Erkrankung richtete. *Innere Reize* also nach Brown; psycho-somatische Zusammenhänge, würde die heutige Generation sagen. Es gab doch etwas, daß diese Frau in seinen Augen für die Krankheit prädisponiert hatte. Nicht körperliche Konstitution, sondern seelische Ursachen. Und so kam er tatsächlich als erster hinter die Fassade ihrer Justizrätin-Existenz, das Drama ihrer Ehe, einer gewaltgeprägten Beziehung, die ihr keinen Raum zur Entfaltung und zum Atemholen gelassen hatte. Er kam einer Opfer-Haltung auf die Spur, die zu ihrer Zeit für eine Frau nichts Ungewöhnliches war und dennoch in diesem Fall Besonderheiten aufwies, weil sie so bewußt gewählt war und inzwischen so tief quälte. Diese Frau hatte ihre Energie, die sie unzweifelhaft in hohem Maß besaß, in einen allzu engen Kanal gelenkt. – Ich werde Harbaurs Befund nach Brown nicht mehr hundertprozentig nachvollziehen können, aber ein Zuviel innerer Reize mag die Diagnose tatsächlich geheißen haben. Egal, welche Mittel er letztendlich verordnete, ob reizende wie Weingeist oder beruhigende, seine Methode hatte Erfolg. Er widmete Lucia Margareta viel Zeit und Aufmerksamkeit, erwarb ihr Vertrauen, brachte sie zum Reden. Nicht aus Neugier, sondern aus rein medizinischen Gründen. Denn so angespannt und zerrissen sie innerlich auch war, äußerlich wahrte sie Haltung – seit Jahren, und um jeden Preis. Jetzt lag ihr nicht nur die Erfahrung des gescheiterten Neuanfangs in Oldenburg auf der Seele, das Hintergangensein durch den Justizrat, auch die Pläne des Sohnes hatten sie beunruhigt. Zehn Jahre Hauslehrer! Immerhin gab es hier in Jena Freunde, um über das Beängstigende zu sprechen. Sie hatte sich an Diederich Gries gewandt, einen Studienkollegen Johann Friedrichs, Übersetzer und Schriftsteller. Er hatte tatsächlich das Kunststück fertiggebracht, die Sorgen der Mutter zu zerstreuen, und ihre Einstellung zu Johann Friedrichs Plänen ins Positive zu wenden. Wenn dies auch nicht ganz ohne Mißverständnisse abgegangen war. – Harbaur aber hatte sich seinen Teil über diesen Sohn gedacht.

Lucia Margareta blieb am Leben, sie erholte sich. Nur konnte sie diesen Zustand nicht genügend stabilisieren. Im März war die Nachricht von ihrer Erkrankung schon bis zu Johann Friedrich in die Schweiz gedrungen, ich weiß nicht, wer ihn unterrichtete. Am 7. Mai stand fest, daß die Mutter von Jena nach Oldenburg zurückreisen würde. Was war in der Zwischenzeit vorgegangen? – Der Justizrat hatte die vereinbarten Zahlungen nach Jena einfach eingestellt. Lucia Margareta war von ihren eigenen Geldmitteln abgeschnitten. Der gewohnheitsmäßige Verwalter ihres Vermögens drehte den Hahn zu. Zwar war es ihr Eigentum, aber sie hatte von Jena aus keine Handhabe, den Fluß des Geldes wieder in Gang zu setzen. Die Situation war zum äußersten gespannt, Geldmangel ein peinliches Novum, das zu demütigenden Bittgängen zwang. Den beiden Frauen zerrann das Letzte in den Händen: das Quartier war zu unterhalten, die Rechnungen für Arzt und Medizin waren zu begleichen, sicher eine Aufwärterin. Es gab keine Wahl: nur in Oldenburg war an das Notwendige zu kommen. Kaum zur Reisefähigkeit wiederhergestellt, mußte Lucia Margareta mit Antoinette wieder aufbrechen, der Aufenthalt in Jena war unmöglich geworden. Das Frühjahr brachte noch unberechenbares Wetter, die Wege waren schwer befahrbar. Bereits die Finanzierung der Reise stellte sie vor ernsthafte Hindernisse. Selbst wenn sie einen eigenen Wagen besäßen: ein Kutscher mußte bezahlt werden, der Pferdewechsel, die Wegegelder an den Stationen, Nachtquartier und Verpflegung auf der langen Strecke.

Der erste Gedanke galt dem Haus Fichte, ein Reisevorschuß unter Freunden; aber der Meister und seine Familie waren selbst viel zu sehr in Nöten: Umzug nach Berlin, kein festes Einkommen im Augenblick. Es war unmöglich, den Professor und seine Frau noch um eine Anleihe anzugehen. Aus dem Kreis der 'Freien jungen

Männer' konnte niemand einspringen. Am Ende war es Harbaur, der seiner Patientin das nötige Reisegeld für eine erste Strecke vorschoß, bis Neudietendorf, bat Lucia Margareta. Es war ihr ein schwerer Angang, und doch beweist es, welches Vertrauensverhältnis sich zwischen den beiden aufgebaut hatte, daß sie den Schritt tat. Antoinette wird die Mutter so viel wie möglich geschont, die Koffer gepackt haben, ließ aufschnüren. Im Wagen hielt sie Kissen und Decke parat. Der Kutscher wurde gebeten, rücksichtsvoll und schonend zu fahren. Am Schlag standen Ulrich Böhlendorff und Diederich Gries, Harbaur war durch seine beruflichen Verpflichtungen verhindert. Am Vorabend hatte er den beiden Frauen eine lange Stunde des Abschieds gewidmet. Betrübtes Wiedersehen dann mit der Gräfin, die ihre Freundin schon in Neudietendorf erwartete. Ob sie ihr noch einmal ausdrücklich wünschte, bald und endlich eine Unabhängigkeit und Freiheit zu gewinnen, wie sie selbst sie erreicht hatte? Dann eine Umarmung, die Zusicherung, in Verbindung zu bleiben. In der pietistischen Gemeinde gab man gern und mit offenen Händen. Hier hatte Lucia Margareta weniger Hemmungen, sich eine größere Summe auslegen zu lassen. Zumal sie wußte, nicht lange in der Schuld der Gräfin bleiben zu müssen. Freunde und Bekannte sprachen mit tiefer Achtung von Lucia Margareta in diesen Wochen und später in der Rückerinnerung daran. Ihre Haltung flößte ihnen tiefen Respekt ein. Die Gratwanderung hart an der Grenze zum Tod hatte sie so gefaßt durchlebt und quasi schon ihr Haus bestellt. Alle hatten gespürt, daß diese Frau zu ihrem Leben und Handeln auch im scheinbar letzten Moment ruhig stand. Da war nichts zu lamentieren gewesen, keinem versäumten Glück nachzutrauern. Sie hatte ihr Leben und sich angenommen. Und hätte den Tod akzeptieren können. Aber kaum war sie aus dem Bedrohlichsten heraus, öffnete sie sich auch schon wieder für das Leben ringsum und seine Eindrücke. Der Tod hatte es noch nicht sein sollen, dann wieder das Leben, ebenso selbstverständlich und ohne Vorbehalt.

Die beiden Frauen fuhren über Kassel zurück. Sie trafen auf eine Stadt in Vorbereitung, Friedrich Wilhelm III. in der hessischen Residenz! Der preußische König in Kassel! Die Feierlichkeiten zum festlichen Empfang des Monarchen beherrschten die ganze Stadt.

Ein Jahr nach seiner großen Huldigungsfahrt als eben gekröntes preußisches Staatsoberhaupt besuchte er Wilhelm IX. von Hessen, dessen ehrgeiziges Bauprojekt Schloß Wilhelmshöhe zügig vorankam und für den Landesfürsten ein Stolz der Präsentation sein würde. Luise von Preußen, die viel umschwärmte und schon mit den phantastischsten Geschichten umgebene junge Königin, war wieder in anderen Umständen. Alle Frauen nahmen Anteil an ihrem Ergehen, und Antoinette wünschte sich, ihr am Straßenrand mitten in der Menschenmenge zujubeln und sie einen kleinen Augenblick sehen zu können. Der König sollte steif und scheu unter den Hochrufen des Volkes verharren, sie aber freundlich und aufgeschlossen in die Runde grüßen und mit ihrem gemütlichen pfälzischen Einschlag das Volk direkt ansprechen. Gern hätte Antoinette die hohen Herrschaften selbst erlebt. Aber Lucia Margareta war es lieber, vor Ankunft des Königspaares die Stadt verlassen zu haben, das Getriebe und die Fülle in den Gasthöfen würden beachtlich werden, und eine solche Aufregung traute sie sich noch nicht zu. Antoinette, viel zu froh, daß sie ihre Pflegemutter überhaupt neben sich im Wagen sitzen hatte, verschwendete keinen Gedanken mehr an die Festlichkeiten, sobald sie die Residenz hinter sich gelassen hatten. Ihre Gedanken liefen voraus, und während sie sich noch an der hügeligen waldreichen Umgebung rund um die Stadt freute und viel zum Verschlag hinausspähte, malte sie sich doch auch schon die Einfahrt in die Heimatstadt aus. Sie stellte sich vor, wie sie durchs Tor hineinrollten und die vertrauten engen Straßen sie wieder empfingen. Mit der Mutter davon zu sprechen, wagte sie nicht. Für sie war die Fahrt nach Oldenburg ein Opfer, ein äußerer Zwang, und das wenige, das Antoinette jetzt über die finanziellen Mißhelligkeiten der Pflegeeltern erfahren hatte, genügte, um Unannehmlichkeiten vorauszusehen. Sie dachte an den freundlichen Joseph Harbaur, der ihr zum Abschied aufgetragen hatte, gut auf die Mutter aufzupassen. Er hatte beide ungern fahren sehen. Johann Friedrich in der fernen Schweiz hielt die Rückkehr für das einzig Wünschenswerte und Angebrachte. Er hatte sich tief erleichtert geäußert, als sie ihm Oldenburg nur als Möglichkeit angekündigt hatten. Wenn er die Situation nur nicht falsch einschätzte.

Schlimme Zustände in Oldenburg

Ein Helfer unterwegs

Zwei Herren in Pyrmont

Niemand erwartete ihre Ankunft, Lucia Margareta hatte mit nichts anderem gerechnet. Antoinette wollte die Mutter sofort in ihr Zimmer führen, sie sollte sich erst einmal niederlegen können. Die vielen Tage rüttelnder Fahrt hatten sie mitgenommen, trotz aller zur Schau getragenen Ruhe konnte die Mutter ihre Erschöpfung nicht verbergen. Dann wollte sie mit dem Mädchen alles Weitere besprechen. Der Wohnungsflur war dunkel, alle Zimmertüren geschlossen. Der Hausherr schien nicht anwesend zu sein, Lucia Margareta atmete auf. Sie fühlte sich einer Begegnung mit ihm jetzt nicht gewachsen. Mochte das Unvermeidliche später stattfinden. Verwunderlich allerdings, daß sich auch keine Dienerschaft zeigte. Sie hätte doch eigentlich durch die Ankunft einer Kutsche vor dem Haus aufmerksam geworden sein müssen. Antoinette legte die Hand auf die Klinke zum Zimmer der Mutter und öffnete die Tür. Ein feuchtmuffiger Geruch schlug ihr entgegen. Ehe sie es verhindern konnte, stand Lucia Margareta selbst neben ihr im Türrahmen. Das Zimmer war halb leer, der Schreibtisch, die Stühle verschwunden. Auf dem abgezogenen Bett mit bloßer Matratze lagen wild durcheinander alle möglichen Utensilien, zerwühlte Federkissen. Die Wände dick überzogen mit einer Salpeterschicht. Die Scheiben der Fenster fast undurchsichtig. Die Vorhänge, offensichtlich mit grober Hand versuchsweise zugerissen, hingen an einer Seite herunter. Die Bodendielen starrten stumpf von einer dicken Staubschicht. In der Mitte ein fettiger Kranz, als ob ein Butterfaß oder der Heringstopf hier gestanden hätte. Kalt genug mochte es in den Winterwochen hier drin gewesen sein. Ohne ein Wort zu sagen, ging Lucia Margareta auf den Schrank zu, um seinen Inhalt zu überprüfen. Das sonst säuberlich geschichtete Leinenzeug war verschwunden. Als sie sich Antoinette zuwandte, sah sie das Mädchen immer noch an derselben Stelle stehen. Sie schien zu warten, daß sich das Chaos vor ihren Augen in die vertraute Ordnung zurückverwandeln müßte. Was wußte Johann Friedrich schon! Hierhin zu kommen, hatte er für die Mutter befürwortet. Lucia Margareta sah, daß sie für zwei denken und handeln mußte. Es tat ihr weh, daß die Tochter so unverblümt Zeugin dieser Demütigung geworden war; im Augenblick spürte sie ihre Erschöpfung nicht mehr, war vielmehr von dem festen Willen beseelt, die Situation in den Griff zu bekommen. Das Zimmer mußte notdürftig hergestellt, eingeheizt werden, für Antoinette war ein Schlafzimmer zu suchen. Was war mit der Bedienung? Sie suchte ihre schießenden Gedanken in einen Strom geordneter Handlungen einmünden zu lassen.

Die Rückkehr hatte alles übertroffen, was die beiden Frauen im Stillen vielleicht erwartet hatten. Ich spare die Wiederbegegnung mit dem Justizrat aus, sie muß von einer Mischung aus Ignoranz, Zynismus und Brutalität seinerseits geprägt gewesen sein. Keine Andeutung mehr auch nur der Vortäuschung, eine einvernehmliche Lösung zu finden. Die Zügel wollte er jetzt straff halten, wie er ihr hoffentlich durch die Aussetzung der Geldüberweisungen deutlich gemacht hatte. Sie war seine Ehefrau, sie hatte hier vor Ort zu wohnen und sich um den Haushalt zu kümmern. Das war sie seinem Ansehen schuldig. Das Signal, was aus einem Haushalt ohne Hausfrau wird, hatte wohl genügt. Natürlich hatte er es glänzend verstanden, in der Gesellschaft die Form zu wahren. Verstand es immer noch. Gott sei Dank hatten ihre Briefe an die Literarische Damen-Gesellschaft das Ihre getan, keinen stärkeren Argwohn aufkommen zu lassen. Auf ihre gesellschaftliche Contenance war doch immerhin noch Verlaß. – Tatsächlich hatte es keine feste Bedienung mehr gegeben, als die beiden Frauen zurückkamen. Jetzt wurde die billigste Notlösung gewählt, ein ganz junges Mädchen vom Land, gerade vierzehnjährig, unbeholfen und ohne Erfahrung mit einem städtischen Haushalt. Eine alte Magd, eine kranke, gebrechliche Frau wurde stundenweise zugestanden. Für sie war es mehr das Gnadenbrot; was sie noch leisten konnte, gering. Kaum schaffte sie es, leichte Arbeiten zu besorgen. Antoinette sollte die beiden anleiten und unterstützen, Lucia Margareta selbst versuchte, jeden Tag mit Hand anzulegen, manchmal kam es ihr vor, als ob sie Magd und Herrin in einem war. – Ob sie nicht genügend Versäumtes nachzuholen hätte? Welche Kosten hatte er nicht durch ihre Abwesenheiten für eine gute Aufwärterin gehabt!

Die schikanöse Behandlung durch den Justizrat brachte Lucia Margareta schnell wieder an den Rand ihrer Kräfte. Irgendwann Ende Mai, Anfang Juni erlitt sie einen zweiten Blutsturz, der sie aufs Bett zwang. Sie lag in ihrem spartanischen Zimmer, kaum mit dem Unentbehrlichen umgeben und versorgt, Leinzeug fehlte, um das

Bett so häufig zu wechseln wie eigentlich nötig war für die Kranke, der Geruch und das Klima im Raum machten das Atmen unangenehm. Es war eine kaum glaubhafte Situation. Antoinette war überfordert. Das also war die Rückkehr, die Johann Friedrich für seine Mutter gut befunden hatte? Der Justizrat ging ungerührt seiner Wege, kam und verschwand ohne An- oder Abmeldung, achtete weder auf das schwere Husten hinter der Tür noch auf die ängstliche Geschäftigkeit der Frauen im Haus, denen er manchmal begegnete, wenn sie hastig mit Tüchern, warmem Wasser, Riechsalz, Umschlägen und Aufgüssen hin- und hereilten. Wenn nachts Unruhe herrschte durch die Versorgung der Kranken, verbat sich der Justizrat die Ruhestörung. Wurde ein Arzt benachrichtigt? Später war von *langen Ohnmachten, Brust- und heftigen Gichtschmerzen* die Rede. Die Krankheitsbeschreibungen bleiben unspezifisch. Antoinette schrieb sich den Kummer und die Hilflosigkeit von der Seele, informierte Joseph Harbaur in Jena, andere Freunde, wahrscheinlich auch Johann Friedrich in der Schweiz. Lucia Margareta selbst hatte unmittelbar nach ihrer Rückkehr ihre Korrespondenz wieder aufgenommen. So abgekapselt sie hier in Oldenburg war, so viele freundschaftliche Fäden verbanden sie mit der Außenwelt. Und sie wußte, daß alle auf Nachricht von ihr warteten. Wie es um ihre Gesundheit bestellt, wie die Heimkehr verlaufen sei, wie sie sich arrangierte? An die Gräfin Kameke und Harbaur natürlich waren ihre Briefe gegangen. An den schwärmerischen Böhlendorff, ihren Sorgenfreund, der immer noch oder schon wieder davon träumte, sie hier in Oldenburg zu besuchen, den Punsch neben ihr auf dem Sofa meinte der gute Junge im Geist schon zu kosten. An Gries, Steck, all die jungen Männer, mit denen ihr der unkonventionelle Umgang so gut tat.

Antoinette verriet in ihrem Entsetzen über die Herbartsche Situation mehr als die Mutter. Die Briefe sind nicht überliefert, ihr Inhalt nur summarisch aus dritter Hand referiert. Ich denke, daß Lucia Margareta, so wie ich ihre anderen Briefe kenne, mit Humor, Ironie und einer ziemlichen Portion Spontaneität berichtete. Und dennoch zwischen den Zeilen den Eindruck vermittelte, irgendwie werde sie es schon schaffen. Antoinette standen nur die nackten Tatsachen vor Augen, die brachte sie mit ihrer kleinen Schrift zu

Papier. Ich stelle mir vor, wie sie anfing zu schreiben, die üblichen Eingangsfloskeln, dann aber bald in ihrer Verzweiflung und Ohnmacht den Umständen gegenüber ein empörendes Detail um das andere preisgab, der junge Arzt in Jena war ja als einziger intensiver vertraut mit dem Verhältnis der Herbarts, ihm gegenüber brauchte sie keine Fassade aufzusetzen. Und er, Joseph Harbaur, erhielt diese Briefe in Jena, las sie wieder und wieder durch und bekam mit jeder weiteren Post den Eindruck, daß etwas passieren müßte. Er empfand so als Freund und beurteilte die Krisis so als Mediziner. Er suchte Vertraute im Kreis der ‚Freien jungen Männer'. Schilderte das ihn Empörende, das auch sie empörte. Er hatte Frau Herbart nicht an der Schwelle zum Tod abgeholt, damit sich ihr Leben jetzt in dieser Form fortsetzte! Im Juli entschloß er sich zu handeln. Ich bin sicher, daß er nicht aus Oldenburg gerufen wurde, er entschied sich selbst, seiner vorherigen Patientin nachzureisen und das Haus für sie zu bestellen, oder was auch immer er in seinen jungen Jahren dachte, ausrichten zu können. Eine Frau, eine kranke Frau brauchte Beistand in einer solchen Situation. Welche medizinische Pflege mochte sie dort genießen? Warum engagierte sich der Sohn nicht? Harbaur stellte sich diese Fragen oft, zunehmend bitter und vorwurfsvoll. Er kannte diesen Sohn nicht persönlich, faßte sich aber in jenen Wochen ein Herz, an ihn in der fernen Schweiz zu schreiben. Wie konnte dieser junge Mann eine solche Mutter im Stich lassen. Schätzten, achteten, verehrten, ja liebten nicht viele sie hier in Jena, wünschten sie sich zur eigenen Mutter, vertrauten sich ihr kindlich an, umschwärmten sie? Und der Sohn? Der Brief wird nicht zimperlich gewesen sein, so menschenfreundlich und sanft Harbaur sonst war. Er war empört. Dann wollte er eben – selbst ernannt – den Sohn vertreten.

Gotha – Göttingen – Kassel – Pyrmont – Oldenburg. Harbaur legte den größten Teil seiner siebzehntägigen Reise zu Fuß zurück. Seine schmalen Finanzen mögen ihn dazu bewogen haben zu laufen, trotz des trüben regnerischen Wetters in diesem Juli 1799. Eine Freude war der Marsch sicher nicht. Im übrigen hatte eine Nachtfahrt im Postwagen gereicht, ihm das Vergnügen an dieser ‚bequemeren' Art des Fortkommens zu nehmen: einer der Mitreisenden hatte sich den Kopf blutig gestoßen in dem rüttelnden Kasten.

Dann lieber laufen, trotz Geschwulst am Fuß, die sich einstellte. – Pyrmont, im Territorium des Fürsten Friedrich von Waldeck. Kurbad durchaus illustrer Gäste. Die französischen Emigranten und Einquartierungen von Militärs, die die Kursaison in den vorherigen Jahren empfindlich gestört hatten, waren vergessen; auch das gesellschaftlich-politische Für und Wider zur Französischen Revolution war abgeebbt, jede Partei blieb jetzt für sich. Brunnenarzt Heinrich Matthias Marcard war gleichzeitig Leibarzt des Herzogs von Oldenburg, Peter Friedrich Ludwig gebrauchte regelmäßig die Kur in Pyrmont. Ein Fußreisender wie Harbaur gehörte nicht in den Kreis der ‚Badediplomatie', er kam ohne Troß und Aufheben, kehrte still in einem privaten Quartier ein. Für einen Eintrag in die Gästelisten reichte seine Wenigkeit nicht. Machte er gezielt Station in dem Bad, oder war es eher ein zufälliger Halt auf dem Weg nach Oldenburg? Ich denke, Antoinette hatte in tiefer Erleichterung nach Jena von der Abreise des Justizrats ins Bad geschrieben; das ließ die beiden Frauen unbedingt aufatmen. Warum aber schrieb Antoinette auch an den Justizrat eben nach Pyrmont und berichtete von Harbaurs Eintreffen dort? War es doch ein Druckmittel, ein Wink mit dem Zaunpfahl: die schwache Frau bekommt Unterstützung, sehen Sie sich vor? Ich wage keine Deutung, sehe nur die Wirkung, die sich ergab.

Joseph Harbaur hatte sich kaum eine Stunde nach der letzten langen Fußetappe etwas zur Ruhe gelegt, dann stieg er die Treppe in seinem Quartier wieder hinunter, um den berühmten Pyrmonter Brunnen in Augenschein zu nehmen und zu kosten. Auf der Promenade lustwandelten viele Gäste, man unterhielt sich, stellte gemeinsam Beobachtungen an. Harbaur kannte niemanden, nickte unverbindlich nach allen Seiten, sich dadurch als Neuankömmling zu erkennen gebend. Von weitem sah er eine gedrungene Männergestalt auf sich zukommen, sie beschleunigte ihren Schritt, als sie ihn sah, kam sie mit leicht rudernden Armen auf ihn zu. Wenige Schritte vor ihm riß sie den runden Hut vom Kopf. Dr. Harbaur, wenn er sich nicht täusche, Arzt und Freund der Justizrätin Herbart? – Justizrat Herbart, mit Verlaub, Thomas Gerhard Herbart. – Der Fremde wischte sich die Stirn. Harbaur hatte richtig vermutet, so hatte man ihm in Jena den Ehemann Lucia Margaretas beschrieben. Das platte

Gesicht, die schlaffen Augen, unwillkürlich dachte er an ein Schaf. – Ein Wortschwall überschüttete ihn. Gerade eben habe er von seiner Anreise erfahren! Welch bemerkenswerter, erfreulicher Zufall! Den Arzt und Freund seiner Gemahlin hier zu treffen! – Ganz unbedingt müsse man zueinander finden. Dieser Zufall! Wieder mußte das Tuch für die Stirn herhalten. Ehe Harbaur ein Wort einwerfen, den noch nicht zustehenden Titel freundlich abwehren konnte, wurde er von dem wieselnden alten Herrn mit Einladungen überschüttet. Unbedingt müsse der Herr Doktor heute abend sein Gast sein! Es sei ihm eine Ehre! – Der Mediziner fühlte sich unangenehm berührt von der penetranten Aufdringlichkeit des Mannes, schon der Altersunterschied machte dieses Scharwenzeln unschicklich, fand er. Dennoch entging er den Invitationen des Justizrats nicht, und er staunte immer mehr, wie ein Mensch von diesem gesellschaftlichen Rang sich so bloßstellen konnte. Ohne Umstände und ohne äußere Motivation ergriff der die Flucht nach vorn, erzählte lang und umständlich, wie bedauerlich das Mißverständnis zwischen ihm und seiner Gattin sei. Alles ein Mißverständnis! Ausgeburten ihrer verdüsterten Phantasie! Dabei sprangen seine Augen auf dem Tisch herum, wagten sich höchstens bis zu den untersten Knöpfen von Harbaurs Rock. Es war peinlich. So hatte sich der junge Mann keinen staatlichen Amts- und Würdenträger vorgestellt.

Mit jeder Begegnung wurde Harbaur etwas mutiger, versuchte den Wahrheiten hinter der Fassade näherzukommen. Als er Pyrmont verließ, hatte er für sich den festen Eindruck gewonnen, daß dieser Mann ein perfekter Heuchler war. Er hatte nur noch den einen Wunsch, seine mütterliche Freundin und Patientin selbst zu sehen und zu sprechen. Der Justizrat reiste nur einen Tag nach ihm ab, hatte er vielleicht den Eindruck gewonnen, die Ankunft und Anwesenheit des jungen Freundes seiner Frau nicht unbeaufsichtigt in Oldenburg lassen zu können?

Aufatmen: er ist fort
Der Weg aus der Unmündigkeit
Frauenrecht

Als Antoinette ins Zimmer der Mutter trat, die Tür vorsichtig schloß und mit kaum unterdrückter Erleichterung flüsterte, der Justizrat habe sich entschlossen, die Kur zu gebrauchen und werde schon in der nächsten Woche abreisen, hatte auch Lucia Margareta das Gefühl, ein dicker Stein würde ihr von der Brust genommen. Keine Tür würde mehr schlagen! Antoinette würde nicht mehr zu ihr hereinhuschen, sondern sich frei bewegen. Es war Mitte Juni, als der Justizrat nach Pyrmont abreiste. – Seine Frau machte die ersten Versuche, wieder aufzustehen. Von ihrem über dem Hauseingang gelegenen Zimmer schaute sie zum erstenmal wieder aus dem Fenster, übersah die Straße, das Schloß. Ihre Kräfte ließen noch nicht viel zu. Aber wieder reichte der erste Schritt in die Richtung körperlicher Genesung, daß sie auch innerlich auflebte, neue Kräfte mobilisierte und mit beiden Füßen auf den Boden des Lebens zurückkehrte. Sie konnte wieder leichter atmen, der unerträgliche Druck wich von ihr, sie begann, die Glieder zu bewegen. Im Spiegel betrachtete sie ihr fahles, noch knittriger gewordenes Gesicht unter der Haube und fragte sich, wie es soweit mit ihr hatte kommen können?

Was war aus ihren Aufbruchsversuchen geworden: einmal hatte sie eingelenkt, zweimal, war umgekehrt, ein Tribut an die Gesellschaft, den Sohn, die Kinder, ihre eigenen Maßstäbe, die sie fast vierundzwanzig Jahre bei der Stange gehalten hatten. Immer hatte sie zugepackt, geplant, arrangiert, von vorn begonnen. Bis auf ein einziges Mal. Vierundzwanzig Jahre an Thomas Gerhard Herbart verheiratet. Wieder und wieder auf seine Janusköpfigkeit hereingefallen. Was war sie denn für ihn, den Herrn oldenburgischen Regierungs- und Justizrat? Eine geschätzte Köchin, perfekte Haushälterin, umsichtig, alles organisierend, alles beschaffend, alles bezahlend. Geld! Hatte er sie nicht wie ein Stück Vieh auf dem Markt eingehandelt, nach dem Gewicht ihres Vermögens? Niemand hatte sie damals vor der Schacherei bewahrt. Ihr Briefeschreiben, ihre Lektüren, nie hatte er ohne eine zynische Bemerkung darüber hinweggehen können. Ihre Bücher hatte sie verborgen, nachdem er mehrmals ausfallend geworden war; lesende Frauenzimmer seien ihm ein Greuel. Weibliche Arbeiten wollte er in ihren Händen sehen, als Ehemann hatte e r zu bestimmen, wie sie ihren Tag füllte. Hatte es ihm jemals an irgendetwas gefehlt? War nicht immer alles gerichtet und vorbereitet gewesen? Auch wenn sie schrieb und las?

Auf einmal sah sie sich und ihre Situation wie von oben, schaute wie auf eine kleine Theaterbühne hinunter, sah eine alternde Frau wie eine Puppe, die an der Rampe lächelte trotz aller Schikanen, mit der ihr der Mitspieler hinterrücks zusetzte – und sie begriff, daß i h r Verhalten erst die Janusköpfigkeit des Mannes möglich machte. Wenn sie das Spiel des Drinnen und Draußen, der Vorder- und Rückseite nicht mitspielte, dann würde auch sein Spiel nicht mehr weitergehen. Hatte sie sich nicht jetzt im Juni mit Antoinette zusammen noch in den Literarischen Damenzirkel geschleppt, obwohl sie sich elend fühlte? Perfekt hatte sie ihre Rolle der Weitgereisten gespielt, die Damen und vor allem die Herren mit ihren Weimarer und Jenaer Eindrücken unterhalten. Nichts hatte sie vermuten lassen von den wahren Beweggründen für ihre Abreise und jetzt ihre Rückkehr. Von ihren Beschwerden. Ihrem Zimmer. Vielleicht mochte es einigen inzwischen aufgefallen sein, daß der Justizrat und sie nicht mehr gemeinsam erschienen, sondern jeder für sich eintraf in Gesellschaft. Aber dann: seine aufgesetzte Verbindlichkeit, seine penetrante Galanterie mit den Damen, selbst mit ihr, geradezu fürsorglich konnte er sich geben. Und seine gönnerhafte Großzügigkeit! Sie konnte es selbst kaum glauben, daß dies derselbe Mann war, den sie zu Hause erlebte. Sein Ansehen war makellos, allenfalls sein altmodisches Gebaren noch ein bißchen mehr belächelt. Es machte ihn eher noch liebenswürdig, den alten Herrn.

Es gab nur eins, sie mußte endgültig die Trennung und Unabhängigkeit von ihm erreichen. Hatte nicht Langreuters Wink damals schon in diese Richtung gezeigt? Und Harbaur hatte es ihr jetzt bewußt gemacht, ihre Krankheiten rührten aus diesem zerrütteten Verhältnis. Ihr Mann hatte ihre Rückkehr erpreßt, hatte ihr wieder Daumenschrauben angelegt. Geld, alles hing an der Frage des Geldes. Wie aber unabhängig sein, wenn er ihr Vermögen unter sich hatte und sie an der Leine seiner Willkür hielt? Erst hatte sie ihr Vermögen eingesetzt, um den Kindern ein angenehmes, würdiges Zuhause zu garantieren, sie hatte nicht nachgedacht über das, was sie tat, hatte möglichst wenig Ärger haben wollen mit seinem Geiz und seiner häufigen Zahlungsunfähigkeit. Dann war ihr vor vier Jahren die Hinterlassenschaft Johann Wilhelms zu Gute gekommen. Der arme Bruder. Sein Leid und Ende war ihre Befreiung gewesen. Zwei kurze Sprünge hatte sie gedauert, die Freiheit, Lucia Margaretas Rechnung war nicht aufgegangen. Herbart hielt auch hierauf seine Hand. Sie wand und drehte sich in seinem eisernen Griff, zerrieb ihre Nerven in dem aussichtslosen Bemühen, ein Arrangement zu finden für sich.

Sie war nicht nur gesundheitlich zermürbt, sie war eine Frau. Das war das Entscheidende. Wie anders konnte ein Mann, zumal ein akademisch gebildeter Mann, seine Kenntnisse und Beziehungen einsetzen, um private Angelegenheiten und Interessen einzubringen. Hatte nicht Kanzleirat von Halem damals das beste Beispiel dafür gegeben? Als er das erste Mal heiraten wollte, allen ein unmittelbar einsichtiges Ansinnen, da mußte es doch unbedingt seine zehn Jahre jüngere Tante, die Halbschwester seiner Mutter, sein; sie hatte er in Liebe ausgewählt. Alle Hebel hatte der Kanzleirat damals in Bewegung gesetzt, um den landesherrlichen Dispens zu erlangen und damit die Ausnahme der Verwandtenheirat für sich in Anspruch zu nehmen. Es hatte sich herumgesprochen in der Gesellschaft, selbst die Damen hatten Details erfahren und zum besten gegeben: von Halem hatte Gutachten der theologischen Fakultäten eingeholt, in Kiel, in Göttingen. König Friedrich II. selbst hatte ihm den gewünschten Dispens für Preußen schon erteilen lassen. Und was der preußische Landesherr bewilligte, konnte ein oldenburgischer schlecht ausschlagen, so mochte der Jurist klug kalkuliert haben. Ein Druckmittel gegenüber dem eigenen Landesherrn, welchen Einfluß konnten doch Männer entwickeln.

Als ein Brief Joseph Harbaurs eintraf, der ihn schon in den nächsten zwei Wochen in Oldenburg ankündigte, stand der Entschluß Lucia Margaretas fest. Der junge Freund sollte ihr nicht vergeblich deutlich gemacht haben, woher ihre Krankheiten rührten. Sie wollte ihre Situation in die Hand nehmen und ändern. Es war nicht ihr Teil, ihn untätig und melancholisch zu erwarten. Sie wollte ihm vorarbeiten. – Am nächsten Morgen trat sie aus ihrem Zimmer in den Flur und legte die Hand auf die Klinke der Bibliothek. Die Bibliothek! Dieser von ihm so dreist eroberte Raum. Er war nicht auf die Idee gekommen, die Tür etwa abzusperren. Daß sie sich für das erlittene

Unrecht schadlos halten und ihrerseits seine Sachen wieder ausräumen könnte, das schloß er als völlig undenkbar aus, für einen solchen Kraftakt reichten ihre körperlichen Reserven zur Zeit nicht aus. Und eine andere Form des möglichen Mißbrauchs war so jenseits aller seiner Vorstellungsmöglichkeiten, daß er auch dagegen keine Vorkehrungen treffen zu müssen glaubte. Was sollte eine Frau, zumal seine Frau, mit dem Inhalt der Bände an den Wänden anfangen, den Werken der Jurisprudenz, der Mathematik, der alten Schriftsteller, deren Rückentitel sie nicht einmal entziffern konnte? Frauen waren und blieben ungebildet, diese Welt war ihnen verschlossen, und er war vollkommen einverstanden damit. Als sie in dem wohlbekannten Raum stand, zum ersten Mal, seit ihr Mann so unendlich rücksichtslos, schamlos davon Besitz ergriffen hatte, schob sie den wieder auflebenden Zorn beiseite und konzentrierte sich ganz auf ihr Vorhaben. An der linken Wand hatte er einen hohen Bücherschrank aufgestellt, die Bände standen in Reih und Glied und sahen im ersten Moment einer wie der andere aus. Schon im vorhinein hatte sie überlegt, daß seine juristische Gebrauchsliteratur zum einen wohl bequem erreichbar stehen und zum anderen die meisten Gebrauchsspuren haben müsse. Sie schaute über die Reihen und entdeckte bald eine Gruppe von Bänden, die in Frage kommen konnten. Ein dickes Buch suchte sie, so viel war klar, und daß es einen lateinischen Titel haben mußte, auch das war ein Anhaltspunkt. Ihre Augen blieben an zwei gleichen Rücken hängen: braunes Leder, von kräftigen Bünden durchzogen, im oberen Drittel, auf etwas hellerem Leder, in Gold geprägt der Titel des Werkes, *Corpus Iuris Civilis*. Das mußte es sein! Hatte sie wirklich das Notwendige damit vor sich? Sie stemmte den linken der beiden Bände aus dem Regal, legte ihn auf die Schreibtischkante und schlug das Titelblatt auf. *Corpus Iuris Civilis. Codibus veteribus et Manuscriptis et optimis opibusque editionibus collatis* .... Der Titel reichte dicht gedruckt über das ganze große Blatt, sie entzifferte noch zwei Namen: *Georgius Christianus Gebauer* und *Georgius Augustus Spangenberg*, schließlich den Verlagsort: *Gottingae 1776*. Ja, sie war sicher, daß sie das Richtige in Händen hatte. Das war das Werk, von dem ihr Vetter gesprochen hatte.

Es war ein Gefühl, als ob sie ins Innerste des Wissens vorgestoßen wäre. Ihr schwindelte, ein bohrender Kopfschmerz meldete sich rechtsseitig. Sie preßte ihre Hand gegen die schmerzende Gesichtshälfte und versuchte, den wirbelnden Rausch in ihrem Kopf in geordnete Gedankenbahnen zu bringen. Eines war sicher: die Materie war schwierig, die Sprachbarriere des Lateinischen hinderlich, hier war mit einem schnellen Blick nichts auszurichten. Ihre kleinen Kenntnisse mochten allenfalls ausreichen, sich grob an die richtigen Kapitel heranzutasten, für das intensivere Studium mußte sie einen Helfer finden. Nach kurzem Überlegen beschloß sie, beide Bände einfach mit in ihr Zimmer zu nehmen. Dort wollte sie an ihrem Schreibtisch richtig zu Werke gehen und die so entscheidenden Fundstücke studieren. Der Justizrat würde lange abwesend sein, sie wollte von ihrem Fenster aus vorsichtshalber die Straße im Auge behalten, sollte seine Gestalt unverhofft auftauchen, brachte sie die Bände sofort an ihren Standort zurück. – Hatte sie nicht geschickt ihren alten Vetter, als er ihr vor kurzem eine Krankenvisite machte, in unverfänglichem Plauderton auf die gewünschte Fährte gesetzt? Mit scheinbarer Koketterie hatte sie wieder einmal die Rechtlosigkeit der Frauen beseufzt, dafür war sie schon bekannt, das konnte sie sich inzwischen unter dem Deckmantel geselligen Scherzes erlauben. Tatsächlich hatte der knöcherne alte Jurist sie aber nicht charmant getröstet, sondern gewissenhaft begonnen, ihr die Rechtslage in Umrissen darzulegen und ihrer weiblichen Unwissenheit ein wenig aufzuhelfen. Für eine Frau wie sie zum Beispiel, in ihrer gesellschaftlichen Position, garantiere doch das ‚Römische Recht' durchaus eine rechtsverbindliche Sicherheit. Mit welchen Luchsohren hatte sie aufgehört! Möglichst unauffällig, scheinbar gleichmütig hatte sie versucht, ihn beim Thema zu halten, mit neckischer Geste doch um genauere Belehrung gebeten in einer so exotischen Materie, und tatsächlich war der Herr Vetter gutmütig-naiv in ihre Falle getappt. Ein kleines Privatissimum hatte er ihr gehalten, von der prinzipiellen Gütertrennung der Gatten war die Rede gewesen, vom Recht der Frau auf ihre *dos*, ihr Heiratsgut, das – für den rein theoretischen Fall einer Scheidung! – der Frau wieder komplett zustehe, schließlich hatte er noch von einer *rei uxoriae actione* gemurmelt, wo plötzlich etwas wie ein Klagerecht der Ehefrau aufgeblitzt war, sie hatte es nicht ganz verstanden; in diesem Moment war sich der

Vetter seines Ungeschicks bewußt geworden. Pardon, eine Dame behelligte man nicht mit solcher Materie! Sie hatte ihre Enttäuschung zu verbergen gewußt und scheinbar gleichmütig das Thema gewechselt – ja, das letzte Mittwochskonzert, welch gelungener Musikgenuß. Wie schade, daß sie nicht hatte anwesend sein können! – Dieser Besuch hatte sie hell wach werden lassen, alle Schwäche und Krankheit beiseite schiebend. Vor ihrem inneren Auge waren Möglichkeiten aufgeblitzt, von denen sie bisher nicht einmal zu träumen gewagt hatte. Sollte es eine Handhabe für sie geben, mit vollem Rechtsanspruch aktiv zu werden? Sie war entschlossen, sich das nötige Wissen zu besorgen, irgendwie würde sie es schaffen. Jetzt, wo sie eine Ahnung bekommen hatte, daß das Recht durchaus auf ihrer Seite zu sein schien, sollte sie nichts mehr abhalten, es für sich nutzbar zu machen. Nie hätte der Herr Vetter vermutet, daß Lucia Margareta jetzt über dem Zauberbuch der juristischen Geheimwissenschaft saß.

Ich lasse sie mit ihrer Beute allein und weiß, daß sie sich den Kopf noch schmerzhaft heiß grübeln wird über dem *Corpus Iuris Civilis*. Sie wird an den Überschriften hängenbleiben, zwischen den *Institutiones*, den Grundzügen also und den *Digesten* hin- und herblättern und vergleichen, wird nach ihr bekannten Stichworten suchen, *dos* für Heiratsgut, *de divortiis*, von den Scheidungen, finden, vielleicht am Ende sogar einen Passus: *De rei uxoriae actione in ex stipulatu actionem transfusa, et de natura dotibus praestita (Codices lib. V tit. XIII)*. Aber die erst im neunzehnten Jahrhundert erfolgte Übersetzung wird ihr fehlen, die mir den Zugang zum Text öffnet: *Von der Verschmelzung der Heiratsgutklage in der Klage aus Stipulation und von dem dem Heiratsgute beigelegten Wesen*. Hier steht tatsächlich, daß die Frau bei Auflösung der Ehe das Heiratsgut zurükkfordern kann, egal, ob es in einem Ehevertrag schriftlich festgelegt wurde oder nur auf mündlicher Vereinbarung beruhte. Und daß dies umgehend zu geschehen habe im Fall einer Ehetrennung. Bewegliches wie unbewegliches Gut. Was für eine ungeahnte Möglichkeit eröffnete diese Textstelle für sie. Wann und wie verstand, übersetzte sie den Abschnitt? Wieder stellt sich mir die Frage nach Lucia Margaretas Bildung in ihren Jugendjahren. Sollten tatsächlich einige Brocken Latein für sie als bürgerliches Mädchen abgefallen sein? Es würde alle Norm ihrer Zeit sprengen, zumal vor dem Hintergrund ihres Lebens als Halbwaise, nur in der Obhut der Mutter. Wenn, waren es die Väter, die ihre Töchter am Futtertrog der Bildung teilhaben ließen und sie spielerisch förderten. Die Frage muß offen im Raum stehen bleiben. Meine Quelle besagt nur, daß sie sich *durch List* Zugang zum entscheidenden juristischen Standardwerk verschaffte und darin noch mehr positives Recht für sich verankert fand, als man ihr mündlich angedeutet hatte.

Jetzt schaue ich wieder selbst von oben auf die Puppen-Bühne, sehe meine Heldin befangen in ihrer kleinen Welt und in ihrem Ringen um ihre persönliche Freiheit, und darf aus der historischen Distanz mir leichten Überblick verschaffen. Aber jetzt endlich habe ich Lucia Margareta an dem Punkt, an dem ich als ihre Erzählerin gestartet bin: sie weiß im Grundsatz um ihre Ansprüche auf der Basis des ‚Römischen Rechts' und muß nur noch sehen, wie sie die für sich auch umsetzen kann. Ich versuche für mich selbst zu klären, was sie zu diesem Zeitpunkt wollte. Und welchen Weg sie einzuschlagen hatte. Trennung von ihrem Ehemann war das Grundlegende, und zwar nicht mehr nur eine inoffizielle, auf Arrangement beruhende Trennung der Lebensräume und Finanzen, sondern eine endgültige und offizielle Scheidung der Ehe. Ihr Versuch, unterhalb dieser Schwelle eine Regelung zu finden, war gescheitert. Ebenso wichtig war ihr die Absicht geworden, ihr Vermögen aus dieser unseligen Verbindung zu retten, oder besser, wieder auferstehen zu lassen, denn Faktum war, daß ihr Mann ihr Geld verschwendet und veruntreut, sie hintergangen hatte während all der langen Ehejahre. Es waren also zwei Dinge, die durchzufechten waren: die Ehescheidung und ein Prozeß in Vermögenssachen. Welche Instanz aber war für welches Anliegen zuständig?

Im Herzogtum Oldenburg war, wie in allen anderen deutschen Fürstentümern auch, die Eheschließung noch eine rein kirchliche Aufgabe, auch wenn die protestantische Kirche der Ehe keinen Sakramentscharakter mehr zubilligte. Die Kirchenordnung war also für die Schließung wie gegebenenfalls Aufhebung der Ehe zuständig. Die seit 1573 bestehende Oldenburgische Kirchenordnung war zweimal den moderneren Ansichten und Anforderungen des achtzehnten Jahrhunderts angepaßt worden, wobei aber die anerkannten

Scheidungsgründe wenig Änderung erfahren hatten. Die Bibel hatte nach wie vor den Maßstab der Begründungen gesetzt: Ehebruch und sogenanntes *Böswilliges Verlassen.* Mordgedanken, schwere Mißhandlungen und Beschimpfungen, fortgesetztes grundloses Verweigern des Beischlafs: die Anerkennung solcher Gründe war bereits eine erweiterte Auslegung des biblischen Kanons. Zu befinden in diesen Fällen hatte das Konsistorium.

Aus dem Studium der überlieferten oldenburgischen Konsistorialprotokolle weiß ich wieder mehr als Lucia Margareta. Sie hatte keine Ahnung, daß sie nicht allein stand mit ihrem Scheidungswunsch im Herzogtum. Sie kannte die Frauen in den kleinen Gemeinden ringsum nicht, die nach oft jahrelangem Überlebenskampf für sich und ihre Kinder als Klägerinnen gegen ihre Ehemänner auftraten, nachdem diese oft vor Jahren ihre Familien einfach im Stich gelassen hatten. Allerdings konnte sie in den *Oldenburgischen wöchentlichen Anzeigen* die Appelle des Obersten Landesherrn lesen, der einen verschwundenen Ehemann aufforderte, sich binnen Wochenfrist vor dem Konsistorium zu melden und der Klage seiner Ehefrau Rede und Antwort zu stehen. Wenn sie das Blatt aufschlug und solche Aufforderungen las, ahnte sie dann, daß hier nur noch der juristischen Form Genüge geschah, der Ausgerufene sich aber nie wieder hören und blicken lassen würde? *Böswilliges Verlassen* war einer der traditionell anerkannten Gründe für eine Scheidung nach damaligem Recht. Im Jahr 1802 gab der Herzog Peter Friedrich Ludwig sechs Mal der Bitte von Frauen um Ehescheidung aus diesem Grund statt mit der Erlaubnis, sich *in aller Stille* wieder verheiraten zu dürfen. Nein, in ihrem Geschlecht stand Lucia Margareta Herbart nicht allein da mit ihrem Wunsch auf endgültige Auflösung einer formalen Bindung, der keine gelebte Beziehung entsprach, aber in ihrem gesellschaftlichen Stand war ihr Begehren ohne Beispiel. Darin lag das Skandalöse ihrer Absicht. Erkannte die Gesellschaft in jenen Fällen, von denen Lucia Margareta nichts wußte, die Notlage der Frauen an und suchte durch die Rechtsprechung die äußere Bedrängnis zu lindern, so lag ihr Fall anders. Ihr Mann hatte sie nicht verlassen, wollte es auch nicht. Im Gegenteil: er erzwang und erpreßte ihre Anwesenheit, zu seinem gesellschaftlichen und finanziellen Nutzen. Hier drohte ein Tabu gebrochen zu werden, das die höhere

Gesellschaft gemeinsam hütete und dessen Brechung allen eine Stellungnahme abnötigen könnte: die Rolle der Frau in der scheinbar intakten Institution Ehe.

Das Konsistorium also. Eine Instanz geistlicher Herren im Staat, die Glauben und Theologie würdevoll verträten gegenüber allen Kindern der Gemeinde gleichermaßen? Nein, ein Gremium, zuerst und in der Mehrzahl besetzt mit den versiertesten und bewandertsten Juristen, nämlich Mitgliedern der Regierungskanzlei. Die eigentlichen Theologen völlig in der Minderzahl. Es war eine Zeit, in der Gewaltenteilung in unserem heutigen Sinn nur von wenigen erst angedacht wurde und die Praxis in einem kleinen deutschen Fürstentum eine enge Verquickung von Verwaltung und Rechtsprechung vorsah. Niemand nahm Anstoß daran, es galt allgemein als praktische Einrichtung, daß diejenigen, die wissenschaftlich-akademisch mit der Jurisprudenz vertraut waren, beide Ressorts abdeckten, und schließlich auch weltliche wie geistliche Streitfälle am sachkundigsten entscheiden konnten. Ich gehe die Mitglieder der oldenburgischen Regierungskanzlei im Jahr 1799 durch: *Graf Holmer, Konferenzräte Wolters und von Berger, Etatrat Georg, Justiz- und Regierungsrat Thomas Gerhard Herbart, Kanzlei- und Regierungsrat von Halem, Kanzleiassessor Scholz.*

"Wenn Wissen Macht bedeutet, so wuchs diese den Kanzleijuristen zu."

Diese Feststellung eines Juristen unserer Gegenwart bestätigt mir meinen Eindruck von der Situation und Position Lucia Margareta Herbarts: ihre Stellung scheint fast aussichtslos. Alle Konsistorialsachen wurden de facto der Regierungskanzlei, d.h. ihren Mitgliedern vorgelegt und dort bearbeitet, diskutiert, juristisch durchleuchtet und abgewogen, um dann dem Herzog mit einer Entscheidungsempfehlung unterbreitet zu werden. Das letzte Wort hatte *Serenissimus,* Peter Friedrich Ludwig als Administrator des Landesfürsten. Nicht nur, daß diese Frau sich von einem Mitglied dieses Entscheidungsgremiums scheiden lassen wollte: sie mußte dann ihr Begehren auch begründen, und zwar so, daß die Argumente vor dem gültigen Kodex der Scheidungsgründe bestanden.

Ein Justiz-Beamter behandelte seine nur in der Liebe zu ihm Glück findende junge, hübsche Frau mit der ausgezeichnetsten Brutalität; diese, endlich der vielen Mißhandlungen müde, drohte, ihm sein Betragen beim Gericht anzugeben; worauf dieser Herr das Landrecht holte, ihre langen Haare um die andere Hand wand, sie zu Boden warf, mit Füßen trat und ihr dabei die darauf Bezug habenden Paragraphen vorlas, mit der Versicherung, daß er wisse, was ihm erlaubt sei.

So Louise Otto rund fünfzig Jahre später in ihrer *Frauen-Zeitung* zum Thema Geschlechterverhältis und Recht in der Ehe. Von Thomas Gerhard Herbart finde ich die Äußerung seiner Frau gegenüber überliefert, solange sie ihn nicht solcher Prügel zeugen könne, wodurch er ihr wirklichen Schaden zugefügt hätte, werde sie auf dem Rechtsweg niemals etwas erreichen. Schwere Mißhandlungen mit Körperverletzung waren ein erweiterter, zulässiger Scheidungsgrund. Der Justizrat praktizierte das Urwaldprinzip vom Recht des Stärkeren, der abgeschlossene Raum der Ehe war sein Terrain, in dem er sich sicher fühlte, seine Macht jahrelang auf Einschüchterung, Mißachtung, seelische und körperliche Grausamkeit gründen zu können und vor Betrug nicht zurückzuschrecken. Hinter diese Fassade würde nie Licht fallen, nie würde etwas nach außen dringen, solange sein Ruf und der seiner Familie in der Gesellschaft unbescholten und makellos war, solange seine Frau nach den anerzogenen und verinnerlichten Regeln weiblicher Unterordnung funktionierte, so lange er am Hebel der Macht saß.

"Wenn Wissen Macht bedeutet, so wuchs diese den Kanzleijuristen zu."

Er hatte keine Gelegenheit ungenutzt gelassen, ihr ihre – vermeintliche – Rechtlosigkeit vor Augen zu halten. Er fürchtete keine Öffentlichkeit, denn die Öffentlichkeit – war er. Er und seine Kollegen in der Regierungskanzlei. Wo sollte sie, wenn überhaupt, klagen?

Aber Lucia Margareta lernte. Sie lernte, was eigentlich schon immer ihre Rechtsposition gewesen war, was sie vierundzwanzig lange

Ehejahre hätte wissen müssen. Allerdings wären es dann nicht vierundzwanzig Jahre geworden. S i e hatte ihr Vermögen, e r seines, und ihm kam keine Verfügungsgewalt über ihr Vermögen zu. Ihren vorgeschriebenen Beitrag zum Unterhalt, für den er als Mann in der Ehe zuständig war, hatte sie durch ihre *dos*, ihr Eingebrachtes, entrichtet. Hierüber hatte er verfügen dürfen. Über mehr nicht. Was ihr sonst an Vermögen, Erbe zustand und zufiel, war seinem Zugriff entzogen. Ebenso hatte s i e nicht für seine Schulden gerade zu stehen, e r nicht für ihre. Die Situation war ganz einfach. Gütertrennung hieß das Zauberwort. So war es in der königlich-dänischen Verordnung verbrieft, die auch jetzt noch galt, wo das Herzogtum Oldenburg wieder selbständig war. Sie unterstanden dem ‚Römischen' oder ‚Gemeinen Recht', dem *Ius Communis*, wie sie nach einiger Zeit sicher und bestimmt sagen konnte, er als Staatsdiener, sie als seine Frau. Nichts von allem traf zu, womit er sie vierundzwanzig Jahre eingeschüchtert hatte: mir gehört alles, was du je besessen hast, oder noch erben, verdienen, ersparen kannst; mir gehört dein Geld, ich verfüge nach meiner Willkür und meinem Gutdünken über alles. Du bist mein Eigentum. – Es muß ihr wie Schuppen von den Augen gefallen sein.

Und sie lernte, daß sie für einen Scheidungsantrag an das Konsistorium nicht einmal eines Advokaten bedurfte. Zum einen galt im Herzogtum Oldenburg keine Geschlechtsvormundschaft mehr, wie noch in manchen anderen Fürstentümern, die ihr als Frau die öffentliche Vertretung durch einen Mann notwendig gemacht hätte. Zum zweiten konnten Privatpersonen *in matrimoniis*, also in Angelegenheiten, die den Ehestand betrafen, ihr Anliegen selbst gegenüber dem Konsistorium vertreten, man brauchte keinen Juristen als Anwalt. Und schließlich: ein Konsistorialverfahren konnte vergleichsweise schnell durchgezogen werden, unterlag es doch den Regeln eines vereinfachten Rechtsgangs, die formalen Anforderungen an Klage, Schriftsätze, Anträge, Ladungen und Fristen waren weniger aufwendig und bürokratisch als bei einem ordentlichen Prozeß. Lucia Margareta Herbart, geborene Schütte, hatte gute Aussichten, ihre Ehe relativ schnell geschieden zu sehen. Allerdings: sie mußte zum ersten Mal Details und Intimitäten vor der Öffentlichkeit preisgeben, die die beteiligte Gesellschaft schockieren würden.

Eine Frau macht ernst
Rückendeckung von Hofrat Schiller

Am 4. August 1799 traf Joseph Harbaur in Oldenburg ein. Lucia Margareta hatte ein Zimmer im Gasthof für ihn bestellt. Thomas Gerhard hatte es eilig gehabt, die Stadt ebenfalls zu erreichen, er war dem wandernden Arzt mit dem Wagen sogar noch zuvorgekommen. Bisher hatte der Justizrat niemanden als Mitwisser zu fürchten gehabt. Seine Stellung war unanfechtbar gewesen. Aber jetzt? – Ich stelle mir vor, der Wolf schluckte Kreide und betrat auffallend lautlos die gemeinsame Wohnung. Ließ sich sogar bei seiner Frau melden. Lucia Margareta und Antoinette staunten. Worauf mußten sie sich nun wieder einstellen? Ihre Nerven spannten sich an, die Unberechenbarkeit des Hausherrn kostete viel Kraft. Der Justizrat meldete sich zurück von der Kur, sah auch durchaus ausgeruht und wohl aus. Allerdings sprangen seine Augen noch unruhiger als sonst zwischen dem Fenster und Lucia Margaretas Gestalt hin und her. Ihren Blick vermied er tunlichst. Sie sei inzwischen in bester Betreuung? Ihr Jenaer Arzt also extra hierher gekommen? Ein sehr junger Mann noch. – Das ‚sehr jung' geriet auffallend gedehnt. – Lucia Margareta hatte sich vorgenommen, unter allen Umständen ruhig zu bleiben und jede Eskalation zu vermeiden. – Erfahren genug, war ihre Antwort. Er habe sie immerhin vor dem Tod bewahrt. – Nun, er hoffe, den jungen Gast ebenfalls öfter genießen zu können. Damit verließ der Justizrat das Zimmer seiner Frau. Eine gesellschaftlich zweideutige Situation, befand er, war unter allen Umständen zu vermeiden. Mit diesem Smidt aus Bremen hatte es angefangen, diese Männer, mir denen seine Frau sich umgab, ihre Söhne konnten sie sein, allesamt.

Zuerst kam Harbaur als Arzt und nahm Antoinette viel Sorge ab, die sie um die Mutter gehabt hatte ohne einen Mediziner ihres Vertrauens. Sie selbst war unter dieser Anspannung nicht gesund geblieben, so daß Harbaur sich auch um sie kümmerte. Er wunderte sich, wie verändert er die Justizrätin hier in Oldenburg fand. In ihr war eine metallene Saite angestimmt worden, die er aus Jena nicht kannte. Eine Entschlossenheit, die kein Zögern mehr zuließ. Trotz ihres labilen Gesundheitszustandes. Während Antoinette in Wirtschaftsgeschäften aus und einging, saß Lucia Margareta mit Harbaur in ihrem Zimmer, das sie notdürftig hergerichtet hatte. Der junge Freund berichtete von seiner Bekanntschaft mit dem Justizrat in

Pyrmont. Er bemühte sich um Dezenz in seinen Formulierungen, aber er ließ keinen Zweifel an dem Eindruck, den die aufdringliche Redseligkeit des Mannes auf ihn gemacht hatte. Lucia Margareta hörte seinen Schilderungen stumm zu, sie kannte ihren Mann. Den jungen Freund hatte er nicht hinters Licht führen können. Und dann langsam, Stück für Stück brachte Harbaur auch sie zum Reden, das alte Vertrauen der Jenaer Wochen stellte sich wieder ein zwischen ihnen, und sie offenbarte sich ihrem Gegenüber, wie sie es noch vor kurzem nicht für möglich gehalten hätte. Der Gast begann zu begreifen, worauf sich ihr veränderter Mut gründete.

Sie war an einen Punkt gekommen, an dem sie sich ihrer Würde als Mensch, als Frau bewußt geworden war und sie endlich höher achtete als alle gesellschaftliche Contenance und Rücksichtnahme. Wohin hatte sie diese Erziehung und Selbsterziehung schließlich gebracht! Sie wollte ihr Recht, das ihr zustehende, seit Jahren verweigerte und vorenthaltene Recht, sie wollte es öffentlich zuerkannt bekommen. Sie ahnte, auf was sie sich da einließ, wie sehr sie sich gesellschaftlich ins Abseits bringen, zur Aussätzigen machen würde. Hinter ihrer Stirn bildeten sich schon Bilder der Zukunft, manchmal sah sie die harmlosen Gesichter ihrer Bekannten sich zu häßlichen Fratzen verziehen und mit schrillem Gelächter und spitzem Finger auf sie weisen. Sie sah, wie alle ihr den Rücken kehrten. Aus solchen Alpträumen fuhr sie dann schweißnaß hoch, das Herz klopfte ihr bis zum Hals. Aber das waren Träume, vorübergehende Schrecken, das Ziel, das sie vor Augen hatte, war so viel höher zu veranschlagen, daß ihre innere Entschlossenheit dadurch nicht ins Wanken geriet. Harbaur staunte. Er, der Junge, der Eheunerfahrene, der Mann bekam einen Einblick, welche Demütigungen die Gesellschaft für eine Frau bereit hielt. Und er sah, wie das Bewußtsein, diese und die stillen Unterwerfungen hinter sich zu lassen und mit erhobenem Haupt aus allem hervorzugehen, ihr im voraus das Gefühl einer neuen Würde verlieh. Sie war es dieser Frau jetzt wert, auf Äußerlichkeiten keine Rücksicht mehr zu nehmen.

Und dann rückte Lucia Margareta mit ihrer triumphalen Entdeckung heraus: nicht nur die persönliche Moral war auf ihrer Seite, es gab tatsächlich einen Rechtsweg, den sie beschreiten konnte! In vielen Stunden gemeinsamen Beisammenseins entwickelte sie dem

Mediziner ihre neu erworbenen juristischen Kenntnisse. Ihm klangen die Ohren, eine unbekannte Begriffswelt tat sich vor ihm auf. Fast fühlte er sich überfordert. Aber das wollte er seine mütterliche Freundin nicht merken lassen, wo sie so viel Energie und Konzentration aufbrachte, wie konnte er als junger Mann da klein beigeben. Auch der Justizrat spürte, daß sich die Situation veränderte. So sehr er anfangs bemüht gewesen war, den jungen Gast auch für sich zu reklamieren, ihn mit in den Club zu nehmen, in männliche Kreise einzuführen, so sehr mißglückte dieser Versuch gesellschaftlicher Unauffälligkeit. Kam er nach Hause, war der Mann anwesend, überhaupt war er stundenlang mit der Justizrätin zusammen. Herr Herbart war verunsichert. Die Anwesenheit des Fremden verbot es ihm, die bewährte Brachialgewalt an den Tag zu legen, auch seine Methode der schmeichelnden Leutseligkeit kam nicht zum Zug. – Lucia Margareta behielt ihr Ziel fest im Auge: eine Eingabe beim Herzog auf Schadensersatz und Scheidung, noch in diesem Sommer. Von Serenissimus würde *ihre Sache* der Regierungskanzlei vorgelegt und dort juristisch abgeklopft werden. Und dann sah sie dem höchsten Urteil mit Ruhe und Zuversicht entgegen. Sie hatte ihrem jungen Freund Stapel säuberlich gebundener Briefe und Schriftstücke vorgelegt, in denen der Justizrat ihr über Jahre hin Ausgaben, Versprechungen, Schulden quittiert hatte; was waren diese Papiere wert? Weniger als die Tinte, die er dafür verwendet hatte. Jetzt erst begriff sie richtig, wie gerissen ihr Ehemann vorgegangen war. S i e hatte er Schulden aufnehmen lassen, mal für dieses, mal für jenes, wohl wissend, daß sie ihm nie beikommen würde mit Zahlungsverpflichtungen. Sie selbst hatte ja Schulden gemacht, dafür traf ihn keine Verantwortlichkeit, mochte er in privaten Verpflichtungserklärungen schreiben, was er wollte.

Mit Harbaur zusammen beugte sie sich über Papiere, um die Klage gegen den Justizrat zu formulieren. Das Klageziel war in Worte zu fassen, der Antrag an den Herzog zu untermauern durch Sachverhaltsschilderungen. Die moderne Begrifflichkeit wirkt scheinbar anachronistisch, tatsächlich war die Vorgehensweise und Form aber im wesentlichen kaum anders als heute. Nicht nur ihre *dos*, ihr Eingebrachtes, hatte er durchgebracht, und dies bereits nach zwölf Jahren Ehe, diese Rechnung hatte er ihr schon 1787 bereitwillig und ohne Sorge um Konsequenzen unterschrieben. Schulden obendrein hatte sie in ihrer Unwissenheit übernommen. Nun wollte sie Entschädigung für die in ihren Augen veruntreute Mitgift, die er nur befugt war, im Rahmen des gemeinsamen Unterhalts sinnvoll und nachweisbar auszugeben. Und ihr übriges Vermögen hatte er zwar verwalten dürfen, nicht aber darüber verfügen.

Ihr Ziel war es, daß der Justizrat mit einem Abzug auf sein Beamtengehalt belegt würde. Eine feste Summe sollte gleich abgezweigt werden, als Entschädigung für das Veruntreute. Das wollte sie für sich reklamieren – und für den Sohn. Der hatte keine Ahnung, daß sie ihn massiv in all den Jahren finanziert hatte. Als sie, mit Harbaur an ihrer Seite, den Justizrat schließlich mit dem ausformulierten Antrag überraschte, gewann die Auseinandersetzung eine neue Dimension. Die Frau war im Stande, ihre Drohung einer öffentlichen Eingabe wahr zu machen! Thomas Gerhard Herbart beeilte sich, seinerseits Vorkehrungen zu treffen. Die Gedanken überschlugen sich in seinem Kopf: die Folgen, der Skandal ... Natürlich kannte er als Mitglied der Regierungskanzlei die Bestimmungen, *daß [...] dasjenige membrum Collegii, welches die Sache angehet, sich des Voti sowohl, als der Gegenwart bey der Verhandlung der Sache selbst enthalten solle.* Ausschluß wegen Befangenheit, würden wir heute sagen. Nicht auszudenken, der Justizrat vom Dienst beurlaubt, weil seine eigene Ehesache verhandelt wurde. Eine Eingabe beim Herzog, wie Lucia Margareta sie beabsichtigte, schien ihm einer Entmachtung gleichzukommen. Dieser Schritt war um alles in der Welt zu vermeiden.

Thomas Gerhard zog den Kammerrat Herbart ins engste Vertrauen. Der Herr Bruder war noch geübter und treffsicherer mit seinem juristischen Scharfblick. Und noch ein Dritter sollte sicherheitshalber konsultiert werden. Seine Wahl fiel auf *Cammerrat Zedelius*. Er trug den wohltönenden Titel nur ehrenhalber, war nicht durch Funktion in Kammer oder Regierungskanzlei befangen. Er schien ihm der geeignete Advokat. – Was war zu tun? Unglaublich, in welche Situation ihn seine Frau brachte. Ins Licht der Öffentlichkeit wollte sie tatsächlich ziehen, was in den dämmerigen Bereich ihrer privaten Abmachungen gehörte. Alles Gefühl für Diskretion schien ihr mit einem Mal abhanden gekommen zu sein. Man mußte sie aufhalten. Hatten nicht immer im Schein biederster Gutmütigkeit geschriebene Versprechungen und Reuebekundungen sie zuletzt besänftigt? Soweit war sie noch nie gegangen. – Aber es gab noch keinen Grund, die Situation ernstlich verloren zu geben. Öffentlichkeit allerdings, das war das letzte, was man zugeben konnte und wollte. Hier mußten sie und ihr waghalsiger Freund gestoppt werden.

Von jetzt ab gab es zwei Parteien, Herbart gegen Herbart. Das Wohnen in einer Wohnung wurde untragbar. Diesmal ging der Justizrat. Zusammen mit seinem Bruder Kammerrat verließ er die Stadt und zog aufs Land. Der Sommer kam ihm zu Hilfe, die staatlichen Kollegien arbeiteten nicht in den Ferien, und dies wiederum verhinderte, daß Lucia Margareta ihre Sache in diesen Wochen anhängig machen konnte an oberster Stelle. Die Zeit arbeitete für den Justizrat. Er nutzte die sich bietende Chance. Eine außergerichtliche Lösung wollte er anvisieren. Sein Anwalt meldete sich bei Lucia Margareta. *Cammerrat Zedelius*. Ein alter Bekannter auch von ihr, nun also Parteigänger ihres Mannes. Ein Sohn unter dreizehn Kindern vom alten Heinrich Hermann Zedelius. Familie der Stempelpapierverwalter, Juristerei vom Vater, auf den Sohn, auf den Enkel. Im Beisein Harbaurs unterbreitete er ihr den Vorschlag des Ehemanns zu einer vertraglichen Regelung. Sie lachte kurz und hart auf und deutete auf die gebündelten Stapel geduldigen Papiers auf ihrem Tisch. Wertloses Papier und Versprechungen habe sie genug! Unter keinen Umständen. Kammerrat Zedelius zog eine zweite Karte, mit Blick auf den jungen Mediziner schilderte er die zutiefst angeschlagene Gesundheit seines Mandanten. Das Alter des Justizrats, man möge dies unbedingt in Rechnung ziehen! Sogar sein Herr Bruder sei so angegriffen durch die Schritte der Frau Justizrätin, daß ein Prozeß der erste Nagel zu seinem Sarg sei. Man appellierte an Lucia Margaretas weibliche Zartheit. Konnte eine fürsorgende Frau sich solchen Argumenten verschließen? Auch Joseph Harbaur griff nach dem Strohhalm, der sich zu bieten schien, die unselige Situation so schnell wie möglich zu bereinigen. Die Dauer eines gerichtlichen Verfahrens, wer konnte sie absehen, bei allem Optimismus seiner Freundin.

Lucia Margareta ließ sich erweichen. Aber sie hatte gelernt, bestand auf Stempelpapier, Zeugen bei der Unterschrift unter den

Vertrag, die ihre Zeugenschaft obendrein unterschriftlich bekunden sollten. Es begann ein Tauziehen zwischen den Parteien. Die drei Juristen verstanden es, Öffentlichkeit für sich dienstbar zu machen. Sie wiesen auf ihr Ansehen in der Stadt, die durch nichts erschütterbare Integrität ihres Rufes. Herr Harbaur möge sich umhören, umsehen, bitte sehr, ob er ernsthaft glaube, irgendjemand in Oldenburg werde den Herrn Justiz- und Regierungsrat Herbart Veruntreuung oder Lüge unterstellen wollen? Und so oft Harbaur die Herren mit Erfahrungen Lucia Margaretas und Fakten der letzten Zeit konfrontierte, so oft wiederholte sich das Pyrmonter Erleben. Schwärzeste Phantasie, überreizte Nerven der Justizrätin! Sie durften sicher sein, daß jeder in der kleinen Residenz ihnen in dieser Einschätzung beipflichtete. War es Angst, die alle auf die Seite des Justizrats und seiner Helfer treten ließ?

"Wenn Wissen Macht bedeutet, so wuchs diese den Kanzleijuristen zu."

Jeder im Herzogtum, der einmal in höherer Instanz mit dem Gericht zu tun haben mußte, würde an Justizrat Herbart und seinen Kollegen nicht vorbeikommen. Sie waren die Regierungskanzlei. Noch auf Jahre in dieser Zusammensetzung. Wer würde es öffentlich mit ihrer Gunst verscherzen wollen? Vielleicht brauchte man ihre Gewogenheit noch einmal. Und die Kollegen? Man schätzte die Herren Herbart im Staatsdienst, die innovatorischen, fundierten Arbeiten des einen, die Bildung des anderen.

Immerhin, das Thema Herbart gegen Herbart wurde öffentlich. Die Fronten bildeten sich aus, hier die merkwürdige Frau und ihr junger Freund, dort der unbescholtene, lang gediente Staatsbeamte und seine Vertrauten. Joseph Harbaur trat nun auch in der oldenburgischen Gesellschaft auf, begleitete die Justizrätin auf Spaziergängen, ihr junger Galan. Sie bildeten den Gesprächsstoff für die Gesellschaft, jeder wird eine Meinung dazu gehabt haben. Waren es nicht alles Verleumdungen, die der junge Fremde da über den alten oldenburgischen Staatsdiener ausschüttete, wenn er für die Frau so unverhohlen Partei ergriff? Überhaupt ihr seltsames Kommen und Gehen, ihre Beziehungen: wer im ehrlichen Kreis der Daheimgebliebenen fühlte sich nicht irritiert durch diese Person, die die feststehenden Spielregeln des Umgangs so beiseite stieß? Die Herbart, in der Stadt wurde sie sprichwörtlich. Paß auf, sonst sieht man dich an wie d i e Herbart.

Abends, in seinem Gasthofzimmer, schrieb Joseph Harbaur bis tief in die Nacht lange Briefe, einen vor allem nach Jena, an den verehrten Hofrat Schiller, den er fast seinen Freund nennen konnte. Er schrieb sich die Oldenburger Erfahrungen von der Seele, und das in solchen Details, daß er vergaß, wie abseitig dem Jenaer das Leben und Ergehen jener unbekannten Justizrätin in der Ferne sein mußte. Denn es spricht wenig dafür, daß Schiller sie in Jena oder Weimar bewußt persönlich kennengelernt hatte. Ausgerechnet an Hofrat Schiller. Ob der das Mitgeteilte für Wert hielt, es Charlotte, seiner Frau, mitzuteilen? Ausgerechnet Charlotte, geborene von Lengefeld, die in vorderster Reihe die Nase zu rümpfen pflegte über gesellschaftliche Beziehungen in Weimar und Jena, die nicht comme il faut waren. Konnte sie eine Frau der Gesellschaft goutieren, die ihre weibliche Anpassung zugunsten klarer Rechtsforderungen hintanstellte? Charlotte Schiller hatte in ihrer adligen Seele feste Weiblichkeitsvorstellungen verankert, vor denen Lucia Margareta sicher nicht bestanden hätte. Der Scheidungsfall ihrer eigenen Schwester Caroline war ihr Kummer und Anstoß genug gewesen. Charlotte hatte immer auf der Seite der Mutter gestanden, die diesen Schritt zutiefst abgelehnt hatte. – Aber der Hofrat antwortete tatsächlich und offensichtlich so, daß der verunsicherte, durch die ihm zugewachsene Rolle in Oldenburg überforderte Mediziner wieder Mut faßte. Kammerrat Zedelius saß gerade bei Lucia Margareta, die drei hatten mit steifen Rücken und spitzen Formulierungen wieder um Worte und Wendungen des unseligen Vertrags gefeilscht, als Harbaur den Brief erhielt. Mit Erlaubnis der Hausfrau entschuldigte er sich für einen Moment und erbrach sofort das Siegel des sehnlich erwarteten Schreibens aus Jena. Beim Lesen beobachtete sie, wie sich das Gesicht des jungen Freundes aufhellte. Die unsichere Angespanntheit wich aus seinen Zügen, mit jeder Zeile, die er las, kehrte der Ausdruck zurück, den sie aus Jena kannte. Sie hatte sich bereits Sorgen um seine Gesundheit gemacht in den letzten Wochen, die Oldenburger Situation hatte ihn überfordert, das spürte sie. Als er zu den beiden Kontrahenten zurückkehrte, wirkte er befreit und auf einmal viel entschlossener. Er trat den umständlichen, hintertreibenden Ausführungen Zedelius' mit energischer Entschiedenheit entgegen, kürzte die Sitzung diesmal deutlich ab und verstand es, dem Juristen der Gegenpartei Paroli zu bieten. Lucia Margareta staunte. Der Jenaer Hofrat hatte dem unerfahrenen Freund in der Fremde Rückendeckung geboten. Ja, Harbaur handele richtig, und er möge getrost die Sache der Frau verfechten.

Ein Spaziergang

Nun doch gerichtlich

Ein Göttinger Jurist –
eine Göttinger Gesellschaftsdame

Lucia Margareta entschloß sich, den wunderbaren Spätsommernachmittag auf einem Spaziergang zu genießen. Ihr Bedürfnis nach frischer Luft und Bewegung im Freien hatte sich durch ihr vieles Kranksein und die erzwungene Häuslichkeit wenig ausleben lassen. Sie entschied sich, allein zu gehen, Schicklichkeit hin, Schicklichkeit her. Es drängte sie, mit schnellen Schritten aus den engen Häuserreihen herauszukommen auf die Wallanlagen. Sie konnte sich immer noch an den neu angelegten Promenaden und Alleen erfreuen, die aus den alten Stadtbefestigungen neuen Lebensraum gemacht hatten. Hier hatte der Herzog durch seinen Forstmeister ein wunderbares Werk geschaffen, das sich mit den Anlagen in Göttingen oder Celle messen konnte, wie Reisende immer wieder behaupteten. Jetzt, nach über zehn Jahren, hatten die Bäume eine stattliche Größe erreicht und spendeten an einem Tag wie diesem angenehmen Schatten. Zwar hatte der enge Wehrgürtel die Stadt gesichert, aber auch begrenzt und an der Ausdehnung gehindert. Wie hatten sie alle gestaunt, als die Wälle sich begrünten und ganz neue Bewegungsmöglichkeiten boten. Die Stadt schien aus ihrem muffig-dumpfen Schlaf aufzuwachen, dehnte und streckte sich, als wollte sie neues Leben in sich hineinlassen. Heute schienen Lucia Margareta die stattlichen Anlagen wie Zeichen für gelungene Selbstbefreiung. Die Stadt hatte es geschafft, die alten Fesseln hinter sich zu lassen, jetzt war sie selbst dran. Was war ihre Ehe anderes als so eine mittelalterliche Zwingburg, die angeblich die Feinde von außen abwehren sollte und im Innern Enge und Dumpfigkeit verbarg, Gewalt und Betrug. Die hohen Mauern nach außen kaschierten alles so wunderbar.

Ein bestürztes Ah! direkt neben ihr ließ sie unter ihrem Sonnenschirm hervorschauen. Der Justizrat. Wie hatte sie vergessen können, daß er in die Stadt zurückgezogen war. Nun denn. Ihr Rücken straffte sich, sie umklammerte den Griff des Schirms um eine Nuance fester, versuchte, ihn mit leichter Hand auf die linke Schulter zu legen und blickte ihrem Mann gerade ins Gesicht. Sie konnte seinen Blick nicht fassen, wie üblich. Kläglich sah er aus, ihr Hausherr. Die Wangen feist und eingefallen zugleich, was mochte seine Aufwärterin ihm Unbekömmliches auftischen, daß sich das Wasser so ungesund staute? Sie wußte, wie blaß sie selbst noch aussah, Schatten unter den Augen, die Falten in ihrem Gesicht fielen noch mehr auf als sonst. Aber im Grunde war ihr das alles egal, hier ging es wirklich nicht mehr darum, über Äußerlichkeiten Eindruck zu machen. Wie hart für sie der Kampf war, mußte er doch am besten wissen, der nichts unversucht ließ, ihr Stolpersteine in den Weg zu rollen, nein, rollen zu lassen, dieser Feigling. Erschrocken stutzte sie über ihre inneren Worte. – Wie seine Stimme zitterte! Fast hätte sich Mitleid in ihr regen können, so jämmerlich klang, was er ihr zu sagen hatte. – So, er könne es kaum mehr aushalten, die elende Bleibe auf dem Land habe ihm die Gesundheit zerstört, kaum habe er mehr die Kraft, sich auf seine Amtspflichten zu konzentrieren, im Club fühle er sich den Blicken der Herren ausgeliefert, er sei ein Wrack! Lucia Margareta kämpfte gegen eine Mischung aus Mitgefühl und Lachen und war einen Moment lang nur damit beschäftigt, beides zu unterdrücken. Diese mütterliche Sorge, über zwei Jahrzehnte geübt und verinnerlicht, sie machte nicht einmal Halt vor dem Mann, von dem sie nichts als Freiheit und finanzielle Genugtuung suchte. – Sie solle nur klar heraus sagen, was sie wolle, er werde alles tun, in alles willigen, nur ein Ende solle das Ganze haben! Es ruiniere ihn, seine Gesundheit, seine Stellung, nein, er könne nicht mehr. – Sichtlich erschöpft wischte sich der Herr Justizrat die Schweißperlen von der Stirn, die sich mit erstaunlicher Schnelligkeit bildeten. Lucia Margareta war sicher, daß dieser Schweiß kalt war und ihr Mann in wenigen Minuten in einem völlig durchnäßten Hemd steckte. Die Angst kleidete den Justizrat schlecht. Ein geeigneter Tee schoß ihr durch den Kopf, Triumph wollte sich nicht einstellen. Sie kannte ihn zu gut, um nicht zu wissen, daß trotz dieser Zermürbtheit sein Juristenverstand keinen Winkel unbeleuchtet lassen würde, um für sich Schlupflöcher, für sie Fallen zu finden. Nicht sie verlängerte das Verfahren, er suchte doch Winkelzüge um Winkelzüge zu machen, das sie den Überblick verlor auf dem Spielfeld der Paragraphen, Verordnungen und Auslegungen. Immer war sie ihm mindestens einen Zug hinterher, unfähig, seine wohl geplanten nächsten Attacken und die seiner Helfershelfer vorauszusehen oder gar zu durchkreuzen. Je schneller, desto besser, das fand auch sie – allerdings nicht um jeden Preis.

Sie spürte, wie alle Freude am Spaziergang verflogen war. Mit einer knappen Bemerkung, sie werde sich beraten, suchte sie der unwillkommenen Begegnung jetzt möglichst rasch ein Ende zu machen. Auch ihn schien das unvorhergesehene Treffen ernstlich mitgenommen zu haben. Sie sah, wie er den kürzesten Weg in die Stadt einschlug, er strebte mit vorgeblich schnellen, festen Schritten aus ihrem Gesichtskreis weg, aber je forscher er auftrat, umso mehr meinte sie zu sehen, daß seine Beine zitterten. – Er mußte ihr in allen für sie unverzichtbaren Punkten entgegenkommen. Sie würde sich mit Harbaur noch einmal beraten, wie sie gerade gesagt hatte. Sie würden noch einmal Punkt für Punkt durchdenken, was für sie unentbehrlich war. Den Rest, in Gottes Namen, da war sie doch zu Zugeständnissen bereit – das ihr Zustehende und endlich freie Unabhängigkeit, darum ging es ihr.

Nach dieser Begegnung ging sie noch einmal alle ihre Forderungen durch und strich sie auf ein unumstößliches Minimum zusammen. Ihre Nachgiebigkeit als Schwäche ausnutzend, stürzte sich die Gegenpartei auf die neue Version ihrer Forderungen und versuchte, all die Punkte, die sie hatte fallen lassen, gegen sie zu verwenden. Als Lucia Margareta die Folgen ihres Einlenkens sah, zog sie andere Saiten auf: entweder wurde der Vertrag in der vorliegenden Form angenommen, oder sie machte die Eingabe beim Herzog. Nach vierzehntägigem Hin und Her erklärte sich die Gegenseite zur Annahme bereit. *Freilich ist es den Corporibus juris unerträglich, daß das Weib so gebieterisch Gesetze vorschreibt; damit dies doch nicht so deutlich zu sehen sey, und um auch etwas g e w o l l t zu haben, ändern sie hie und da die Schreibart und lindern die Ausdrücke, welche Freude wir ihnen wohl lassen können, da Madame Herbart manchmal mit einer zimlich scharfen Feder schreibt.* So berichtete Harbaur nach Jena. Inzwischen war es Oktober geworden, sein Aufenthalt hatte sich ins Ungeplante verlängert. Nun aber war endlich eine vertragliche Regelung in Sicht und für ihn die Gewißheit, bald mit dem guten Gefühl eines erledigten Problems abreisen zu können. Denn hier war er nicht mehr Arzt, sondern dilettierender Rechtsberater, und diese Karriere wollte er nicht länger als unbedingt nötig verfolgen.

Es kam anders. Kammerrat Zedelius schickte einen Vertragsentwurf zu, in dem Lucia Margareta ihre Ansprüche und Forderungen nicht klar genug niedergelegt fand. So wollte und konnte sie nicht unterschreiben. Der Termin wurde vertagt. Harbaur hatte sein Reisebündel schon geschnürt. Den 16. oder 17. wenigstens würde doch nun alles unter Dach und Fach sein! Natürlich konnte Kammerrat Zedelius die Unruhe und das Gedrängtsein Harbaurs nicht verborgen bleiben. Er wird es seinem Mandanten und Kollegen sogleich berichtet haben. Drei Monate hatte der junge Mann bereits in Oldenburg zugebracht, es lag in der Luft, daß das Ende seines Hierseins abzusehen war. Würde die Frau ohne ihren jungen Freund die Energie und den Mut aufbringen, ihre Sache allein weiterzubetreiben? Man könnte auf Zeit arbeiten. Als Harbaur seinen Abreisetag definitiv festgelegt hatte und es von diesem Entschluß offensichtlich kein Zurück mehr gab, schlug das Wetter auf der Gegenseite um. Aus und vorbei war es mit einem Vergleich unter Partnern, mit allen papiernen Entwürfen der Einvernehmlichkeit. So weit der Streit nun schon gediehen und öffentlich geworden war, sollte er doch gerichtlich ausgetragen werden. Ohne den Mann an ihrer Seite würde der Justizrätin schon der Atem ausgehen! Das Oldenburger Stadttor im Rücken, wußte Harbaur, daß im Innern der Stadt der Kampf erst richtig begann. Nun also doch gerichtlich. Die ursprüngliche Absicht vom Sommer wurde Wirklichkeit. Dann aber würde der Justizrat seinen Dienst quittieren, eventuell wieder und diesmal offiziell Oldenburg verlassen müssen. Harbaur hatte es anders gewünscht.

Schon in Gedanken nach Jena vorauseilend, wo ihn herzlich Schillers Umzug nach Weimar beschäftigte und traurig stimmte, ließ ihn die Herbartsche Sache noch nicht los. In Göttingen machte er bei Gries Station, dem es ein Bedürfnis war, seinerseits etwas für die mütterliche Freundin aus der Ferne beisteuern zu können. War er nicht befreundet mit Christian Ludwig Runde, der im Begriff stand, nach Oldenburg zu gehen? Der wollte seine ungesicherte Existenz als Privatgelehrter hier in Göttingen gegen eine feste Anstellung in oldenburgischen Diensten vertauschen, zwar war es zunächst nur die Stelle als Landesarchivar, die man dem jungen Juristen angeboten hatte, aber mit der respektablen Aussicht auf eine spätere Übernahme in den Justizdienst. Dr. Runde hatte nicht gezögert, seiner Vaterstadt daraufhin den Rücken zu kehren. Es schien unwahrscheinlich, daß er seinem Vater, Professor Runde, in der Georgia Augusta jemals angemessen nachfolgen könnte. – Gries wollte vermitteln. Runde schien ihm der richtige Mann, Joseph Harbaur in Sachen Herbart gegen Herbart nachzufolgen. Jetzt, wo es wohl doch zu einer gerichtlichen Auseinandersetzung kam, brauchte die Frau einen Juristen mehr denn je. Runde würde weit hilfreicher sein können als der Mediziner. Es war wie ein Staffellauf der jungen Männer: der erste Kämpfer übergab im Auslaufen den Stab an den nächsten, und ihr gemeinsames Ziel sollte sein, einer Frau zu ihrem Recht zu verhelfen. Gries stand alles klar vor Augen. Tatsächlich war Dr. Runde in Göttingen wohl zur Kooperation bereit, nachdem er den Bericht Harbaurs gehört und in die Details des Falles, so weit notwendig, eingeweiht worden war. Er versprach, sich zu engagieren. Als unabhängiger Jurist leuchtete ihm der Rechtsanspruch der Klägerin unmittelbar ein. Hier in Göttingen hatte er schließlich unter anderem über ‚Römisches Recht' gelesen, sich auch mit dem ‚Allgemeinen Preußischen Landrecht' auseinandergesetzt, das in Sachen Eherecht erstaunliche neue Maßstäbe setzte. Natürlich, warum sollte er nicht offiziell ihr advocatus iuris sein? Mit dem Bewußtsein, die Freundin nun nicht sich selbst allein überlassen zu wissen, nahm Harbaur beruhigter von Göttingen Abschied.

Am 2. Dezember traf der junge Dr. Runde in Oldenburg ein. Gries hatte Lucia Margareta sein Kommen angekündigt und ihr die ihm zugedachte Rolle erläutert. Sollte sie einen zuverlässigen Rechtsbeistand benötigen, sie könne sich uneingeschränkt ihm anvertrauen. Meine Quellen schweigen darüber, ob die beiden zueinander fanden. Ich vollziehe nach, wie sich der gesellschaftliche Einstieg des jungen, durchaus karrierebewußten Göttingers in Oldenburg anließ. Karrierebewußt nicht zuletzt deshalb, weil er sich sehnlich wünschte, seine heimliche Verlobte bald heiraten zu können, und dafür verlangte ihre Familie ein ansehnliches Gehalt auf seiner Seite zu sehen. Leicht kurzsichtig war Runde, unbekannt mit allen Gegebenheiten vor Ort; weil der Sohn des Generalsuperintendenten Mutzenbecher sein Kommilitone in Göttingen gewesen war, öffnete sich ihm dieses Haus sofort, man hieß ihn dort für seine ersten Oldenburger Tage als Gast herzlich willkommen. Wer von der Georgia Augusta kam, wessen Vater dort obendrein Jurisprudenz lehrte, dem verschloß sich kein bildungsbeflissenes Haus. Am Tag nach seinem Eintreffen machte er bereits dem Herzog seine

Aufwartung, staunte über die interessierte, unprätentiöse Art des Landesadministrators. Später Neujahrscour bei Hof, Defilee, stehend Konversation mit den Honoratioren von Staat und Kirche. Zur herzoglichen Tafel allerdings war der frischberufene Landesarchivar, bei aller Generosität in Oldenburg, natürlich noch nicht zugelassen, ein Neuling am unteren Ende der gesellschaftlichen Leiter. Die Tafel war auch hier für die Hoffähigen gedeckt. Nahm Justizrat Herbart am Neujahrsempfang teil? Oder hatte er sich entschuldigen lassen, war indisponiert, verhindert? Auf jeden Fall werden Runde und er einander vorgestellt worden sein, dienstlich sozusagen. Am 12. Januar 1800 fand die Vereidigung des Landesarchivars vor der Regierung statt. Die privaten Türen der oberen Gesellschaftsschicht öffneten sich Runde schnell, er behauptete in späteren Jahren, die verschiedenen Oldenburger Familienzirkel seien Fremden gegenüber wohltuend offen gewesen. Viele Häuser luden den jungen Mann ein: von Halems, Schloifers, Burmesters, Cordes, Römers – eines fehlte, weil es kein Haus mehr war: das Herbartsche. Der Justizrat lebte allein, irgendwo in der Stadt, Lucia Margareta mit Antoinette in der jetzt ihr verbliebenen Wohnung. Sie hatte sich aus der Gesellschaft in diesen Wochen nach Harbaurs Abreise zurückgezogen, ausdrücklich um Dispens gebeten, nicht einmal am Stiftungsfest ‚ihrer' Literarischen Damen-Gesellschaft im Hause Erdmann am 14. Dezember hatte sie teilgenommen. Natürlich hatte man ihrem Wunsch großzügig entsprochen, mit dem nötigen Ausdruck des Bedauerns, aber des versicherten Verständnisses. Ich denke, daß in solch offiziellem Kreis auch kein Tuscheln, kein Zischeln hinter ihr herwisperte, man wahrte aus Überzeugung und erlernter Contenance den Anstand. Die unausbleiblichen Gerüchte wurden über andere, verdecktere Kanäle verbreitet und gepflegt.

In diesem ausgewogenen, aber labilen Konstrukt gesellschaftlicher Balance suche ich die Person Rundes in diesen Wochen der Jahreswende 1799/1800. Sah er es vor Ort, in der Stadt seines neuen dauerhaften Wirkungskreises, immer noch als selbstverständlich an, der Justizrätin Herbart mit juristischem Fachwissen zur Seite zu stehen in ihrem heiklen Unterfangen? Wie beurteilten seine Vorgesetzten ein solches Engagement? War es nicht doch eher karrierehinderlich? Von seinem Verlöbnis mit der ältesten Tochter von Professor

Loder aus Jena durfte noch nichts publik werden, die Brautleute kannten sich seit Kindestagen aus Göttingen, wo Johanna oft bei den Eltern ihrer früh verstorbenen Mutter lebte, erst später wieder beim Vater in Jena. Wie schön wäre es vielleicht für Lucia Margareta gewesen, brieflich mit Johanna Loder in Kontakt zu treten und eine Brücke zu spannen zwischen der Jenaer Welt und Oldenburg. Runde selbst versuchte, der skeptischen Braut das Oldenburgische in vielen Briefen geduldig schmackhaft zu machen; von der Jenaer und Weimarer Geselligkeit verwöhnt, gruselte ihr vor dem fernen, tristen Nordwesten. Wie gut hätte die Justizrätin solche Sorgen der jungen Frau nachvollziehen können. Ein Mädchen, die seit Kindesbeinen Geheimrat Goethe oder Hofrat Schiller im Haus des Vaters zu sehen gewohnt war, mit den Wielandschen Kindern in des Dichters Studierstube balgte, die sich von Göttinger Studenten witzig umschwärmen lassen konnte, auf großen und kleinen Festen als Schönheit brillieren durfte, ihr sollte nicht vor diesem unbekannten Land nahe der Nordsee bange sein? – Die unglaublich rasche Beförderung zum Regierungsassessor schon im Dezember 1800 brachte Runde in die glückliche Lage, nun ein gesichertes Gehalt von 800 Reichstalern in die Waagschale werfen zu können, der Heirat mit Johanna Loder stand nichts mehr im Weg. Im August 1801 fand die Eheschließung statt, und im Oktober kam die junge Frau in ihre neue Heimat Oldenburg. Die Reise machte ihr wenig Mut, die Gasthäuser wurden immer schlechter, der Sandweg zwischen Bremen und Oldenburg schien ans Ende der zivilisierten Welt zu führen. Bremen wenigstens: dort konnte man einkaufen, die Oper besuchen. Aber Johanna Runge war eine Frau, die ihre Situation annahm.

Ich leiste mir einen Blick in die Zukunft, in die Zeit jenseits von Lucia Margaretas Tagen, um Johanna Runge einschätzen zu können. Dann würde sie für die Literarische Damen-Gesellschaft nach einem zweijährigen Dornröschenschlaf neue Zeiten einläuten, in ihrem Haus würden endlich die Frauen selbst zu Wort kommen und Johanna würde das Protokoll der ersten Sitzung schreiben! Die Jenenserin brachte andere Maßstäbe mit, Lucia Margareta hätte mit Sicherheit ihre Freude gehabt. Und auf dem Höhepunkt seiner späteren beruflichen Karriere würde Dr. Runde dann ein Werk über das

Deutsche eheliche Güterrecht der Öffentlichkeit vorlegen: war dies nur die fachwissenschaftliche Summe einer langen Juristenlaufbahn – oder doch Reflex auf einen Rechtsbereich, den er gleich in seinen ersten Oldenburger Wochen durch eigene Beteiligung intensiv kennengelernt hatte?

Das Fehlen aller Akten des Falles Herbart gegen Herbart läßt ein Vakuum entstehen, das nur private Überlieferungen mehr oder weniger dürftig füllen. Ich verliere Lucia Margareta in dieser Zeit aus den Augen, genau in jenem Jahr, in dem sie kämpfte wie vielleicht noch nie in ihrem Leben vorher. Jetzt, wo sie dem Recht des Stärkeren nicht mehr auswich und sich nicht mehr zu arrangieren suchte, sondern laut und nachdrücklich auf ihren Anteil am Recht pochte. Ich sehe sie zunehmend isoliert in ihrer Heimatstadt, ihre Situation wird langsam sprichwörtlich – paß auf, daß es dir nicht wie der Herbart geht! ermahnen Ehemänner ihre Frauen zur gesellschaftlichen Angepaßtheit. Selbst ihr zugetane, im Grunde des Herzens mitfühlende Ehrenmänner haben einen solchen Satz auf den Lippen, zu unheimlich ist die Situation dieser Frau geworden. In dieses Vakuum versuche ich den Sohn hereinzuziehen, seine Person soll mir die leere Bühne füllen. Er kam aus der fernen Schweiz in das heimische Oldenburger Geschehen.

Der Hamlet-Sohn
Eine Scheidungskommission und ihr Vorsitzender

Wie fühlt ein fast volljähriger Sohn, dessen Mutter gesellschaftlich auffällig wird, aus der Reihe tanzt? Es kann ihm nicht gut dabei gehen. Auch vor 200 Jahren nicht. Die jüngere Generation, zu Recht mit sich und ihrer Zukunft beschäftigt, kann nicht gutheißen, wenn die Elterngeneration plötzlich die Gegenwart konkurrenzlos besetzt und den Platz für sich reklamiert. Mit schrillen Farben und lauten Tönen. Johann Friedrich war in der Schweiz weit fort vom Oldenburger Geschehen. Was Professor Kant dem jungen Herder in Königsberg ins Stammbuch und Gewissen geschrieben hatte, es war das Gleiche, womit Lucia Margareta den Sohn in die Ferne geschickt hatte: lerne leben! Bewege dich! Ergehe dich nicht nur in kontemplativer Grübelei. Tatsächlich hatte ihr philosophisch versponnener Sohn gerade angefangen, einen Hauch davon umzusetzen, ging auf in seinem Umgang mit den Steigerschen Söhnen, seinen Schutzbefohlenen und Schülern, er schwärmte, verliebte sich sogar. Das Herz der mit ihm so unzufriedenen Mutter hätte höher schlagen müssen. *Ich habe den letzten Frühling wie noch keinen, in allen Adern, Gliedern, Sinnen gespürt. Ein wunderbares Wohlseyn brach durch alle Wolken meiner äussern Lage.* Aber die Korrespondenz mit den Eltern kann seit jenem ausführlichen Brief des Sohnes vom Sommer 1798, in dem er sie um Stellungnahme zu seinen beruflichen Plänen gebeten hatte, nicht sehr intensiv gewesen sein. So ließ er sie auch nicht an seinem neuen L e b e n teilhaben. Für ihn selbst war inzwischen entschieden, daß er eine philosophische Professur anstreben wollte, eine juristische Laufbahn war ihm undenkbarer denn je geworden. Er hatte sein eigentliches Metier gefunden, und davon konnte ihn nichts mehr abbringen. Auch vonseiten der Eltern sah er einer dauerhaften Zustimmung letztendlich gelassen entgegen.

In dieser Situation und Stimmung hatte ihn durch Freunde die Nachricht von den Vorgängen in Oldenburg erreicht, im Juni 1799. Es muß ihn wie ein Schlag getroffen haben, denn sofort stellte sich für ihn als einziger Sohn die Frage, ob er sich engagieren mußte. Er schrieb seiner Mutter, stellte ihr sein Kommen anheim, doch es kam keine Antwort. Im September suchte er dann über Freund Böhlendorff in Bremen Genaueres zu erfahren und setzte auf dessen Kundschaftertätigkeit bei der Mutter. Nach der einmal schon belastenden Irritation zwischen ihr und ihm fürchtete Johann Friedrich eine Wiederholung solcher Zerwürfnisse. In den folgenden Monaten reifte dann in ihm der Plan, die geliebte Erziehertätigkeit in der Schweiz abzubrechen und in die Heimatstadt zurückzukehren *zu seinen Eltern, von ihnen gedrungen, obgleich nicht gerufen*, wie er Freund Smidt in Bremen gegenüber äußerte. Er konnte nicht voraussehen, was ihn in Oldenburg erwartete, er folgte einer Art Pflichtbewußtsein gegenüber den Eltern, und mußte gleichzeitig fürchten, daß womöglich jetzt doch wieder die alten Berufspläne für ihn auf den Tisch kommen würden. Es war ein schwerer Schritt, die Reise anzutreten. – Anfang Januar 1800 machte er sich auf den Weg, fuhr Tag und Nacht, brachte in elf Tagen hundert Reisestunden hinter sich. Linksrheinisch ging es über Colmar, Straßburg, Hagenau, Weissenburg, Landau. Dann mußte der Rhein überquert werden, was schier unmöglich schien: für die Schiffahrt hatte der Fluß zu viel Eis, zum Hinüberlaufen wiederum war es zu wenig tragfähig in diesem Winter. Die Umstände waren glücklich, irgendwie kam er hinüber, schneller als erwartet, und weiter ging die Fahrt Richtung Worms, Oppenheim. Passagiererlaubnis war nötig, man wechselte von französischem Besatzungsgebiet in deutsches Land. Und dann Mainz: *Mayence en état de siège*! Seit zwei Jahren war die Stadt am rechten Rheinufer nun wieder in französischer Hand, noch wußte niemand, wie ihr Schicksal sich gestalten würde. Im Februar war er bis Jena gekommen, Wiedersehen mit der Stadt seines Studienbeginns, Abstecher nach Weimar. Anfang März schließlich Göttingen, wo er sich von Freund Gries noch einmal alles über die Mutter und ihre Verhältnisse aus erster Hand anhören konnte. Auch von dessen Begegnung mit Joseph Harbaur und seiner Mithilfe vor Ort wird er gehört haben und von Dr. Runde, der vor knapp drei Monaten aufgebrochen war mit der Zusicherung, juristische Hilfe leisten zu wollen. Ob es Johann Friedrich erleichterte, schon andere vor ihm als Helfer der Mutter vorgeführt zu bekommen? Oder ob es ihn doch schmerzte, nicht als der ersehnte einzige Retter in der Heimat anzukommen? Ich kann bei der Lektüre der Quellen den Eindruck nicht loswerden, daß Johann Friedrich etwas Hamlet-Artiges an sich hatte: er glaubte sich als Sohn zum Handeln gezwungen, ohne sich innerlich berufen zu fühlen. Die wirkliche Energie dazu spürte er nicht. Mochte es nur so schnell wie möglich vorbei sein. Und das größte Opfer, den Abbruch des schönen Verhältnisses in der Schweiz, hatte er schließlich schon gebracht. Während er sich immer mehr auf Oldenburg zubewegte, gingen seine Gedanken noch intensiv rückwärts, er hatte sich vorgenommen, selbst für einen Nachfolger an seiner Stelle bei den Steigerschen Söhnen zu sorgen. Mehrere junge Männer kamen in Betracht.

Vermutlich fuhr er nicht direkt nach Oldenburg durch, sondern machte in Bremen Station bei Johann Smidt, ihn hatte er schon von der Schweiz aus als Nothelfer angesprochen und bereit zur Unterstützung gefunden. Vor allem fürchtete Johann Friedrich um seine finanzielle Sicherung, unter Umständen war er demnächst zum Unterhalt der Mutter verpflichtet. Bis jetzt war er immer noch der Nehmende gewesen. Woher sollte er in seiner ungefestigten beruflichen Situation das Geld dazu nehmen? So war es ihm eine Beruhigung, mit dem Hinweis auf das künftige Erbe, das er zur Sicherheit bot, einen Freund um finanzielle Unterstützung zu bitten, und Smidt ging offensichtlich arglos auf das Geschäft ein. Er war voller Vertrauen. Umso weniger war Johann Friedrich wohl über die finanzielle Lage seiner Mutter im Bild, daß er sie schon als unterstützungsbedürftige alte Frau sah. Man hatte ihn aber auch im Unklaren gelassen, wer all die Jahre im wesentlichen für ihn aufgekommen war. Und ihren Kampfgeist unterschätzte er sowieso. – Freund Smidt, ihm in Jena als Kommilitone ans Herz gewachsen, war inzwischen verheiratet; das Wiederaufleben ihrer Männer-Beziehung schloß jetzt auch die junge Frau mit ein, Wilhelmine Rohde; Johann Friedrich nistete sich ein, man kam rasch zueinander, arrangierte sich, den unterschiedlichen Temperamenten und Bedürfnissen entsprechend, jeder arbeitete den Tag über für sich, zu den Mahlzeiten und abends kam man gesellig zusammen. Einen Blick hinter die historischen Kulissen, die doch immer alles so kupferstichartig glatt darstellen, gewährt mir ein zufälliger Fund im Archiv. Da werden die drei Gestalten plötzlich handgreiflich lebendig, ich kann ihr Miteinander für einen Moment fassen als Dreierkonstellation, die ihre Reizbarkeiten und Tücken hatte, wenn die junge Frau sich plötzlich mit einem Dauer-Wohngefährten konfrontiert sah, aus Studentenzeiten ihres Mannes, ein Relikt seiner philosophisch-spekulativen Jugendzeit. Da wollte *Minchen* schriftlich einfach etwas

Lebenspraktisches regeln mit Schwägerin *Trinchen*, aber irgendwie war immer dieser Freund, dieser Herbart anwesend, er störte sie im Raum. Und als sie es äußerte, griff Ehemann Smidt energisch zum Stückchen Papier, nahm die Sache männlich-scherzhaft in die Hand: *meine Frau ist dumm, sehr dumm, sehr dumm – kann und mag den Brief nicht zu Ende schreiben, weil Herbart in der Stube ist* – aber ehe er noch weiterkam, riß sie ihm die Feder wieder aus der Hand und strich zornig den letzten Teil des Satzes durch. – Eine Alltagsszene zwischen Spiel und Ernst. Das wollte sie nun auch nicht auf sich sitzen lassen, auch nicht im Scherz, daß sie den Freund des Mannes nicht tolerierte! Aber Smidt schrieb unbarmherzig weiter, ließ sich nicht einmal in der Syntax stören [...] *und ist boshaft dazu. Hat die vorigen Zeilen durchgestrichen.* Junges Eheglück zu dritt. Dabei würden Minchen und ihre Schwägerinnen dem selbsternannten Pädagogen Herbart später gelehrige Zuhörerinnen und Schülerinnen abgeben, angewandter Pestalozzi, ein Mütter-Privatissimum, ein bißchen Mathematik als Einstimmung ins geistige Arbeiten für die Damen ... Johann Friedrich war in seinem Element. Gut vorstellbar, daß seine vergeistigte Anwesenheit bei den kleinen Verrichtungen und Aufgaben des Alltags manchmal störend wirken konnte.

Seine Wiederbegegnung mit den Eltern in Oldenburg läßt sich nicht mehr fassen. Dieser Sommer 1800 in der Heimat überstieg wohl das, was er an Unannehmlichkeiten erwartet haben mochte. Durch die Informationen der Freunde schon vorab auf die Seite der Mutter gezogen, geriet sein Auftritt in Oldenburg nun auch zu einer öffentlichen Parteinahme gegen den Vater; die Gesellschaft lohnte ihm seine Eindeutigkeit mit Nachrede und Hetzereien. Ein Sohn, der sich gegen den Vater stellt! Der Justizrat war alles andere als erfreut, seinen Sohn in Oldenburg zu sehen und in den elterlichen Streit involviert. Dessen ungestörtes berufliches Vorankommen schien ihm viel wichtiger als die Sorge um elterlichen Zwist. Im Punkt der Berufswahl hatte sich die generöse Haltung des Vaters nicht geändert; als der Sohn ihn vorsichtig um seine Pläne und Wünsche befragte, verwies der Justizrat ihn erneut auf seine Neigung, er wollte ihn zu keiner Laufbahn zwingen. Auch wenn er einmal die Jurisprudenz für ihn ins Auge gefaßt hatte, weil sie ihm selbst Lebensinhalt und Broterwerb geworden war, so war doch nun klar ans Tageslicht gekommen, daß die Fähigkeiten und Neigungen des Sohnes auf anderem Gebiet lagen. Bedauerlich nur, daß er seinen Werdegang nun so unglücklich und eigenmächtig unterbrochen hatte. Söhnlicher Respekt mochte es ja nun weniger sein, eher eine Kavaliersgeste gegen die Mutter, und die habe sich schon genug mit jungen Galanen umgeben, als daß der Sohn da noch von Nöten gewesen wäre. – Ich stehe verwundert vor dieser Diskrepanz in der Haltung des Justizrats. Offensichtlich treffe ich auf jene Seite seines Wesens und Verhaltens, das ihm nicht zuletzt den guten Leumund in der Gesellschaft eingetragen hatte. Für das eigene Geschlecht, den Sohn, empfand er eine Toleranz und ein Verständnis, wie er sie für eine Frau, seine Frau, nie aufbringen konnte. Wenn sie Neigungen und Ambitionen für sich hatte leben wollen, war sie auf absolutes Unverständnis, schließlich auf Unterdrückung und Ausspielen der männlichen Macht gestoßen. Ihre Rolle war durch die Heirat klar bestimmt, Hauswirtschaft und eheliche Pflichten waren ihr Teil. Ein Sohn aber sollte sich entwickeln, natürlich, seine Fähigkeiten entfalten.

Und die Mutter? Sie sollte dem Sohn im Laufe dieses Sommers in gewisser Weise ganz abschwören. Ihre mütterlichen Pläne, Hoffnungen hatten sich nicht erfüllt, Johann Friedrich hatte ihre in ihn gesetzten Erwartungen enttäuscht. Nein, der Sohn, der da ungerufen aus der Schweiz kam, war in ihren Augen ebenso spröde, lebensfern und philosophisch versponnen, wie sie ihn verlassen hatte. Er wand und spreizte sich, wie sie fand, war lebensunpraktisch und *hölzern*, sein *verdreht*, *verkünsteltes* Verhalten nützte überhaupt nichts in diesem Verfahren, daß alle praktische Lebensklugheit forderte, ergänzt um einen Schuß vorbildloser Kühnheit und Durchsetzungskraft. Er war derselbe geblieben, der sich schaudernd vor den lautstarken Studentenliedern in Jena die Ohren zugehalten hatte. Den feinsinnigen Pianisten schätzte Lucia Margareta zwar in ihm, aber daß diese Versponnenheit sich auch auf alles andere auswirken mußte ... Selbst für sie muß die ursprüngliche Idee, ihn durch eine Beamtenkarriere an die Heimatstadt zu binden, jetzt weniger denn je attraktiv gewesen sein. Obwohl sie noch immer nicht die Finger aus dem Spiel lassen konnte, Johann Friedrich zu stoßen und zu schieben, gemäß ihren Plänen. War er nicht ihr Produkt, hatte sie nicht ihr

Herzblut in seine Entwicklung gegeben, ihn innerlich zu ihrem Gefährten gemacht, der den ungeliebten Ehemann allmählich vertreten konnte? Wie glücklich waren doch die gemeinsamen Monate in Jena gewesen, da hatten sie schon einmal genau dieses Verhältnis gelebt, was ihr all die Jahre vorgeschwebt hatte. Und hatten die anderen sie nicht beneidet, wohlwollend-schmunzelnd das neue Paar in ihnen gesehen? Sie hatte ein Recht gefühlt, *den Freund wieder zu finden, den sie sich selbst erzogen hatte.* Als Mutter hatte sie ihm alles gegeben, was sie hatte, ihre geistigen und körperlichen Kräfte, ihr Vermögen. Sie hatte ihm Opfer gebracht, von denen er bis jetzt nicht gewußt hatte, daß es Opfer waren. Nicht einmal in Jena, als sie ihn ermutigte zur Schweizreise, hatte er geahnt, was es für sie bedeutete, wieder nach Oldenburg zurückzugehen. Von den finanziellen Mißhelligkeiten all die Jahre ganz zu schweigen. Das war das letzte, was er hatte wissen sollen, wie es da zwischen den Eltern stand.

In diesen Wochen und Monaten des Sommers 1800 ließ sie endgültig alle ihre Pläne und Hoffnungen in dieser Richtung fahren. Eine Zeit lang versuchte Freund Smidt noch, vermittelnd einzugreifen. Seine offene, natürliche Art lag Lucia Margareta viel näher, er besuchte sie in Oldenburg, und beider Miteinander war offensichtlich durchaus wohlwollend und verständnisvoll. Wenn auch der junge Bremer genauso wenig wie irgend ein anderer in der Lage war, alle Tiefen und Winkel von Lucia Margaretas Situation und damit ihres jetzigen Vorgehens auszuloten und zu verstehen. Diese Frau war schon befremdend in ihrer Art, mehr denn je. – Das Verhängnis des unvermeidbaren Zerwürfnisses nahm seinen Lauf. Johann Friedrich konnte der Mutter nicht von Nutzen sein. Da zwangsweise parteiisch und nicht unbefangen, kam er als Rechts-Beistand nicht in Frage. Vielmehr war er indirekter Zankapfel zwischen den Eltern geworden, denn die Mutter hatte ihm noch einmal die Rolle des versorgungsbedürftigen Kindes zugedacht, und als solches sollte er lieber keine eigene Stimme in dem Streit erheben. Sein Auftauchen, das ihm plötzlich Stimmgewalt gab und ihn agieren ließ, wie es nicht in ihre Pläne paßte, beschleunigte und besiegelte schließlich das Zerwürfnis. Lucia Margareta hatte es sich in den Kopf gesetzt, 300 Reichstaler Unterhaltsgeld für den Sohn beim Vater durchzusetzen, und zwar an sie auszuzahlen. Dies war eine ihrer Forderungen, von denen sie nicht abweichen wollte. Johann Friedrich hatte nur den sehnlichen Wunsch, die gesundheitlich angeschlagene Mutter möge die Trennung vom ungeliebten Vater erlangen und das alles mit einer so unspektakulären und leisen Lösung wie möglich. Endlich Schluß mit der furchtbaren Geschichte.

Er floh nach Bremen zurück, die Sache begann, ihn körperlich anzugreifen und mürbe zu machen. Was hatte seine Mutter da begonnen, auf was hatte er sich durch sein Kommen eingelassen! Er vertraute zunehmend vorbehaltlos seinen Bremer Freunden, Smidt, Böhlendorff, die Waagschalen ihrer Verbundenheit mit der mütterlichen Freundin in Oldenburg und mit dem gleichaltrigen Freund schwankten hin und her, sie standen Lucia Margareta nahe, aber jetzt rückte ihnen das Ergehen des leidenden Sohnes näher als das der kampfwilligen Frau. Wie konnten die jungen Männer sich auch in ihre Situation hineinversetzen. *Ich fordre nichts von diesem Sohne, als daß er mir nicht unbefugter Weise im Wege sey, u. an dem was er mir noch zu sagen hätte, nicht so lange künstelt, bis er sich selbst belogen hat. Seine im Schlaf geschriebenen Briefe sind mir allemal die liebsten gewesen.* Wenn Smidt solche Formulierungen aus ihrer Feder in Händen hielt, seitenlange Ausführungen, die mit *eilig, Ihre Herbart* schlossen, dann spüre ich, daß Johann Friedrich in seiner Art wenig Spielraum blieb. Verkrampft-bemüht, sich nützlich zu machen, hatte er der Mutter bei ihren Begegnungen wohl kleinherzig das Für und Wider ihres Schrittes, auch rechnerisch, vorgehalten, hatte ihren großen, demonstrativen Wurf, zu dem sie sich endlich entschlossen hatte, durch haushälterisch-inquisitorische Einwürfe zu unterbrechen gesucht. Sie fühlte sich gemaßregelt, zurechtgewiesen, auch von Mißtrauen umgeben; der Grünschnabel, für dessen Unterhaltsgeld sie doch stritt, hatte sich zu *ihrem Richter* aufgeworfen. Sie schüttelte sein hilfloses Agieren gereizt, resigniert ab.

Ob es nun auf Smidts Rat hin geschah oder dieser es später als seinen Rat ausgab, kann ich nicht mehr rekonstruieren: Johann Friedrich schrieb in diesen Wochen eine generelle Verzichtserklärung auf alle Unterhaltsleistungen vonseiten der Eltern und äußerte die Hoffnung, damit einen Hauptstein des Anstoßes aus dem leidigen Verfahren entfernt zu haben. Er wird diese Erklärung der Partei des Vaters haben zukommen lassen. Lucia Margareta schäumte. Das war es, was durch Johann Friedrichs Anwesenheit, die nicht einmal eine richtige Anwesenheit war, dort in Bremen, hinter der Schildwache seiner Freunde, herumkam? Der Sohn fiel ihr in ihrem Rechts- und Unterhaltsstreit mit dem Vater auch noch in den Rücken und stellte ihre Forderungen als unbegründet bloß! Natürlich war es ein erbittertes, zähes Ringen um jeden Millimeter, die Gegenpartei ließ kein Argument unversucht, Lucia Margaretas Ansprüche auseinanderzupflücken und als rechtswidrig darzustellen. Auch kleinkrämerisch wurde das Unterfangen, die Mutter mußte, gedrungen durch die Gegenpartei, den Sohn bitten, eine detailgenaue Aufstellung der erhaltenen Gelder und Ausgaben seit 1796 zu liefern. – Man wollte doch sehen, ob die Klägerin nicht auch durch Unterschlagungen sich selbst ins Unrecht gesetzt hatte? Sollte ihre Weste wirklich so lupenrein sein? Was war mit den 375 Reichstalern, die sie im Auftrag des Vaters an Johann Friedrich in die Schweiz hatte schicken sollen, und 125 aus dem eigenen Vermögen dazu: waren diese 500 Reichstaler wirklich komplett beim Sohn angekommen? Man hegte doch berechtigte Bedenken. – Johann Friedrich war verzweifelt über diese Entwicklung des Streits. Er sah sich außerstande, noch im einzelnen über seine Einnahmen und Ausgaben Rechenschaft abzulegen, hatte er darüber doch nicht Buch geführt und fürchtete nun, durch den kleinsten Fehler, der ihm aus dem Gedächtnis unterlaufen würde, könnte die Gegenpartei seiner Mutter nur Profit schlagen. Er schickte eine *Generalquittung* über das korrekt empfangene Geld. Mehr sah er sich nicht imstande zu leisten, mehr genehmigten ihm die ratenden Freunde nicht an Zugeständnis. Im Lauf dieses unglücklichen Jahres verkehrten Eltern und Sohn nur noch schriftlich miteinander, am Ende versiegte sogar dieser indirekte Kontakt: *Unser Briefwechsel ist abgebrochen, kein Wort ist mehr sicher, unversehrt zum Herzen zu finden.* Gesellschaftliche Verpflichtungen in Bremen, er mußte weg – die letzte Begegnung zwischen Mutter und Sohn endete mit Johann Friedrichs Flucht aus der Heimatstadt. Zurück blieb eine gekränkte Frau, die jetzt allen jungen Männern in Bremen mißtraute und sich von allen verraten fühlte. Vorbei der Zustand des großartigen Einvernehmens, das sie mit den Jüngeren verbunden hatte, vorbei das herzliche Verhältnis von Offenheit und Vertrauen, das sie in eine so einmalige Freundschaft gebracht hatte; früher hatte die Ältere und Frau sich von den ‚Söhnen' verjüngt und angenommen gefühlt, die jungen Männer hatten ihre Einzigartigkeit und Resolutheit geschätzt und gesucht. Jetzt hatte sich ein unüberbrückbarer Graben zwischen den Ansprüchen der kompromißlosen Frau und dem Bemühen der Freunde um Schadensbegrenzung und Schutz des Sohnes aufgetan. Lucia Margaretas gesellschaftliche Außergewöhnlichkeit war nun weniger interessant und aufregend als unbequem und zutiefst bedrohlich für alle, die mit in den Sog gezogen wurden.

War es in diesen Wochen wachsender Mißverständnisse, daß Lucia Margareta jene Klausel in ihr Testament setzte, die dem Sohn schwere Beschränkungen auferlegte, was die Verfügung über sein künftiges Erbe anging? Die Hoffnung, ihr Testament wiederzufinden, erfüllt sich mir nicht. Die Überlieferung an Amtsbüchern, in denen der Wortlaut ihrer letzten Bestimmung protokolliert sein könnte, ist mager und auch eine wenig aussichtsreiche Quelle. Auf jeden Fall setzte sie fest, daß Johann Friedrich erst nach dem vierzigsten Lebensjahr über das mütterliche Erbe verfügen können sollte – die Falle einer Mutter, die ihrem weltfremden philosophierenden Sohn wenig oder gar keine beruflichen Perspektiven zutraute. Auf keinen Fall sollte er sich auf dem Polster ihres Geldes frühzeitig ausruhen und sich einem Rentiersdasein als Schöngeist hingeben. Eine solide berufliche Laufbahn sollte er einschlagen und sich ehrlich und aus eigener Kraft eine Existenz aufbauen. Philosophie aber, da war sie sich sicher, gab kein Brot! Hier fehlte der ehrgeizigen Mutter das aus ruhiger Übersicht resultierende Vertrauen, das der Justizrat seinem Sohn offensichtlich entgegenbrachte. Vielleicht war es dem Mann, der sich selbst in einer beruflichen Laufbahn ‚verwirklicht' hatte, um vieles leichter als der in die Selbstverleugnung und ehefraulichen Anpassung gezwungenen Frau, mit Langmut ein langsames Sich-Entwickeln der Begabung abzuwarten. Schnell, schnell hatte sie ihren Ersatz-Mann, ihren *Freund*, auf Erfolgskurs sehen wollen, nicht zuletzt aus Eigeninteresse. Etwas von der Hoffart eines Pygmalion steckte in ihrer Haltung, sich einen Menschen schaffen zu wollen ganz nach eigenen Vorstellungen und Idealen. Ich wage zu sagen, daß eine Frau wie Lucia Margareta sich nie zu solchen Ersatzhandlungen verstiegen hätte, wäre ihr eigenes Leben als

Frau selbstbestimmt verlaufen. Dann hätte sie einer solchen Krücke nicht bedurft.

Johann Friedrich versuchte, in Bremen im Haus Smidts und in der Aufgabe als Privatlehrer Abwechslung und Ruhe zu finden, arbeitete an langen Abhandlungen für seinen geliebten Schüler Carl Steiger in der fernen Schweiz und ließ sich durch seine Gastgeber in die Bremer Honoratiorenzirkel einführen. Aber eigentlich wollte er fort, Göttingen, die Universität. Auch vom Vater wurden jetzt zunehmend Bosheiten und beschämende Zumutungen herangetragen, die ihn völlig verstummen ließen. Wenn nur bald alles vorbei war.

Lucia Margareta als streitbare Klägerin, *Supplicantin*, wie ihre Zeit sagte. Antoinette finde ich in diesen Monaten der gerichtlichen Zuspitzung nicht mehr. Vielleicht ärgerte auch sie sich als uneingeschränkte Parteigängerin der Mutter über Johann Friedrichs Verhalten, seine Blauäugigkeit, was das Verhältnis der Eltern anging, jetzt hatte er sie erst recht bestätigt. Was wußte er schon! Ich denke, die beiden Frauen lebten zurückgezogen in ihrer Wohnung, Mittwochskonzert, Literarische Damen-Gesellschaft, solche Ereignisse fanden jetzt endgültig ohne sie statt. Gab es noch Kontakt zu einzelnen Familien in der Stadt, aus dem Kreis der bisherigen Kollegenschaft des Justizrats? Ich schaue dabei vor allem auf Gerhard Anton von Halem und seine Familie. Es gab so viele Verflechtungen, durch die die Herbarts und die von Halems miteinander verbunden waren. Und die Verbindungen waren so alt, so lang bewährt, daß ich mich frage, wie man aufseiten des Kanzleirats mit der neuen Parteibildung umging. Tochter Sophie hatte schon den jungen Johann Friedrich musikalisch begleitet, ihr Bräutigam Christian Langreuter war Lucia Margaretas einziger Vertrauter in der Oldenburger Gesellschaft geworden, als sie für sich keinen Ausweg mehr gesehen hatte. Der Kanzleirat selbst war dem Herbart-Sohn immer geistiger Mentor und väterlicher Freund gewesen, der sich auch nicht scheute, Erwartungen mit erhobenem Zeigefinger geltend zu machen. Er war in der beruflichen Wahl weit strenger und bestimmender als der leibliche Vater gewesen, hatte sogar dessen Autorität zu untermauern versucht. Gegenüber Lucia Margareta hatte er sich schließlich in der Literarischen Damen-Gesellschaft verpflichtet, war dort eine tragende Säule des Unternehmens geworden und hatte, nach seinen Maßstäben, vielleicht mehr als ihr letztlich recht war, die Fäden in die Hand genommen. Und jetzt wurde er Vorsitzender ausgerechnet jenes Ausschusses der Regierungskanzlei, der über den Fall Herbart gegen Herbart zu befinden hatte. Es gab keinen Befangenheitseinwand, zu vertraut war die damalige Zeit mit den in vielfältiger Personalunion verwalteten Posten und Aufgaben. Allerdings waren die obersten Behörden dieser Zeit durchgängig nach dem Kollegialprinzip verfaßt: man entschied immer gemeinschaftlich in der Gesamtbehörde, jeder kam mit seiner Stimme und Meinung zu Wort, kein Vorsitzender gab allein den letzten Ausschlag mit seinem Spruch. Dahinter steckte das verständliche Bedürfnis, sich angesichts der vielen ungeklärten Fragen von Zuständigkeit, Gebietsabgrenzung und Rechtsunsicherheiten immer gemeinschaftlich zu beraten und Gegensätze innerhalb der Behörde möglichst auszugleichen. Im übrigen lag ja die letzte Entscheidung bei Serenissimus, beim Herzog, wenn das Kollegium seinen Vorschlag eingereicht hatte.

Jetzt also eine Scheidungskommission, von Halem dabei in herausgehobener Funktion. Auf der Suche nach seiner Persönlichkeit, stoße ich in seiner (vom Bruder vollendeten) Selbstbiographie auf eine interessante Charakterisierung: *so konnte weder Freundschaft noch Verwandtschaft irgend einen Einfluß über den Geschäftsmann gewinnen. Nie bestand er eigensinnig auf seine* [sic] *Meynung, sondern er war stets bereit, die Gründe Andrer zu hören, und einer andern Ueberzeugung Raum zu geben.* Er war kein Mann von übertriebener Bedenklichkeit. Als Jurist hatte er einen geübten Blick für die wesentlichen Aspekte einer Sache und war zu einer fundierten, schnellen Entscheidung in der Lage. Als Ausschußvorsitzender wird er die Sachlage dieses Falles präzis und eindeutig dargestellt haben, und auch, wenn seine Stimme letztendlich nicht mehr zählte als die seiner mitvotierenden Kollegen, so wird seine Darstellung sie nicht wenig beeinflußt haben. Denn stellte er die Rechtsansprüche der Frau und die Rechtsverstöße des Mannes unparteiisch klar heraus, schlug er damit bereits Eckpfeiler für eine künftige Entscheidung des Gremiums ein und lenkte das Abstimmungsverhalten seiner Kollegen nicht unerheblich. – Die gerichtliche Auseinandersetzung bedingte, daß vonseiten der Klägerin nun alle Gründe für eine

Trennung und Auflösung der Ehe auf den Tisch mußten; ‚schmutzige Wäsche' war öffentlich zu waschen. Die Gesellschaft war schnell mit ihrem Urteil dabei. Lucia Margareta war die Betreiberin, die Unruhestifterin, sie wurde *Freunden und Fremden* ein *Ärgerniß*. Es war für die ganze wohlgeordnete Gesellschaft der Residenzstadt unbequem, als diese Frau den Teppich hochhob, unter den fünfundzwanzig Jahre alle Ängste, Gewaltsamkeiten, Betrügereien und Demütigungen gekehrt worden waren, und auf dem sie alle zusammen lächelnd miteinander verkehrt hatten. Dieser Fall zog in gewisser Weise ihnen allen den Boden unter den Füßen weg, machte ihre gesellschaftlichen Konstruktionen fragwürdig und mußte beunruhigend wirken. Der Klatsch hatte reichlich Nahrung in diesen Wochen und Monaten in Oldenburg.

Von Halem blieb objektiv. Nachdem sich herausstellte, daß sein Kollege in einer unseligen Mischung von eheherrlichem Machtmißbrauch, Unterschlagung, Mißwirtschaft und psychisch-körperlicher Gewalt seine Frau unterdrückt hatte, nahm er ruhig die gerichtliche Behandlung des Falles auf. Sein Vorsitz in der einberufenen Kommission war ein Glück für Lucia Margareta. Bei ihm fanden ihre Ansprüche und ihre Klage auf Recht ein unparteiisches Ohr, seine juristische und menschliche Kompetenz garantierten, daß man der wirklichen Sachlage entsprechend seinen Spruch fällte. Die wenigen Aussagen in meinen Quellen legen mir nahe, daß sich im Gefolge der Entscheidung später ein Verhältnis der gegenseitigen Achtung und Wertschätzung entwickelte, das aufseiten Lucia Margaretas mit unbegrenzter Dankbarkeit verbunden sein sollte für von Halems Engagement, bei ihm mit Respekt und Anerkennung gegenüber einer Frau, der er mehr zuzutrauen schien als den meisten ihres Geschlechts. Denn es war immerhin derselbe Mann, der das Scheitern von Klopstocks Literarischer Gesellschaft noch damit begründet hatte, daß Frauen an ihr teilnahmen und die männliche Produktivkraft im Schäkern und Spielen unterging, und der später Lucia Margareta schriftstellerische Qualitäten zutrauen sollte. – Von Halem schaffte es wohl, auch zu Thomas Gerhard Herbart gleichzeitig ein Verhältnis aufrechtzuerhalten, das ihm die Möglichkeit gab, Rat und Einfluß bei seinem Kollegen in dieser schwierigen privaten Angelegenheit anbringen zu können. Der Justizrat war für diese Zeit von seinen Pflichten in der Regierungskanzlei suspendiert, von Halem konnte ihm als Privatmann begegnen. Mehr als die Hälfte der Zeit, die die unselige Eheverbindung zwischen den beiden Herbarts bestanden hatte, war von Halem selbst Witwer gewesen mit einer einzigen Tochter und einer aufopferungswilligen Schwester, die ihm den Haushalt geführt hatte. Gerade erst hatte er sich wieder verheiratet, eine Beziehung der Neigung geknüpft, und mag umso angerührter vor den Scherben einer anderen Ehe gestanden haben.

Was brachte Lucia Margareta konkret vor Gericht zu Wort? Nichts habe ich mehr in Händen, was mir die Vorwürfe konkret faßbar macht. Meine Quellen bleiben im Vagen, lassen mehr ahnen und spekulieren, als sie Auskunft geben. Lucia Margareta wird sagen, daß sie den Schritt zur Scheidung *gewissenshalber nicht habe unterlassen dürfen*. Sie sah ihre *Tugend* und ihren *Charakter* durch die Art des Zusammenlebens mit ihrem Mann im Fundament bedroht: *und darüber habe ich nicht nach Willkühr zu disponieren*, war sie überzeugt. Und sie wird für sich in Anspruch nehmen, daß sie *bis zu dem Augenblick da* ihre *Richter* sie *so edel und gütig anhörten, unglaublich und auf so vielfache Art gelitten habe, daß man noch nach dem was sie habe laut werden lassen müssen, nur einen sehr kleinen Theil davon ahnet*. Fast bekomme ich Schwierigkeiten, wie sie sich als lautere Lichtgestalt gegen den Hintergrund des finsteren, unmoralischen Ehemannes absetzt. Ich muß ihre Sprache, ihren Tugendbegriff im Kontext ihrer Zeit einbetten. Lucia Margareta hatte ihre Tochter-Lektüre verinnerlicht, wie jede junge Frau ihres Standes damals. Auch sie wird die Hausväterliteratur und ihre Anweisungen mit auf den Weg bekommen haben, daß die Frau ein Vorbild häuslicher *Oekonomie* zu sein hatte, ihrem Gatten aber vollste Ehrerbietung schuldig war, auch wenn sie seine Handlungen selbst nicht gut heißen konnte. Durch Bitten, Flehen, Tränen allenfalls durfte sie im Stillen versuchen, ihren Mann umzustimmen; wo dieser einzig erlaubte Einfluß versagte, da mußte die Hausfrau *in geduldiger Stille vieles ertragen und zudecken helfen*. Wenn ich die Zitate der einschlägigen Bücher ihrer Zeit lese, verstehe ich besser, wenn Lucia Margareta sagt, *wie hart es für* ihr *Geschlecht war, über manches sich nicht rechtfertigen zu dürfen*. Tatsächlich war ihr und allen Ehefrauen ein Maulkorb umgehängt, selbst offensichtliche Verstöße und Fehlhandlungen des Mannes hatten sie mit Schweigen hinzunehmen. Bis zu einer äußersten Grenze allerdings: sie nennt es Bewahrung von *Tugend* und *Charakter*, andere sprechen von *Dingen, die an sich unrecht und wider Gott sind.* Mögen es die finanziellen Unlauterkeiten des Justizrats gewesen sein, vielleicht sogar Betrügereien, hinzugekommen sind mit ziemlicher Sicherheit körperliche und psychische Gewalt. Wo sie von *ekelhaften Dingen* spricht, muß ein geradezu körperlicher Abscheu dahinterstecken. – Der historische Zeitabstand ist groß genug, die Einzelheiten vermutlich für immer im Dunkeln zu lassen. Entweder hat die Überlieferung zufällig alle Protokolle dieses Falles vernichtet, oder schon die Zeitgenossen haben an der Vertuschung des unangenehmen Exempels gewirkt.

Kontakte: eine Tuchfabrikanten-Dynastie
Langsamer Abschied von Oldenburg

Lucia Margareta mußte in diesen Monaten auch bereits an ihre Zukunft denken. Ein Bleiben in Oldenburg kam auf keinen Fall in Frage. Mehr denn je zog es sie fort. Sie begann, endgültig ihr weiteres Leben als alleinstehende Frau zu planen. Es gab genug Anknüpfungspunkte an alte Bekanntschaften. Sie dokumentieren sich mir allerdings erst im weiteren Verlauf der Geschehnisse, ihre Anfänge verlieren sich wie in einem dunklen Tunnel. Die kleinen Reste des Fadens aber nehme ich, um sie zu einer zusammenhängenden Schnur zusammenzuknüpfen. So oder ähnlich kann es gewesen sein. – Aus der Zeit ihrer Jugend in der Langen Straße war eine Beziehung lebendig geblieben, die zwar nicht intensiv gewesen war all die letzten Jahre, aber auf soliden Füßen stand, seit Lucia Margareta Kind gewesen war. Der wohlhabende Gerhard Muhle, aus einer alteingesessenen Patrizierfamilie in Oldenburg, hatte im selben Jahr, als Dr. Schütte und seine Frau ihre Tochter bekommen hatten, im fernen Mentzerath geheiratet und dann zum Staunen seiner Landsleute im hohen Nordwesten die Tochter eines stolzen Feintuchfabrikanten aus Montjoie heimgeführt: Maria Magdalena Scheibler. Man munkelte bald von ihrem reichen, prächtigen Elternhaus, der Prosperität des väterlichen Unternehmens, das in ganz Europa Handel trieb mit seinen begehrten hochwertigen Stoffen. Natürlich war die Bürgerin Muhle stets in die besten Stoffe gekleidet, sie machte dem Stand ihres Mannes als Ratsherr und Kaufmann alle Ehre, wenn sie auf der Straße und in Gesellschaft erschien in teurem Blau. Zwischen Frau Schütte und der geborenen Scheiblerin entwickelte sich eine feste Beziehung aus Achtung und Neigung, die Kinder beider Seiten wuchsen in diese Bekanntschaft selbstverständlich hinein. Lucia Margareta 1755, Maria Magdalena Elisabeth 1756, im Jahr darauf ihre Schwester Anna Henriette Gesina, 1758 der kleine Bruder, dessen früher Tod die Mütter über ein allzu vertrautes Leid noch näher zusammenbrachte. Auch Frau Muhle überlebte wie Frau Schütte ihren Mann, immerhin waren ihre Töchter bereits groß, als der Vater 1772 starb. Die Mutter hatte noch einige Jahre als angesehene Bürgerin in ihrer neuen Heimat gelebt, sich dann aber wieder stärker in Richtung ihrer alten Familie orientiert. Dort, in der ihr vertrauten Welt des Handels und Tuchgewerbes, hatte sie die Zukunft für ihre Töchter gesucht. Und ein

Jahr nach Lucia Margaretas Hochzeit mit Thomas Gerhard Herbart verließ zuerst ihre Nachbarin und Jugendgespielin Maria Magdalena Elisabeth die Stadt, um in Montjoie den Tuchfabrikanten Friedrich Paul Schlösser zu heiraten. Im Jahr darauf ging auch Anna Henriette Gesina, um die Ehefrau von Mathias Bernhard Schlösser zu werden. Der Kreis schloß sich wieder, was in der Eifel, am Fuß des Hohen Venn, seinen Ausgang genommen hatte, führte dorthin zurück. Schließlich war auch die alternde Frau Muhle ihren Töchtern zurück in die Vaterstadt gefolgt, das Zwischenspiel Oldenburg war für die Familie Scheibler beendet.

Über all die Jahre, die seitdem vergangen waren, hatte man sich dennoch nicht aus den Augen verloren, hatte wechselseitig Anteil genommen an den Familienereignissen Herbart hier, Schlösser und Scheibler dort, Beileid bekundet, Mit-Freude übermittelt. So hatte 1782 auch Lucia Margareta erfahren, daß die Scheiblers geadelt worden waren. Die Familie hatte es verstanden, sich systematisch mit den verschiedensten Tuchfabrikanten umher zu verschwägern, kaum ein Unternehmen war nicht familiär dem Haus in Montjoie verbunden, das schaffte Konkurrenz vom Leib und ließ das Unternehmen immer mehr expandieren. Bis Wien ins Schloß Schönbrunn lieferte man aus dieser Quelle Kleiderstoffe, Seidentapeten und Möbelbezüge. In der erfolgreichen Fabrikantenkorporation der *Feinen Gewandschaft* produzierten die Scheiblerschen Häuser mehr als die Hälfte des Tuches. – Je mehr Lucia Margareta über das aus Montjoie Gehörte und Gelesene nachdachte, umso mehr griff eine Idee in ihr Raum, die sie sich als äußerst vorteilhaft ausmalte. Ein kleiner Hinweis auf ihre erwachsene Ziehtochter, auf ihre eigene zukünftige Selbständigkeit im nächsten Brief genügte, die gewünschte Einladung zu erhalten. Es war viel leichter, als je gedacht. Antoinette war tatsächlich nach Montjoie gebeten! Als Gesellschafterin der alten Frau von Scheibler, der Großmutter ihrer Jugendfreundinnen und Mutter Frau Muhles, sollte sie kommen. In all der Misere des juristischen Kampfes und der Unabsehbarkeit der kommenden Verhältnisse war diese Entwicklung eine wunderbare Fügung. Nie hätte Lucia Margareta Antoinette einfach in Oldenburg irgendwie unterbringen und womöglich zurücklassen mögen, während sie selbst sich neu orientierte. Antoinette sollte es besser haben als sie selbst, sollte etwas sehen, etwas erfahren, das würde ihre Selbständigkeit schulen und sie besser wappnen für alles, was in ihrem Leben noch kommen würde. Nein, nicht noch ein junges Leben hier in dieser Stadt versauern lassen. Sie wollte ihr Erziehungswerk richtig vollenden, und das von Scheiblersche Angebot war das beste, das Antoinette widerfahren konnte.

Lucia Margareta verbrachte viele Stunden an ihrem Schreibtisch. Nicht nur zog jeder Schritt in ihrem Prozeß den nächsten nach sich, der ihre ganze Aufmerksamkeit forderte; es gab so viel anderes zu regeln, zu ordnen, zu organisieren. Immer war sie ‚in Geschäften', sortierte Papiere, machte Notizen über zu Besorgendes, schrieb dazwischen Briefe; sogar innerhalb Oldenburgs ging sie schließlich zum schriftlichen Verkehr mit den Personen über, zu denen sie noch Kontakt pflegte. Gänge durch die engen Straßen der Stadt vermied sie, aus jedem Fenster, an jeder Ecke, wo zwei zusammenstanden, fühlte sie sich beobachtet und bewispert. Die Herbart! Auch wollte sie Antoinette nicht allzu oft zumuten, solchen Spießrutenlauf mit ihr zu machen oder sich allein der Neugier der Stadtbewohner auszusetzen. Es kam zu offenen Beleidigungen, die vor den Standesschranken nicht einmal mehr halt machten. Selbst eine Magd fühlte sich von allem nötigen Respekt gegenüber einer solchen Madame Herbart entbunden. Die ganze Stadt pfiff es ja von den Dächern, die Mädchen am Brunnen schwatzten und zischelten, was das für eine war! Die beiden Frauen beließen es bei den notwendigsten Gängen, sonst schickten sie lieber das Mädchen aus mit einer Botschaft. Hinter der eigenen Haustür immerhin war Ruhe vor diesem *Sumsen u. Brummen*, da nutzte Lucia Margareta ihren Freiraum, *ihren unbefangenen heiteren Lebensgenuß* wieder aufzubauen, so gut es ging in den eng gesteckten Grenzen dieses Refugiums. Es würde ja nicht mehr für lange so sein.

Seit klar war, daß nach dem erfolgten Richterspruch unmittelbar die Koffer gepackt werden sollten, mußte Lucia Margareta sich um Abwicklung ihrer Verpflichtungen als Oldenburger Untertanin kümmern. Da war die *Witwencasse* zum Beispiel zu bedenken, jene feine Oldenburgische Einrichtung, über deren Modernität ich staune und mich noch nach zweihundert Jahren freuen kann. Keine genuin oldenburgische Idee, denn schon 1739 hatte der dänische

König Christian VI. eine Pensionskasse eingerichtet, die hinterbliebene Ehefrauen vor dem Sturz in haltlose Armut schützen sollte. 1779 war diese Verordnung erneuert worden und galt nun für die *hochfürstlich bischöflich Lübeckischen und Herzoglich Holstein-Oldenburgischen Lande*. Als ich mich, stellvertretend für Lucia Margareta, in den Text der Verordnung einlese, wird mein Staunen immer größer. Da war tatsächlich ein Ehemann, zumal, wenn er landesherrlicher Bedienter war, angehalten, seine Frau als Begünstigte zu versichern – für den Fall seines Todes. Zu diesem Zweck hatte er mit ihrem Taufschein zu erscheinen und mußte ein ganz frisches ärztliches Attest für seine Person dabei haben, das die Unbedenklichkeit seines Gesundheitszustandes belegte, und dessen Richtigkeit durch Zeugen schriftlich beglaubigt war. Ich stelle mir vor, wie Thomas Gerhard Herbart ehemals sich dieser Verpflichtung unterzogen hatte, sich dem Blick eines Arztes ausgesetzt hatte, damit s i e gegebenenfalls eine Pension erhalten konnte. Dann hatte er sich entscheiden müssen, in welcher Form und in welcher Höhe er sie versichern wollte: 500 Reichstaler war die allgemein höchst zulässige Summe. Ich unterstelle, daß er nicht den Höchstbetrag wählte, auch nicht das absolute Minimum, das wäre wiederum peinlich gewesen. Auf jeden Fall hatte ihm mit jeder Höherbesoldung ausdrücklich freigestanden, die Pensionssumme ebenfalls anzupassen. Allerdings: wieder wären zu einem solchen Zweck aktuelle ärztliche Blicke nötig gewesen, daß nicht ein Sterbenskranker noch schnell seine Frau zu begünstigen suchte. Gezahlt hatte Justizrat Herbart auf jeden Fall, denn *die Beyträge der Bediente* [sic]*, werden, wenn sie nicht selbst zur vestgesetzten Zeit bezahlen von ihren Besoldungen genommen. Und sonst beygetrieben*. Die Beitragszahlung auf *Capitalfuß* hatte er offensichtlich nicht gewählt, dann hätte er die nötige Summe mit einem Mal beim Eintritt in die Kasse entrichtet. Blieb die halbjährliche Zahlungsweise, fällig jeweils im Juni und im Dezember. Der für Lucia Margareta jetzt entscheidende Paragraph besagte: *In Ehescheidungsfällen verbleibt der Frau der Anspruch auf die Pension, aber sie muß den Beytrag bis zum Tode des Mannes fortsetzen*. So war also zu regeln, daß demnächst ihre Beiträge pünktlich zwischen dem 10. und 20. Juni bzw. Dezember bei der Direktion eingehen würden. – So arbeitete sie sich Stück für Stück vor, in ihre neuen Verpflichtungen und Aufgaben hinein. Überhaupt die Vermögenssituation. Es war ihr ein Bedürfnis und entsprach ihrem Gefühl der Sicherheit, ihren mobilen Besitz mit sich zu nehmen und ihr Geld dort für sich arbeiten zu lassen, wo sie sich aufhalten würde. Aber da war die Auflages des *Abschosses*, eine Art Ausfuhrsteuer. Wollte sie ihr Vermögen aus dem heimatlichen Herzogtum ausführen, war ein Abfahrtsgeld zu entrichten, eine *gabella emigrationis*. Gab es eine Möglichkeit, sich von dieser Steuer befreien zu lassen und das Vermögen ungeschmälert auszuführen?

Im August setzte sie sich mit besonderer Konzentration und Sorgfalt an den Schreibtisch, um eine neuerliche Eingabe beim Herzog vorzubereiten. Mit frisch geschnittener Feder begann sie in klaren Schriftzügen: *Unterthänigstes Pro Memoria*. Sie ließ den notwendigen großzügigen Abstand, ehe sie den Sachverhalt darzustellen begann. In der Argumentation verlegte sie sich, was ihren Fortgang betraf, ganz auf den Aspekt mütterlicher Sorgespflicht: des Sohnes wegen wolle sie nun Oldenburg verlassen und in die Fremde gehen, um *sein besseres Fortkommen* zu befördern. Ich stutze über ihre Formulierungen, halte sie für Taktik, obwohl ich weiß, daß sie auf sich als Mutter nichts kommen ließ, auf ihre perfekte Fürsorge pochte. Die aufmüpfige persona non grata räumte das Feld, so stellte sie es dar, damit der Sohn eventuell doch noch Karriere machen konnte im Heimatland. Dann bewies sie, wie gut sie inzwischen juristisch beraten war: mit dem Hinweis auf eine Verordnung von 1773 glaubte sie, als Gattin eines Landesbediensteten prinzipiell von der Emigrationssteuer befreit zu sein: *so ergehet an Ew. Herzogl. Durchlaucht meine unterthänigste Bitte, Dieselben geruhen gnädigst, mir die Erlaubniß zu ertheilen, mein Vermögen, ohne dafür einigen Abzug zu bezahlen, ausserhalb Landes unterbringen zu dürfen, wenn ich dazu Gelegenheit finde.* Sie siegelte mit dem Gefühl, bald, bald würde alles geregelt sein. – Serenissimus legte die Eingabe seinen Juristen vor, die Kammer war die zuständige Instanz, er wünschte eine Beurteilung des Antrags. Der Fall blieb in der Familie, auch hier wieder keinerlei Einwand von Befangenheit, der den Verwandten von der Begutachtung des Falles ausschließen würde: Schwager Johann Friedrich Jakob Herbart beschied den Herzog mit dem Ergebnis des Juristenkollegiums: *29. Aug. 1801, Unterthänig-*

stes Pro Memoria. Das Kollegium hatte den Rückgriff auf die zitierte Verordnung für nichtig erkannt. Von Rechts wegen hatte die Supplikantin also kein Entgegenkommen zu erwarten. Aber man verwies den Herzog auf seine Macht, sich über geltendes Recht gegebenenfalls hinwegzusetzen: *es bleibt nur casus gratiae. Unterthänigst* [...] *Herbart*. Ein Akt der Gnade also, der Untertanin in ihrem Begehren dennoch entgegenzukommen. – Ihr Antrag blieb unabgeschlossen, eine *Restante* unter anderen. Ich schaue einen Moment voraus: 1805 trat man von staatlicher Seite an den Sohn heran, den immer noch ausstehenden *Abschoss* doch endlich zu entrichten. Da mußte er ein *Pro memoria* einreichen, neue Fakten, neue Argumente. Er drehte den Auslandsaufenthalt der Mutter nun als eine befristete Abwesenheit, behauptete, ihr *forum domicilii* habe sie immer in Oldenburg behalten. Am Ende hatte er Glück: die Kammer nahm seine Argumente auf, Reisegeld war es gewesen, mehr nicht, jenes ausgeführte Geld, damit natürlich steuerfrei, immer gewesen. Johann Friedrich konnte aufatmen, keine anhängenden Zahlungsverpflichtungen mehr.

Im Oktober dieses Jahres 1800 zog Lucia Margareta mit Antoinette aus der bisherigen Wohnung aus, es begann eine Zeit, in der sich die beiden Frauen immer weiter einschränken mußten, der Hausrat war auf kleinstmögliches Maß zusammenzupacken, alles Überflüssige wieder einmal abzustoßen. Ich durchforste die *wöchentlichen Anzeigen* ohne den rechten Glauben, etwas zu finden. Sie hat wirklich nicht annonciert, nichts zum Verkauf angeboten unter ihrem Namen, ein solch öffentlicher Akt war in ihrer Situation nicht mehr ratsam. Vorbei die Zeit, wo sie mit Elan und erhobenem Kopf all den überflüssigen Ballast ihrer Ehejahre unter den Hammer gebracht hatte. Ein *Stübchen* im *Hause einer Freundin* sollte für die letzte Zeit ihr Zuhause sein. Kaum mehr die Möglichkeit, dort einen der wenigen noch anklopfenden Besucher zu empfangen. An Bewirtung schon gar nicht mehr zu denken. Aber das Ende war absehbar. Dennoch war es eine elende Zeit. *Bei allen, auch den kleinsten* ihrer *Unternehmungen* schien in diesen Wochen *ein besonderer Unglücksstern* zu walten. Es war nicht leicht, unter diesen Umständen Lebensmut und Offenheit zu bewahren, zumal die körperlichen Beschwerden das ihre taten, jeden Tag zu einem Hürdenlauf zu machen. Aber was sie anderen schrieb, war schließlich auch ihre eigene Lebensmaxime: *Was ich am Menschen schätze ist nicht Gelehrsamkeit und Verstand noch irgend etwas dessen Besitz nicht von ihm abhängt. Es ist Kraft zum Guten die man sich selbst verdankt, Edelsinn den der Sterbliche in jeder Lage seines Lebens in sich wecken u. stärken kann.* – Von Halem blieb eine ihrer wenigen Anlaufstationen, nicht nur als Vorsitzender der Scheidungskommission, auch als Mensch. Seine geliebte Tochter Sophie war das beste Aushängeschild für diesen Mann. Lucia Margareta selbst hatte das Kind von klein auf so oft zu Gast gehabt, sie war das Produkt einer väterlichen Zuneigung, die ihr so viel Zuwendung und Bildung gegeben hatte, wie Lucia Margareta es sich nur je für sich selbst oder Antoinette gewünscht hätte. Wie anders war von Halem als Vater gewesen, der Vergleich mit dem Justizrat hatte ihr immer wehgetan. Vielleicht war Sophie der Umstand, daß sie Zeit ihrer Jugend einziges Kind des verwitweten Vaters gewesen war, zugute gekommen. Wer weiß, wenn er Söhne und eine Ehefrau gehabt hätte, ob für das Mädchen soviel Zuwendung und Bildung übrig gewesen wäre. Jetzt war die junge Frau an Christian Langreuter versprochen; er war im Begriff, seine erste Pastorenstelle anzutreten, es war der richtige Zeitpunkt, der Neigung der beiden bald die Trauung folgen zu lassen. – Im Frühjahr 1801 sah es endlich so aus, daß der Trennungsspruch unmittelbar bevorstand, die beiden Frauen planten ihren Wegzug auf Juni. Johannis, also am 24. des Monats, wollten sie schon die Stadt endgültig verlassen. Es wurde aber sicher später im Sommer, wie das August-Datum ihrer Eingabe beim Herzog zeigt. Ausharren im Stübchen also. Ich weiß, daß Lucia Margareta sich später bei dem Vorsitzenden der Scheidungskommission bedankte, *daß ihr so unerwartet schnell, und weit mehr noch, wie ihr geholfen worden war.* Sie empfand, zumindest aus der Retrospektive, den Verlauf des Verfahrens für sich also durchaus als positiv. Vielleicht verlangte diese Frau auch in von Halems Augen mehr als die meisten anderen ihres Geschlechts, aber er achtete Lucia Margareta, ihr Verlangen und ihre Fähigkeiten. *Ich gestehe, daß ich mich noch nicht alt genug fühle, um bloß als brauchbare Maschine in irgend einem Winkel vegetieren zu mögen; daß ich um so mehr auf eine höhere Existenz Anspruch mache* – sie konnte sich erlauben, wenig später so an ihn zu schreiben.

Ich gäbe viel darum, das endgültige Scheidungsurteil und den Bescheid der Vermögensregelung zweihundert Jahre später in Händen zu haben. Sehen möchte ich, ob Lucia Margaretas dringlichem Wunsch einer Begründung entsprochen worden war, denn nur als geschiedene Frau dazustehen in Zukunft, war ihr offensichtlich nicht allzu lieb, sie wußte um die gesellschaftliche Schwierigkeit ihrer Rolle. Schon die Prozeßzeit hatte sie ausreichend spüren lassen, wie sie von jetzt an zwischen allen Stühlen saß. Den schriftlichen, amtlichen Hinweis, daß ihr Scheidungsersuchen unvermeidlich war, daß im Gegenteil die Gesellschaft mit Fingern auf sie hätte zeigen können, wenn sie diese unselige Verbindung n i c h t gelöst hätte, das wollte sie gern auf ihren weiteren Weg mitnehmen. Ihr persönliches Rechtsbewußtsein und das Gefühl der eigenen Würde könnten womöglich nicht reichen. Ob der Justizrat nun zu den 400 ursprünglich angebotenen Reichstalern Unterhaltszahlung an seine ehemalige Frau verpflichtet wurde; ob sich er das Geld gleich von seinem Salair einbehalten ließ, wie eine Möglichkeit vorsah – allerdings nur mit seinem ausdrücklichen Einverständnis! – ob Unterhalt für den Sohn an sie abgeführt wurde: all das entzieht sich mangels Akten meiner Kenntnis. – Beschlossen war, daß Lucia Margareta erst einmal mit nach Montjoie fahren würde, dort sollte sich alles Weitere finden. Es gab keine große Abschiedscour, wer wollte sie unter den gegebenen Umständen noch mit großen gesellschaftlichen Ehren empfangen? Nicht einmal bei Familie von Halem wagte sie, ein letztes Mal vorzusprechen, sie fürchtete, ihre Rolle als Klägerin und Bittstellerin durch den Prozeß erlaube ihr keine freundschaftliche Abschiedsvisite mehr. Sie würde schreiben, dem Kanzleirat und vielen anderen, wenn sie den gehörigen Abstand gefunden hätte. Nahm sie von ihrem Sohn Abschied? Kam es zur letzten Reise nach Bremen, für die sie sich im Herbst schriftlich schon ein Privatzimmer erbeten hatte, um nicht in einem der Gasthöfe absteigen zu müssen? Damals, als der Kontakt zu Smidt und Böhlendorff noch funktionierte, die Herzlichkeit der Neigung die Differenzen der Anschauung noch aufwog. Die Frage ist nicht klar zu beantworten, spätestens aber im fortgeschrittenen Sommer des Jahres war das Verhältnis zwischen Mutter und Sohn so weit wiederhergestellt, daß Johann Friedrich es seinen Freunden als *gut* schilderte und sie ihn beglückwünschten zur wiedergewonnenen Freiheit. Ich kann mir diesen Umschwung nur durch eine persönliche Begegnung erklären, denn Mißverständnisse und Verletzungen hatte es besonders dann gegeben, wenn Mutter und Sohn nur noch schriftlich miteinander umgehen konnten. Die unmittelbare Nähe hatte eher zur Ausräumung von Feindseligkeiten geführt. Während der Reisewagen mit Lucia Margareta und Antoinette immer weiter von Oldenburg fortrollte, war der Sohn noch eine Weile damit beschäftigt, seine angeschlagene Gesundheit wieder zu stabilisieren und das Erlebte langsam hinter sich zu lassen, ehe er sich für Neues öffnen konnte. Ende April 1802 würde er dann an die Universität nach Göttingen gehen, die gewünschte Gelehrtenlaufbahn einschlagen.

Montjoie: eine Stellung für Antoinette
Aachen und die Geldinvestition
Entlang der Tuchfabrikationsfäden bis Paris

Spurensuche. Montjoie, natürlich nicht "südlich von Toulouse", wie mir der Biograph des Sohnes weismachen will. Ich falle nur kurz auf seine geographische Verlagerung des historischen Ortes herein; in dem Augenblick, wo ich mit dem Finger auf der Karte versuche, von Toulouse aus über Brüssel nach Paris zu fahren, wird mir sein Mißverständnis klar. Denn diesen Anhaltspunkt habe ich, daß später die Reise von Montjoie über Brüssel in die französische Metropole führen wird. – Nein, meine beiden Reisenden stiegen am Fuß des Hohen Venn aus, in einem kleinen Ort im Herzogtum Jülich, der Weg dorthin führte zuletzt tief hinunter ins Tal, oberhalb der Stadt türmten sich massive Felsen, darauf ein Schloß, eine Garnison. Montjoie, das war Monschau, ehemals ein alter Militärstützpunkt in absolut unwirtlicher, von der Natur vernachlässigter Lage. Hier wuchs nichts, es war eine der kargsten Gegenden, die man sich vorstellen konnte. Als meine beiden Oldenburgerinnen kamen, war der Ort allerdings eine blühende Handelsstadt, der Reichtum der herrschenden Fabrikantenfamilien prägte das Bild von Montjoie, wohin man schaute. Gemüse, Obst, Getreide, das importierte man jetzt aus anderen, fruchtbaren Gegenden. Es gab alles zur Genüge, um nicht zu sagen: im Überfluß. Die schroffen Felsen ringsherum waren künstlich terrassiert, zu herrlichen Gartenanlagen gestaltet, mit Hecken, Espaliers, Fontänen und Cascaden, als hätten sich Fürsten ihr Klein-Versailles geschaffen. Die stattlichen Häuser, stolz und großartig, die einen noch rokokoverspielt, die anderen frühklassizistisch schlicht, sie dienten nicht nur der Repräsentation, sie waren Wohn- und Wirtschaftseinrichtungen in einem. So ein stattliches Fabrikanten-Haus beherbergte nicht nur Walke und Färberei im Keller, wo direkt der Laufenbach durchs Haus floß, sondern im Erdgeschoß auch den kaufmännischen Bereich; in den oberen Stockwerken wohnte man, im riesigen Festsaal wurde gefeiert, und unter dem mehrgeschossigen Dach lagerten die Rohstoffe: Wolle aus Spanien, Brennmaterial. Die Häuser strahlten durch und durch das Lebensgefühl ihrer Besitzer aus, das Selbstbewußtsein tatkräftiger, aus eigenem Vermögen erfolgreicher Großkaufleute. Die auch ihre Heiratspolitik in den Dienst firmendynastischer Überlegungen zu stellen wußten, hatte man sich doch systematisch mit Konkurrenten vergleichbarer Produktionszweige verschwägert und ein feinmaschiges Verwandtschaftsnetz in alle Himmelsrichtungen gewoben, wie Kette und Schuß im Tuch.

Der Reisewagen Lucia Margaretas hielt vor einem der prächtigen Häuser. Antoinette sah an der Fassade hinauf und zählte die Stockwerke. Es war der Wohnsitz der Witwe Bernhard Georg von Scheiblers. Hier also sollte sie für die nächste Zeit zu Hause sein! Man führte die beiden Damen ins zweite Stockwerk, breite, großzügige Treppen hinauf, vorbei an handwerklich aufwendig gearbeiteten Schränken und großflächigen Wandbildern, die Szenen aus der Tuchfabrikation zeigten. Eine der Scheibler-Töchter empfing mit der alten Mutter zusammen die beiden Ankömmlinge im Salon. Natürlich waren die Damen in den feinsten Stoffen gekleidet, wie sollte es anders sein bei Tuchfabrikantinnen. Das Gesicht der alten Frau von Scheibler aber wirkte kein bißchen fein, damenhaft; eigentlich sah es nach Arbeit aus, etwas kantig, die Nase auf der Länge des Rückens ein wenig eingedrückt, ein energischer Zug um Mund und Kinn. Trotz der schmalen, leicht verkniffenen Lippen, die mit den Jahren sich immer mehr zusammengepreßt haben mochten, wirkte sie durchaus freundlich auf die beiden Gäste, als man sich gesetzt hatte und im Gespräch langsam etwas näher kam. Später gesellten sich die Schwiegertöchter dazu; die Oldenburger Schwägerin, die alte Frau Muhle, ließ es sich nicht nehmen, hereinzuschauen; mit ihren Töchtern, den beiden Damen Schlösser, erlebte Lucia Margareta ein herzliches Wiedersehen. Je länger sie alle beieinander saßen, um so fröhlicher wurde die Runde, die alte Dame nahm Anteil auf ihre Weise und wandte sich mehrmals Antoinette zu, die sich ihr bereitwillig entgegenbeugte und auf ihre Fragen einging. Wie Großmutter und Enkelin, dachte Lucia Margareta. So selbstverständlich der Reichtum hier dazu gehörte, so unaufdringlich wurden seine Bequemlichkeiten und Annehmlichkeiten auf Gäste und Fremde übertragen. Die beiden Oldenburgerinnen nahmen die offene Gastfreundschaft mit Freude an, sie ließen sich durch die herrlichen Gartenanlagen führen und besichtigten die Fabrikeinrichtungen, das Comptoir. – Als Lucia Margareta Montjoie verließ, um weiterzureisen, hatte sie die Gewißheit, ihre Pflegetochter bestmöglich untergebracht zu haben. Fast beneidete sie Antoinette ein bißchen und wünschte für einen kurzen Moment die Zeit rückwärts drehen zu können. Was wäre aus ihr geworden, wenn die Mutter ihr damals eine solche Chance eröffnet hätte, statt sie in die Ehe mit Thomas Gerhard Herbart zu drängen! Was Antoinette die Eingewöhnung sicher auch erheblich erleichtern würde, war der tief verwurzelte lutherische Glaube im Scheiblerschen Haus. So wenig Lucia Margareta selbst sich um Glaubensfragen groß Gedanken machte, so unangenehm waren ihr doch Formen eines schwülstigen, verdammenden Katholizismus und seine Auswirkungen im täglichen Leben. Wie war er Oldenburger Reisenden unangenehm-belustigend aufgestoßen, als sie hier aus der Eifel ihre Berichte in die Heimat geschickt hatten. Nichts dergleichen würde Antoinette befremden, sonntags würde sie mit den Angehörigen der großen Scheiblerschen Sippschaft ins nahegelegene Mentzerath fahren und die evangelische Kirche besuchen, die mit immensen Mitteln der Scheiblers hatte erbaut werden können. Hier würde Antoinette eine Menge Vertrautheit finden, so neu und andersartig vieles sonst auch war. – Es konnte nicht ausbleiben, daß Lucia Margareta mit dem Eindruck durch und durch gediegenen Wohlstands fortfuhr. Diese merkantile Welt hatte sie fasziniert, die Großzügigkeit der Dimensionen, des Denkens war genau das, wofür sie jetzt empfänglicher denn je war. Was sie, beeindruckt von der ungebrochen reichen Ausstrahlung des Monschauer Lebensstils, nicht wußte, waren die Veränderungen und Einbrüche, die die Tuchfabrikation und andere Fertigungszweige erlitten hatten im vergangenen Jahrzehnt, vor allem durch die französische Besatzung. Wohl hatte sie natürlich gewußt und auch überall gemerkt, daß sie hier sozusagen ‚in Frankreich' war. Die einstigen Revolutionsbesatzer hatten das Land endgültig ihrem Reich einverleibt, als *Roer-Departement*. Das Scheiblersche Imperium hatte seinen Zenit bereits überschritten. Zwar hatte man sich flexibel an neue Gegebenheiten anzupassen versucht, hatte entsprechend dem geänderten Modediktat und Geschmack die schweren Brokate fallengelassen und stattdessen leichte, luftige Casimire hergestellt. Vorbei aber war die Hoch-Zeit des Exports in aller Herren Länder, jetzt erpreßten die Franzosen Stoff für ihre Armee, zudem mußten die Unternehmer direkte Geldkontributionen an die Besatzer leisten. Auf Tuche waren Ausfuhrverbote verhängt worden, die notwendigen hochwertigen Rohstoffe wie Wolle, Farben und Öle konnten nicht mehr ungehindert importiert werden. Über kurz oder lang würde ein Zweig des Familienunternehmens nach dem anderen wegbrechen. Die Zeit des großen Firmensterbens unter der französischen Regierung stand bevor, manche sicher geglaubte Industrien würden Konkurs anmelden. Vielleicht wußten die Fabrikanten und Firmeninhaber bis zuletzt selbst nicht, wie unmittelbar und existentiell gefährdet ihre Imperien waren, versuchten sie doch vorwegnehmend, auffangend, abfedernd allen Widrigkeiten durch Maßnahmen zu trotzen und weitsichtig entgegenzuwirken. Sollten deshalb Unternehmer wie die von Scheiblers der Oldenburgerin geraten haben, ihr Vermögen beruhigt noch in ein solches Handelshaus zu investieren?

Spurensuche 2. Weitaus schwieriger und unergiebiger als die erste. Denn jetzt lassen mich die historischen Hilfsmittel weitgehend im Stich. Nichts habe ich in der Hand als die Information, daß Lucia Margareta 2000 Reichstaler ihres Vermögens in einem *Aachener Handlungshause* anlegte. Hoffnungsvoll wende ich mich an die zuständigen Archive: die Akten des ehemaligen *Roer-Departments* aber enthalten keine Firmenunterlagen mehr aus dieser frühen Zeit, die mir weiterhelfen könnten. Wie kam die Oldenburgerin gerade auf Kontakte in diese Stadt? Seit 1798 war Aachen Hauptstadt des sogenannten Rur-Departementes, also jener zwischen Maas und Rhein eroberten Gebiete der Franzosen. Fremden- und Kurlisten, das probate Mittel, die Ankunft Reisender noch nach zweihundert Jahren nachzuvollziehen, versagen in diesem Fall. Die Zeiten waren zu unruhig, als daß man noch genau Buch geführt hätte. Ein ständiges Kommen und Gehen, Truppenbewegungen, immer noch halber Kriegszustand, da unterblieb alle regelmäßige Registrierung. So forsche ich nach Verbindungen zwischen Montjoie und Aachen, sehe in der Familie Scheibler den möglichen Dreh- und Angelpunkt des Geschehens. Aachen war nicht nur ebenfalls ein Textilwirtschaftsraum, die Monschauer *Feine Gewandschaft* stand mit den führenden Firmen dieser Stadt seit 1795 im organisierten Erfahrungsaustausch. Ein Vertrag regelte, daß man sich jeweils in Aachen traf, um fabrikatorisch und handlungspolitisch unter den neuen Machtverhältnissen das Beste zu erreichen. Die ‚Scheiblers' von Aachen hießen Clermont, sie hatten sich schon in den fünfziger Jahren den Adelsbrief besorgt, machten aber äußerlich wenig Gebrauch von ihrem neuen Stand. Hier war die herausragende Person Johann Arnold von Clermont gewesen, der aus dem katholischen, zunft-strukturierten Aachen seine Tuchfabrikation in das nahegelegene holländische Dorf Vaals verlegte, wo die deutschen Lutheraner schon lange ihre Kirche gehabt und bei den reformierten Holländern freundliche Toleranz gefunden hatten. Der *Patriarch von Vaals*. Als kluger Kaufmann hatte er allerdings die Absatzorganisation im Stammhaus des Unternehmens in Aachen gelassen, das aufgrund seiner günstigen Verkehrslage prädestiniert für einen erfolgreichen Vertrieb war. Dieser Clermont war 1795 gestorben, aufgerieben unter den verwaltungspolitischen Aufgaben, die er unter der französischen Regierung hatte übernehmen müssen, und unter den revolutionären Anfeindungen gegen ihn als wohlhabenden Unternehmer. – Weitere Namen tauchen in den langen genealogischen Tafeln damaliger Fabrikanten auf: Pastor und Fabricius. Alle waren sie irgendwie untereinander verschwägert: Scheibler und Fabricius, Scheibler und Pastor, Fabricius und Pastor. War es eines dieser Unternehmen, in dem Lucia Margareta ihre 2000 Reichstaler investierte, gewinnbringend und sicher, wie sie zuversichtlich meinte? Einiges spricht dafür.

In Oldenburg schwelte ihre Vermögensfrage immer noch. Keine Antwort, was ihre Bitte um Ausfuhr des Geldes und Erlassung der Steuern anging. Sie muß handlungsbereit in den Startlöchern gestanden haben, ihre Investitionen zu tätigen. Ihr Schwager Kammerrat, der Bruder ihres Mannes, war erstaunlicherweise mit der Verwaltung ihrer Oldenburger Geldgeschäfte beauftragt gewesen, jetzt erreichte sie die unerwartete Nachricht, daß er gestorben war. Es war eine beunruhigende Vorstellung, ihr Vermögen verwaist zu sehen. Jemand mußte die Schuldner, den vereinbarten Rückfluß samt Zinsen betreuen. Denn dies war die gängige Form der Geldanlage damals in Oldenburg, direkte Schuldverschreibungen an einzelne Personen, alles gewissenhaft niedergelegt und festgehalten in den *Ingrossations- und Pfandprotokollen*, dickleibigen Amtsbüchern, die ich durchblättere. Eine Quelle von sperrigem Reiz. Schnellstens mußte ein neuer Verwalter gefunden werden, zumal der immer noch nicht abgeschlossene gerichtliche Streit mit dem Justizrat befürchten ließ, daß in Lucia Margaretas Abwesenheit weitere Verdrehungen und Unwahrheiten auf ihre Kosten entstehen konnten. Sie scheint im Käufer ihres Elternhauses, in dem Ratsherrn August Schröder, einen vertrauenswürdigen Nachfolger für ihren Schwager gefunden zu haben. Er übernahm jetzt ihre Vermögensverwaltung in der alten Heimat. Sie selbst setzte sich noch einmal hin, um die *Abschoss*-Frage endlich voranzutreiben. Ganz souverän formulierte sie in ihrem Bittschreiben an den oldenburgischen Landesherrn: *An dem Orte, wo ich jetzt lebe, fehlt es nicht an günstigen Gelegenheiten; auch glaube ich, mit den erforderlichen Einsichten und Vorschriftsregeln bey dergleichen Geschäften, nunmehr so bekannt zu seyn, daß ich von solcher Verwendung der gedachten Gelder, einen ungleich größeren Nutzen mit Sicherheit erwarten darf, als im Oldenburgischen seither geschehen konnte.* Am 24. Oktober ging ihr Bittschreiben in Oldenburg ein. Ihren neuen Verwalter wies sie in der Zwischenzeit an, die Summe von 2000 Reichstalern schon nach Aachen zu schicken. Wer mochte wissen, wie lange die Entscheidung des Herzogs noch auf sich warten lassen würde, sie mußte jetzt handeln! Wovon sollte sie ihren Lebensunterhalt bestreiten, wenn nicht aus den bestmöglichen Zinsen aus dem ihr verbliebenen Vermögen. Aus der historischen Distanz weiß ich, w i e lange es noch dauerte. Der Herzog machte wieder eine Aktennotiz: warum dieser Fall liegen geblieben sei? Delegierte wieder an die Kammer. *Wir gewärtigen darüber derselben Bericht und Gutachten, mit Wiederanlegung der Bittschrift. PFL.* – Egal, ob es nun ein Unternehmen der genannten oder doch ein anderes war, mit großer Wahrscheinlichkeit war es die in Aachen alles überwiegende Tuch- oder Nähnadelproduktion, auf deren Gewinne Lucia Margareta setzte. *Mit Sicherheit* – sie sah also kein Risiko in ihrer Investition, was sie hier in Montjoie und Aachen sah und erlebte, wirkte blühend, erfolgversprechend. Wer aus dem wirtschaftlich verschlafenen Oldenburg kam, mußte von der Prosperität der Produktion und des Handels geblendet sein, nie geahnte Dimensionen von Gewinnspannen taten sich auf; was waren dagegen ein paar kleine Schuldner in der Heimat, die mühsam das ihnen geliehene Geld mit Zins abstotterten? Lucia Margareta hatte sich wirklich emanzipiert. Nach all den Jahren üblicher Vermögensverwaltung durch ihren Ehemann und dann durch andere erfahrene Männer, *Administratoren*, wollte sie ihr finanzielles Schicksal nun selbst in die Hand nehmen. Es paßte in ihre neue, auf Selbständigkeit und Horizonterweiterung bauende Lebensgestaltung, wie sie sich vom Flair des weltumspannenden Handels einfangen ließ. Daß ihre 2000 Reichstaler schon in den allernächsten Jahren verloren gingen, im Bankrott des Handelsunternehmens, dem sie sich anvertraute, scheint mir weniger auf ihre weibliche Unerfahrenheit und Leichtgläubigkeit zurückzuführen zu sein. Es lag an den allgemeinen Zeitläuften, in denen die versiertesten Kaufmänner und Produzenten in Konkurs gingen. Dies galt nicht nur für die französisch besetzten Gebiete, sondern auch für die französischen Kernlande, allen voran Paris. Hier war mancher auf der Welle der schnellen Kriegsgewinne geschwommen, hatte expandiert und investiert, und von einem Tag auf den anderen brach die überdehnte Luftblase zusammen. Bankrott. Flucht nach Amerika.

Lucia Margareta also in Aachen. Ob sie auch die ländlichen Orte im Umfeld besuchte, Schloß Blumenthal, wo die Clermonts residierten und ihre Fabriken betrieben, sah sie Arbeiter die Schwerstarbeit in den Walkmühlen verrichten, andere mit unglaublicher Geschicklichkeit polierte Nadeln im Schüttelkasten sortieren? Besuchte sie Burtscheid, wo die heißen Quellen sprudelten und sich ein konkurrierender Kurbetrieb zu Aachen aufgetan hatte? Kaum denkbar, daß sie, die chronisch Kranke, nicht auch die schwefelhaltigen, heißen Wasser probierte, von denen Aachen und Umgebung im Überfluß hatten. Ich sehe sie auch den Dom betreten, vor dem monumentalen Krönungsstuhl aus weißem Marmor stehen mit dem befremdenden Gefühl, das ihr die rundum mit Zierraten überladene Kirche einflößte. Auch wenn die Mittelalterverehrung noch nicht um sich gegriffen hatte, den Stuhl Karls des Großen führten kundige Führer auch damals schon den Reisenden vor.

Spurensuche 3. Im Herbst 1801 packte sie wieder ihre Koffer. Diesmal hieß ihr Ziel Paris. *Ihre Geldgeschäfte veranlassten sie* zu dieser Reise, wie meine durchaus zuverlässige Quelle angibt. Ich empfinde etwas wie Stolz, Lucia Margareta Herbart wieder unterwegs zu wissen, ‚geschäftlich‘ sogar, und dann mit diesem Ziel. – Ich gehe nach Paris! – ich, eine Frau, eine geschiedene Frau, eine Deutsche, eine Zeitgenossin der Französischen Revolution ... – Was für Erwartungen verband sie mit ihrem Ziel? Hatte sie die Ereignisse seit dem Juli 1789 verfolgt? Gebildete Männer lasen Zeitungen, dafür hatten sie ihren Club, ihre Geselligkeit, Informations- und Austauschmöglichkeiten. Sie hatte keine Zeitungen zur Hand gehabt, es sei denn, e r hatte sie wieder einmal aus dem Clubzimmer entführt und mit nach Hause genommen, wo sie sich, unbeobachtet in ihrem unweiblichen Tun, dann informieren konnte über das, was die europäische Welt bewegte zwischen Wien und Paris. Und die Herren hatten sich nicht nur lesend informiert, wer es ganz genau wissen und mit dabei sein wollte, der war nach Paris gefahren – Revolutionstourismus, Anschauungsunterricht für Regierungbedienstete aus deutschen Fürstentümern. Gleich 1789 der Braunschweiger Schulrat Joachim Heinrich Campe, 1790 die Oldenburger Regierungsbeamten von Halem, Cordes und Erdmann. Für anderthalb Monate waren sie im revolutionären Paris gewesen, ein ungeplanter Abstecher aus der Mitte einer Bildungsreise heraus, die die Reisenden in die Schweiz geführt hatte und eigentlich weiter nach Italien gehen sollte. Aus dem klassischen Rom war dann das revolutionäre Paris geworden, dem sich die drei Reisenden allerdings ganz bildungsbürgerlich angenähert hatten. Es war ihnen das probate Mittel gewesen, das Ungewohnte der divergierenden Strömungen und Kräfte dort irgendwie ertragen zu können. Nach Hause zurückgekehrt, hatten sie zuerst die Freunde in der Literarischen (Männer)Gesellschaft neugierig gemacht, und dann hatte von Halem seine Briefe wohlüberlegt geordnet, ihnen einen intentionalen Anstrich verliehen und sie als *Blicke auf einen Teil Deutschlands, der Schweiz und Frankreichs bei einer Reise vom Jahre 1790* als Reisebericht herausgebracht. Vielleicht hatte auch Lucia Margareta ihn gelesen? Jetzt aber fuhr s i e , und zwar nicht nur zwecks Bildungsreise und Tourismus, sie ging in Geschäften und plante, sich dort länger niederzulassen. Von allen Seiten hatte man ihr in den letzten Wochen zugeraten, aus ihrer Entwurzelung eine Tugend zu machen und sich dorthin zu wenden, wo sich ihr für ihre Neuorientierung tausend Möglichkeiten bieten und viele hilfreiche Arme entgegenstrecken würden, in die französische Hauptstadt. Wie viele Deutsche hatte es im letzten Jahrzehnt dorthin getrieben oder verschlagen, je nachdem, ob sie enthusiasmiert und freiwillig die gesellschaftlichen Umwälzungen miterleben wollten oder als

Revolutionsfreunde aus ihrer Heimat dorthin hatten fliehen müssen.
Als Lucia Margareta sich im Reisewagen zurücklehnte, fühlte sie
noch einmal nach ihrer Brieftasche in ihrem Beutel. Sie hatte das
wichtige Stück nicht in den Koffer gepackt, der hinten aufgeschnürt
lag, sondern wollte sie immer und jederzeit während der Fahrt griff-
bereit haben. Mußte sie auch, denn die Kontrollen würden unvermeidlich kommen, und obwohl ihre Ausweispapiere korrekt und ta-
dellos waren, konnten die anderen Schreiben, die die Brieftasche
barg, ihr womöglich unterwegs auch schon von Nutzen sein. Im
übrigen hatte sie nicht zuletzt einen Auftrag zu erfüllen. Als
Kurierin sozusagen. Tuchhandelskurierin. Und für diese Papiere
fühlte sie sich doppelt verantwortlich. Wenn es auch nicht das erste
Mal in ihrem Leben war, daß sie mit einer Mission betraut worden
war. Komisch eigentlich, immer wieder war man an sie herangetreten
in ihrem Leben, zu vermitteln, zu begleiten, sich einzusetzen! Und
immer hatte sie es doch gern getan, hatte sich engagiert und beherzt
die Aufgabe in die Hand genommen. Ihre neuen Bekannten hatten
sie mit den besten Wünschen verabschiedet und ihr zugesichert, daß
man ihr die Türen in Frankreich schon im vorhinein öffnen wollte.
Breit waren die Verflechtungen des Tuchhandels und weit reichten
die Beziehungen der Menschen, die in ihm wirkten und lebten. Sie
wußte, daß sie sich auf die freundlichen Zusagen verlassen konnte.
So war ihr unmittelbares Ziel auch nicht die Hauptstadt selbst, sondern ein Landgut etwas außerhalb von Paris, genauer gesagt südöst-
lich von Versailles: Schloß Villegenis, einst Eigentum des Prinzen
von Condé, ehe in Frankreich die Besitzstände vom Kopf auf die
Füße gedreht worden waren. Jetzt wohnte dort der deutsche
Tuchhandelskaufmann Detmar Basse, und nicht nur er, sondern eine
ganze Kolonie von deutschen Landsleuten, die es irgendwie in das
Land der großen Revolution verschlagen hatte. Bei ihm hatten sie
alle erst einmal ein Aus- und Untergekommen gefunden. Er selbst
war durch seine Geschäftsverbindungen nach Frankreich gekommen, ein rastloser, immer reger Kaufmann, der die Handels-
beziehungen seiner ererbten Tuchfabrik zu erweitern bestrebt war.
Van der Becke in Iserlohn, das Geschäft seines Großvaters, seines
Vaters, er war darin tätig gewesen und hatte doch nicht genügend
Entfaltungsmöglichkeiten für seine Ideen gefunden. Als er eine

Filiale des Geschäfts in Frankfurt am Main übernommen hatte, war er bald zum preußischen Hof- und Kommerzienrat aufgestiegen, aber es trieb ihn weiter. Jetzt war er damit beschäftigt, in seiner Heimatstadt Iserlohn Webereien für den französischen Markt einzurichten. Der Tuchbedarf schien unerschöpflich, das Militär war zu bekleiden, eine einmalige Chance, wie Basse befand. Er versuchte, den Höhenflug der Gewinnspannen zu nutzen. Wie viele andere auch in diesen Jahren in Frankreich.

Villegenis also, es würde sicher angenehm sein, nicht unmittelbar in eine so große Stadt wie Paris zu kommen, sondern sich im ländlichen Umland erst einmal etwas gewöhnen zu können. Von dort würde sich alles Weitere ergeben. Und natürlich Versailles! Die einst märchenhafte Welt der gezirkelten Gärten und des unbeschreiblichen Pomps, aus der man den König und seine Familie damals gewaltsam in die Hauptstadt geholt hatte. Nein, nicht man, Frauen waren es ja gewesen, die Markthallenweiber, die hinausgezogen waren mit Höllenspektakel, den Herrn dorthin zu bringen, wo die Not der Menschen in ihren Mägen brannte. Fast genau vor elf Jahren war das gewesen, und im Ballsaal des phantastischen Schlosses, der sich sonst nur den illustren Hofgästen geöffnet hatte für Feste mit tausenden von Wachskerzen, monströs getürmten Damenfrisuren und zierlichen Menuettschritten, da hatte die erste Nationalversammlung getagt, und das Volk hatte gepfiffen, gejohlt und geklatscht auf den Balustraden. Dann waren die Jahre des Schreckens gekommen, der ungezügelten Gewalt, des Blutfließens ohne Ende, als die französischen Aristokraten scharenweise in die Nachbarländer geflohen waren, manches kleine deutsche Fürstentum belagert hatten. Die Bad Pyrmonter Promenade hatte sich entvölkert vor dem Ansturm der Exilanten, die dort Zuflucht gesucht hatten. Nicht immer demütig und unauffällig, wie alle Pyrmontreisenden zu berichten gewußt hatten. Viele deutsche Männer hatten sich zunehmend von ihrer ersten Revolutionsbegeisterung abgekehrt, d a s hatten sie nicht gewollt und innerlich unterstützt, was sich damals abspielte in Frankreich. – Würde sie von all dem noch Spuren finden in Paris? – Es war die Zeit des *Directoire* gefolgt, und dann jener 18. Brumaire – sie fand es immer noch ein wenig schwierig mit diesem neuen Kalender der Franzosen, wollte ihn sich jetzt aber schnell und fest verinnerlichen, auch gleich selbst benutzen; eigentlich war es ein gutes Zusammentreffen, den eigenen Neuanfang mit einer neuen Zeitrechnung zu beginnen: *l'an XI* also, sie lebte jetzt im Jahr elf ... – Wenig hatte sie in diesem schwierigen November vor zwei Jahren in Oldenburg mitbekommen, aber das war doch bis zu ihr gedrungen, jener Staatsstreich, bei dem sich wieder einer an die Spitze des Landes gestellt hatte, Bonaparte hieß er, ein General, seine Feldzüge in Italien und Ägypten hatten ihn in aller Munde gebracht. Auf zehn Jahre hatte er sich damals wählen lassen zum ersten Konsul. Es hieß, sein Wirken seither sei durchaus positiv, die Handelsherren hatten erzählt, daß die schwere Inflation in Frankreich nun gestoppt sei, daß Straßen gebaut würden, das Heer unendlich viele Aufträge vergäbe, ein Segen für Gewerbe und Handel. Sie war gespannt. Eine kleine Weile hing sie noch dem neuen Kalender nach, auch für sie begann das Jahr jetzt also im Weinlesemonat, *Vendémiaire,* da hatten die Franzosen damals endgültig das Königtum abgeschafft; Neuanfang eines Volkes, Republik; dann kamen *Brumaire,* Nebelmonat, *Frimaire,* Reifmonat, *Nivôse,* Schneemonat ... Und eingeteilt waren die Monate nun auch anders, drei Dekaden in jedem, wußte sie, jede zu zehn Tagen: *Primidi, Duodi, Tridi, Quartidi ...* Sie beschloß noch, für sich und ihre deutschen Freunde vorerst beide Zeitangaben nebeneinander zu benutzen, das übte und vermied gleichzeitig Unklarheiten. Dann glitt sie unmerklich in einen unruhigen Schlaf über, dessen Traumbilder vom Rütteln des Wagens bestimmt waren.

Ein deutscher Diplomaten-Kaufmann auf Schloß Villegenis
Eine erstaunliche Offerte
Neue Bekannte – alte Gesichter
Caroline von Wolzogen rümpft die Nase

So dunkel, wie ihre Ankunft in Villegenis in den Quellen ist, will ich sie lassen. Ich denke, sie wurde erwartet, die Schreiben in ihrer Brieftasche taten zusätzlich ihre Wirkung und sie begann, sich in ihrer neuen Umgebung umzutun. Hatte sie gewußt, daß ihr deutscher Gastgeber Detmar Basse nicht nur ein überaus umtriebiger Kaufmann war, sondern auch diplomatische Fäden zog? Eben zu der Zeit ihrer Ankunft steckte er in zähen Verhandlungen, für den Landgrafen Wilhelm I. von Hessen-Kassel scheute er weder Auslagen noch Reisen, um Territorialentschädigungen und nicht zuletzt die ersehnte Kurwürde von Frankreich auszuhandeln. Vielleicht fand sie diese zeit- und energieaufwendigen Nebenengagements für einen verwitweten Kaufmann mit noch unmündigen Kindern im Haus allzu riskant. Aber solche Verflechtungen waren in diesen Jahren an der Tagesordnung in Frankreich, Handel brachte Kontakte und viele Verbindungen, die sich eben auch anders nutzen ließen. Seine ersten Verhandlungen für die Stadt Frankfurt hatten seinen Ruf als erfolgreicher und uneigennütziger Mittler begründet. Tatsächlich hatte er es fertiggebracht, als Frankfurt unter den übermächtigen Kontributionsforderungen der französischen Besatzungsmacht stöhnte, einen zufriedenstellenden Neutralitätsvertrag zwischen den Parteien auszuhandeln. Der 27. Oktober 1797 war für die Stadt Frankfurt ein Tag des Aufatmens gewesen, und man nannte seinen Namen dort mit größtem Respekt. *Unermüdete Thätigkeit* hatte man ihm feierlich bescheinigt, *Klugheit, Uneigennützigkeit und Treue.* Bei Gelegenheit kam die Sprache auf diese Zeit, und Basse holte vor Lucia Margaretas Augen die Urkunde aus dem Schrank, mit der der Rat der Stadt Frankfurt ihm ehrenvoll seine Dienste bescheinigt hatte. Am meisten beeindruckte sie der Gedanke des Vorbildcharakters, den man Basses Haltung und Handeln zudachte: Die Urkunde *vererbe sich auf Seine spätesten Nachkommen und ermuntere diese noch in fernen Jahren, Seinem Muster zu folgen!* Ob die Kinder, die hier mutterlos aufwuchsen, wirklich einmal die würdigen Fortträger dieses väterlichen Erbes sein würden? Wie mochte der trotz seiner Beleibtheit so unruhige, umtriebige Mann solche Verhandlungen geführt haben; wenn sie ihn jetzt hier in seiner Betriebsamkeit beobachten konnte – vorausgesetzt, er war überhaupt da – hielt es ihn kaum eine halbe Stunde ruhig an einem Platz. Aber vielleicht lag genau darin das Erfolgsrezept solcher Männer. Basse war ehrlich und offen genug, den Einfluß seines Mitunterhändlers gebührend zu erwähnen. Mit Respekt nannte er Karl Ernst Oelsner, Jurist, Schriftsteller und Beobachter der politischen Verhältnisse, wie er ihn charakterisierte. So nah dieser Mann den Machtgremien der Revolution gestanden hatte, so sehr man ihm politische Ämter angetragen hatte, er hatte sich von aller aktiven Einmischung ferngehalten und war der studierende, kommentierende Beobachter in Frankreich geblieben. Basse wies auf einige Werke Oelsners hin, die auch er unter seinen Büchern stehen hatte. Lucia Margareta kannte den Mann nur dem Namen nach. Sie wußte, daß es zwischen ihm und dem Kanzleirat von Halem in Oldenburg Kontakt gab seit dessen Parisreise 1790. Der Name Oelsner war auch zuweilen in den Sitzungen der Literarischen Damen-Gesellschaft gefallen. – Basse war von enormer Freigebigkeit, nicht nur bei seinen humanitären diplomatischen Aktivitäten, wo er die finanziellen Risiken und Belastungen vorläufig oder manchmal auch endgültig allein trug. Die Frankfurter Verhandlungen hatten Oelsner immerhin 1000 Louisd'or (das entsprach etwa 5000 Reichstalern nach oldenburgischer Währung) Dankeshonorar eingebracht, während er sich mit der zwar ehrenvollen, aber erst einmal wenig lukrativen Urkunde begnügt hatte. Die vielen Gäste und Bittsteller in seinem Haus jetzt wollten auch unterstützt, begleitet, ausgehalten sein. Die weitreichenden kaufmännischen Spekulationen und Geschäfte schienen diesen großzügigen Lebensstil zu tragen, nur bargen die vielen Verflechtungen und wirtschaftlichen Transaktionen auch ihre Risiken. Neider und Übelredner gab es obendrein, die unlautere Verknüpfungen zwischen der kaufmännischen und der diplomatischen Ebene witterten und dies sagten, wo sie konnten.

Als mit dem Absender *rue neuve maturin, No 698*, eine Einladung in Villegenis eintraf, die Madame Herbart galt, war sie nicht wenig erstaunt. Sie kam von – Oelsner! Er gab sich die Ehre, Madame Herbart kennenlernen zu wollen. Lucia Margareta fragte sich, wer hier seine Finger im Spiel haben mochte, denn natürlich mußte irgendwer ihm diese Einladung eingeflüstert haben. Basse war eben nicht auf Villegenis, ihn konnte sie nicht fragen, hätte auch nicht unbedingt gewagt, ihn mit einer solchen Bagatelle zu behelligen.

Instinktiv neigte sie auch mehr zu der Annahme, daß hier aus größerer Ferne Fäden gezogen worden waren, die ihr den Beginn im fernen Paris erleichtern helfen sollten. Sie dachte mit Wärme an den Herrn Regierungsrat in Oldenburg und an seinen Schwiegersohn. Ihr Langreuter ... Bei nächster Gelegenheit wollte sie von Halem schreiben, und dann mochte sie durchaus diese freundlichen Hilfestellungen aus der Ferne ansprechen. – Es war keine Frage, daß sie die Einladung annahm. Sie war entschlossen, alles und jeden kennenzulernen, das sich ihr bot oder der ihr die Hand reichte. Zum Gabelfrühstück war sie gebeten, und soviel hatte sie bereits gelernt in ihrer ersten Zeit in Frankreich: sie wurde damit nicht vor Mittag erwartet. Die anderen Deutschen auf Villegenis hatten sie schnell in die Besonderheiten eingeweiht, die der Zeitgeist jetzt diktierte. Der Mittag als Stunde der täglichen Hauptmahlzeit war schon lange vor der Revolution aus der Mode gekommen. Nun nahm, wer als fortschrittlich gelten wollte, das *diner* erst gegen sieben Uhr abends ein, und um den Tag überbrücken zu können vom frühen *petit déjeuner* bis zum Abend, schob man jetzt ein sogenanntes Gabelfrühstück um die Mittagsstunde ein. Was Lucia Margareta noch nicht wußte: diese Mahlzeit unterlag einzig keinen Zwängen der Bewirtungsvorschriften, so daß, wer als Junggeselle einen kleinen Haushalt führte oder sehr aufs Portemonnaie achten mußte, hierzu am leichtesten und ungezwungensten einladen konnte. Auch wenn die Deutschen unter den Parisern nicht jede Mode mittanzten, so paßten sie sich doch in den prinzipiellen Umgangsformen den französischen Verhältnissen an. Zum Frühstück also um ein Uhr!

Als Lucia Margareta ihre Ankunft in der *rue neuve maturin No 698* durch Klopfen bemerkbar gemacht hatte, öffnete ihr ein wohlgebauter, kräftig und doch zierlich wirkender Herr, dem die Haare in etwas ungeordnetem Gekreisel um den Kopf flatterten. Sein Gesicht schien auffallend blaß, aber der offene, leicht schmunzelnde Blick verriet viel Geist und Lebendigkeit. Oelsner hieß sie willkommen. Ohne viel überflüssig Honneurs zu machen, bat er sie ins Zimmer, wo der Tisch für zwei gedeckt war. Seine Köchin hatte ihnen wirklich anspruchslose, leichte Speisen aufgetragen. Herr Oelsner war offensichtlich einige Jahre jünger als sie und, wie sich im Gespräch ergab, seit mehreren Jahren verwitwet. Seine Frau, eine geborene von Mommerqué aus dem Elsaß, war allzu früh gestorben. Prinzipiell nicht ungeübt, den Damen unterhaltend entgegenzukommen und kokettierend im Umgang mit ihnen Witz und Scherz einzubringen, schien er jetzt ein bißchen aus der Übung gekommen zu sein. Vielleicht spürte er auch instinktiv, daß ihm eine Frau gegenübersaß, die mit dieser Pose wenig anzufangen wußte und sie eher mit Ironie konterte als mit galantem Geschmeicheltsein. So kamen sie langsam in ein offenes Gespräch miteinander, in dem sie Informationen tauschten, Nachrichten aus dem fernen Oldenburg und Bekannten dort mit Wissenswertem über die Pariser Welt und ihre Menschen hier. Sie sprachen über die Wohnverhältnisse, Lucia Margareta hatte gehört, daß die großen Villen der vorrevolutionären Zeit in den vergangenen Jahren vielfach umgebaut und in kleinere Wohnungen aufgeteilt worden seien, die man mieten konnte. Sie beabsichtigte, sich eine angemessene Unterkunft in der Hauptstadt zu verschaffen, um nicht dauerhaft auf Villegenis zu bleiben, was immer aufwendige Fahrten in die Stadt mit sich brachte. Auch wollte sie Basse nicht zu lange lästig fallen. Im übrigen hatte sie bei ihren ersten Fahrten nach Paris festgestellt, daß dies wirklich keine Revolutions-Stadt mehr war. Sie hatte sich fast gefragt, ob all die Berichte der vergangenen Jahre wirklich den Tatsachen entsprachen. Kaum mehr hatte sie das *Citoyen* oder *Citoyenne* gehört, weder auf der Straße noch im Geschäft, beim Schneider, beim Schuster. Allenthalben tönte es wie früher *Madame*, *Monsieur*! Sie hatte Wagen anrollen sehen, aus denen weißbestrumpfte Herren in Kniehosen und Schnallenschuhen ausstiegen, Damen in diesem Hauch von Chemisekleidern, die viel zu dünn und zu zart für die Jahreszeit waren. Sogar mit Schleppen fegten sie die unglaublich staubigen Straßen. Und wie viele Uniformen waren ihr aufgefallen! Oelsner wußte ihre Eindrücke zu bestätigen und gleichzeitig zu korrigieren. Ja, es sei eine Zeit der Gleichzeitigkeit des Ungleichzeitigen. Das Bürgertum und auch der erste Konsul ahmten die vorrevolutionären Umgangsformen und Gebräuche des Adels nach, das sei allenthalben mit Händen zu greifen. Aber vieles sei doch unwiderruflich anders geworden. Unbedingt müsse sie eines der vielen neuen Restaurants aufsuchen, dort komme sie in den Genuß der besten Kochkünste! Die vormaligen Leibköche der Aristokratie ließen hier jetzt jeden am kulinarischen Luxus teilhaben.

Und das Verhältnis des schönen zum starken Geschlecht habe auch so manchen sichtbaren Wandel erfahren ... Lucia Margareta bestätigte, wie ungemein wohltuend sie es empfand, als Frau sich allein außer Haus zu bewegen. Sie bemerkte, wie Oelsner offensichtlich den sinnlichen Genüssen durchaus zugetan war, ja geradezu ins Schwelgen geraten konnte bei diesem Sujet. Das also konnte die andere Seite sein eines eigentlich durch und durch vergeistigten Menschen – und sie empfand wieder einmal, was sie an Johann Friedrich so beunruhigt hatte: diese fehlende Seite des Lebens. Hatte sie selbst eigentlich daran teil? – Sie plauderten lange, für beide ein angenehmes Gespräch, während dessen Respekt und Achtung wuchsen, auf beiden Seiten. Am Ende machte Herr Oelsner einen überraschenden Vorschlag: er bot seinem Gast die Hälfte seiner Zimmer an, mit Benutzung seines Kellers, seines, wie sie gesehen hatte, hübschen kleinen Gartens, selbst die Köchin, hieß es, könne sicherlich beiden zu Diensten sei, bei guter Einteilung. Lucia Margareta war überrumpelt. Das Angebot machte selbst sie einen Moment äußerst verlegen. Sollte auch das von fern arrangiert, erbeten sein? War es wieder eine Brücke für die hilflose Frau in der Fremde? Sie fühlte, wie trotz eines warmen Gefühls der Berührtheit in ihr Widerstand hochkam. Zumal der Preis, den ihr Gastgeber dafür nannte, kaum mehr als symbolischen Wert haben konnte. Und daß er selbst nicht im Überfluß schwamm, war ihr gleich beim Eintritt in die Wohnung aufgefallen. Es war alles nützlich und sauber eingerichtet, aber eben sparsam und auf das Wesentliche beschränkt. Der Hausstand eines ledigen Wissenschaftlers, wie sie gedacht hatte. Sie dankte aufrichtig für das Angebot und bat sich Bedenkzeit aus, in der sie den überaus entgegenkommenden Vorschlag für sich prüfen wollte. Er komme doch allzu überraschend in diesem Moment.

Nach einigen Tagen Überlegung war sie tatsächlich entschlossen gewesen, Oelsners Angebot anzunehmen. In den folgenden Wochen blieben sie in Kontakt, in dieser Zeit aber gewann sie zunehmend den Eindruck, daß es um seine Gesundheit nicht zum besten bestellt war. Er war nicht nur blaß, wie sie ihn kennengelernt hatte, immer häufiger hütete er mehrere Stunden am Tag das Bett, fand dabei aber durchaus keinen erholsamen Schlaf, und was sie noch alarmierender fand: er magerte zusehends ab. Ein befreundeter deutscher Arzt betreute ihn gewissenhaft, aber an seinem Befinden änderte sich vorerst wenig. Dabei war Oelsner selbst voller Pläne und betrachtete sich offensichtlich überhaupt nicht als ernsthaft krank. Was sie sah, genügte, ihre Um- und Einzugspläne wieder abzulegen. Kam sie womöglich in die Situation, einem dahinsiechenden Mann in seinen letzten Wochen und Monaten beistehen zu müssen? Sie wußte, daß sie das konnte, sie hatte es schließlich schon einmal getan, als niemand anderes mehr den Mut und die Möglichkeiten hatte. Sie dachte an den armen Kanzleirat Widersprecher, der in ihren Armen gestorben war. Kollege des Justizrats war er gewesen in Oldenburg, ein feiner, durchgeistigter Mann. Sie hatte ihn sehr geschätzt. Nichts hatte sie damals abhalten können, ihm von den lindernden Tropfen zu geben so viel er verlangte in seiner Qual, entgegen aller Vorschrift, und sie wußte, daß sie es richtig gemacht hatte. Gerade sechs Jahre war das nun her, und seine Frau war mit fünf unmündigen Kindern allein gestanden. Inzwischen war Lucia Margareta aber selbst dem Tod von der Hippe gesprungen, und sie spürte, daß sie bei sich selbst bleiben mußte. Nein, ein Umzug zu Herrn Oelsner kam nicht mehr in Frage. Sie verstand es, die Absage mit Feingefühl zu formulieren, und Herr Oelsner nahm sie ohne Verstimmtheit an, allerdings auch ohne im mindesten von ihren Mahnungen zu seiner körperlichen Verfassung beeindruckt zu sein. Weibliche Ängstlichkeit! Ein leichtes konstitutionelles Tief, da hatte er schon mehr als dieses überstanden. Man blieb in Kontakt, nicht zuletzt, weil über seine Adresse auch Frau Herbart für deutsche Briefschreiber fortan in Paris zu erreichen war. – Wovon Lucia Margareta nichts wußte, waren die Verstrickungen, in denen sich Oelsner in dieser Zeit befand, die ihm zusetzten und Ursache seiner Anfälligkeit gewesen sein könnten. Angelockt durch die gesellschaftliche Umbruchstimmung, war er 1790 einer der ersten deutschen Beobachter und Anhänger der Revolution in Paris gewesen, war aber 1794 mit dem Beginn des *terreur* in die Schweiz geflohen. Vier Jahre später hatte man ihn in seiner preußischen Heimat als Revolutionär verhaftet, und nur nach Entrichtung einer hohen Geldstrafe hatte er 1799 nach Paris zurückkehren können. Seitdem hing ihm ein unseliger Prozeß an, in dem er sich zu Unrecht angeklagt sah, obendrein der *Vaterlandsrechte* beraubt. Er fürchtete um Folgen für seine Familie.

Immerhin hatte er Lucia Margareta nicht nur selbst eingeladen, sondern sie auch weiter in den deutschen Kreisen in Paris ‚vermittelt'. So war sie ins Haus des dänischen Dichters Jens Baggensen eingeladen worden, der war gerade seit einem Jahr wieder in Paris, diesmal in Begleitung seiner Frau Sophie und ihrer zwei Söhne. Die Tafel war an diesem Tag noch um eine weitere deutsche Familie erweitert gewesen: Lucia Margareta hatte neben der freundlichen Madame Cramer gesessen, deren Mann in so engem Verhältnis mit Baggensen stand. Ihre Revolutionsbegeisterung hatte die beiden Männer ehemals zusammengebracht, dann war der Däne aber zu einem glühenden Anhänger General Bonapartes geworden. Wer wie er den Korsen auf seinem Italienfeldzug begleitet und seine erstaunlichen Taten miterlebt hatte, konnte nur begeistert sein. Baggensen schwärmte. Lucia Margareta hörte mit Staunen zu, kannte sie bis jetzt nur das Geraune und Gemunkel über den ersten Konsul, wie sie es beim Schuster oder Schneider hörte: hochmütig war er, dieser General! Und der kleine Mann auf der Straße wußte: *nous n'avons pas encore fini*, die Geschichte geht noch weiter. Von einer *conspiration* hatte man ihr sogar gemunkelt. – Cramer war in sich gekehrt, weniger euphorisch gestimmt. Seine Existenz als Buchhändler und Buchdrucker in Paris war alles andere als erfolgreich und sicher, finanzielle Sorgen drückten ihn, er schlug sich und seine Familie nur mühsam durch mit seinem Geschäft. Paris war kein Pflaster mehr für geistige, das hieß in gewissem Sinn Luxusprodukte. Die Revolution hatte nicht nur die ehemals kaufkräftigen privaten Kunden weggefegt, auch die aufgelösten Klöster fehlten als Abnehmer. Wie viele Bücher hatten die Mönche früher für ihre Klosterbibliotheken angeschafft. Seit Cramer seinen Lehrstuhl in Kiel für griechische und orientalische Sprachen wegen seiner revolutionsfreundlichen Haltung verloren hatte und ins Exil gegangen war, waren es keine leichten Jahre gewesen. Lucia Margareta erfuhr, daß er im gleichen Lebensalter wie sie seinen Neubeginn hier versucht hatte. Seine Frau erzählte im schnell vertraulich gewordenen Gespräch von ihrem Leben in Paris. Wie schwer es doch war, in diesem Schlendrian eigentlicher Trödler so etwas wie einen ordentlichen Buchhandel zu führen! Nicht einmal ein Sortimentsverzeichnis könnten die Pariser Kollegen ihres Mannes auf die Beine stellen. Dies sei seine Stärke, daß er so gut sortiert sei und immer die wichtigen neuen Exemplare auf Lager habe. Aber dennoch fehle es eben an Kunden ... Dann war man auf Cramers jüngstes Werk gekommen, seine *Anecdotes sur Mozart*. Wissenschaftlich-literarische Arbeiten, Übersetzungen, Biographisches, das war sein zweites Standbein, mit dem er sich über Wasser zu halten versuchte. – Mozart! Wer hatte die *Mystères d'Isis* in der Grand Opéra gesehen? Herr Cramer winkte ab: was für eine wilde Mischung aus Mozarts besten Werken! Die herrliche märchenhafte *Zauberflöte*, diese einmalige Verquickung von Burleskem und Romantischem, was hatte der unvermeidliche Morel wieder einmal für einen Abklatsch davon zustande gebracht. Ein ernsthaftes Schauspiel solle das sein, abgeschmackt sei es geworden, und die Musik! Um den Eitelkeiten der Primadonna entgegenzukommen, habe man nicht weniger als drei herrliche Mozart-Opern ineinandergemischt! Und nicht einmal wirklich prächtig sei die Aufführung, nicht einmal die Augenschwärmer seien auf ihre Kosten gekommen. Cramer war in seinem Element, berief sich in seiner Kritik auf Johann Friedrich Reichardt, mit dem er in engem Austausch stand, seit der deutsche Komponist jetzt hier in Paris war. Der nahm mit Argusaugen alles wahr, was Musik und Theater zu bieten hatten und sparte nicht mit selbstbewußtem Urteil. – Lucia Margareta bat leihweise um ein Exemplar der *Mystères d'Isis*, um sich selbst eine Meinung über das Stück zu bilden. Und in die Oper wollte sie gewiß auch, sobald sich eine günstige Gelegenheit ergeben würde. Man bot ihr freundliche Begleitung an. Mit dem Kalauer von den *Misères d'ici* im Ohr – den hiesigen Erbärmlichkeiten –, den Baggensen fröhlich zum besten gab, verließ Lucia Margareta spät die angeregte Runde und freute sich, wieder ihren Bekanntenkreis um freundliche, interessante Deutsch-Pariser erweitert zu haben. Nein, es gab nichts, was sie ihren Entschluß, hierher zu kommen, hätte bereuen lassen. Die Welt schien ihr offen zu stehen, Neues bot sich jeden Tag, jede Stunde, und seit Jena war sie morgens nicht mehr so erwartungsvoll aufgestanden.

Ein neuer Lebensabschnitt hatte begonnen. Hier gab es keine Mutter und Hausfrau Herbart mehr, zum ersten Mal ging sie als gebildete Gesprächspartnerin durch die Tage, war Korrespondentin und Mittlerin zwischen der französischen und der deutschen Welt, und ehe sie sich selbst versah, kam ein Angebot, das sich auf einmal an ihr geistiges Können richtete. Jene Seite ihrer Persönlichkeit, die der Justizrat all die Jahre mit so viel zynischem Spott und solcher Verachtung abgelehnt hatte. Kanzleirat von Halem war es, der ihre Fähigkeiten jetzt als so offensichtlich und gefestigt ansah, daß er ihr schriftstellerisches Engagement vorschlug. Soweit ich die schmale Quelle interpretieren kann, die hierüber Auskunft gibt, schlug der Oldenburger ihr vor, Detmar Basse durch eine Biographie ein würdiges öffentliches Bild zu verschaffen. Wie eindrucksvoll und auch sprachlich überzeugend muß Lucia Margareta in die alte Heimat von ihrem Gastgeber berichtet haben, daß ein solches Ansinnen an sie die Folge war. Schade, sage ich aus dem Abstand von zweihundert Jahren, daß sie sich nicht auf das Unterfangen einließ. Offensichtlich hatte sie selbst noch nicht jenes Maß von Zutrauen in ihre Fähigkeiten wie inzwischen ihre Umgebung. – Der Herr Kanzleirat möge doch selbst vielleicht die Urkunde Basses veröffentlichen, lautete ihre bescheidene Antwort nach Oldenburg.

Der überraschendste, altbekannte Freund kam am 13. Januar des neuen Jahres, 1802, in Paris an: Joseph Harbaur. Den jungen Mediziner hatte es nicht mehr gehalten im fernen Jena; Schiller, an dem sein Herz wie an keinem anderen hing, war endgültig mit seiner Familie nach Weimar übergesiedelt, was den Umgang in seinem Haus seltener hatte werden lassen. Obendrein hatte Harbaur sich einen einschneidenden Ortswechsel verordnet, der ihn in seinem Studium weiterbringen und endlich zum angestrebten Abschluß führen sollte. Immerhin hatte er schon viereinhalb Jahre in Jena hinter sich und war noch immer nicht promoviert. Seine Wahl war auf die französische Hauptstadt gefallen, der ehemalige Mediziner Schiller wird ihn in seinem Entschluß vielleicht bestätigt haben. Einige Zweige der modernen Medizin hier standen im Ruf, absolut fortschrittlich und neuartig zu sein. Aber Harbaurs Weg war nicht direkt nach Paris gegangen, eine andere Aufgabe hatte sich davor geschoben. Es war wie eine Wiederholung des Oldenburger Zwischenspiels vor zwei Jahren, nur daß es jetzt wirklich die eigene Mutter war, der er in langen Wochen zu ihrem Recht zu verhelfen suchte. Es war kein ungefährlicher Weg, galt der junge Mann doch als Revolutionsemigrant und Landesflüchtling im französischen Elsaß.

Der Mutter hatte man als Frau und Witwe nicht zuletzt deshalb übel mitgespielt, sie gesellschaftlich diskreditiert und ihr nach und nach ihren Besitz enteignet: eine Wiese, einen Garten, ein Stück Vieh nach dem anderen. Ihr Haus hatte man geplündert, ja sie selbst war sogar ins Gefängnis gebracht worden. Und wieder hatte es eigentlich andere gegeben, die sich hätten kümmern sollen vor Ort, die Brüder. Aber sie hatten es nicht getan, waren selbst auch gebeutelt von den Revolutionsereignissen, drohender Zwangsrekrutierung und anderen Repressalien. So war Joseph Harbaur, durch die Oldenburger Erfahrungen bereits versiert mit Rechtsverdrehungen und Tücken der Gegner, aktiv geworden und hatte tatsächlich einen schriftlichen Beweis gefunden, daß das so übel geschröpfte Gut der Familie Harbaur als Erblehn gehörte und niemand einen Anspruch darauf machen konnte. Zwischen den Präfekturen und Büros seiner Elsässischen Heimat war er zu Fuß unterwegs gewesen, vier bis fünf Stunden im Regen und ersten Schnee des Oktober, um seiner Mutter das ihr zustehende Eigentum zu retten. Ein Sohn, ein juristischer Laie wieder in Auseinandersetzung mit Rechtsgelehrten von Profession. Nebenher, zum eigenen Lebensunterhalt, kurierte er nicht nur seine kranke Mutter, sondern übte eine rege medizinische Praxis aus: die Patienten im abgelegenen Neuweiler kamen dem Sohn des Ortes scharenweise zugelaufen. Ein eigener Arzt, dauerhaft in der Gemeinde, wie sehnlich wünschten sich das alle Neuweiler. Aber er war ja nur auf der Durchreise. Nicht nur an Schiller erleichterte er sich in Briefen über das, was er in seiner Heimat erlebte, auch Lucia Margareta wird er viel zu berichten gehabt haben über diese merkwürdige Wiederholung der Erfahrungen. Und sie wird sich in die Mutter Harbaur hineinversetzt haben, die der Sohn ihr als eine *ganz vortreffliche Frau* schilderte. Sie hatte es geschafft, mochte Frau Harbaur der gleiche glückliche Ausgang gelingen, auch wenn der Weg dahin steinig und manchmal hoffnungslos schien.

Der Biograph des berühmten Sohnes behauptet, Lucia Margareta sei ihrem Vertrauten Joseph Harbaur, wohin er auch immer ging, gefolgt. Er gibt zu, daß ihre Wege ihm im einzelnen eigentlich nicht bekannt sind. Ich habe von Anfang an meine Zweifel an dieser Darstellung, und sie bestätigen sich. Lucia Margareta war eindeutig v o r Harbaur in Paris, nicht als Schatten eines Mannes, dem sie sich auf

Schritt und Tritt anhängte, wie es heißen wird. Zu diesem Eindruck trägt allerdings nicht zuletzt auch Caroline von Wolzogen bei, Schillers Schwägerin, die en passant kräftige Hiebe austeilte gegen Frau Herbart. *Seine Madame Herwart!* Immer hänge sie sich an! Die Tatsache, daß sie nicht einmal den Namen richtig mitbekommen hatte, zeigt, daß sie an dieser Person gänzlich uninteressiert war. Für den jungen Mediziner aber waren Wolzogens wichtig; seine Exzellenz Wilhelm von Wolzogen, für seinen erfolgreichen Einsatz als courier d'amour am russischen Hof mit dem Titel Geheimer Rat, designierter Oberhofmeister und großzügigsten Bezügen belohnt, begleitete den sächsisch-weimarischen Erbprinzen auf seiner letzten Bildungsreise, die unter anderem nun auch nach Paris führte. Dann sollte der Prinz die Zarentochter Maria Paulowna heiraten. Die Wolzogens schlugen für Harbaur also die so sehr gesuchte Brücke nach Thüringen. Dort und nirgends anders wünschte er sich sehnlich eine *künftige Existenz*.

Hier in Paris aber war Lucia Margareta ihm der *Engel in der Wüste*, wie er an Schiller schrieb. Der junge Mann war alles andere als vermögend, Empfehlungsschreiben wird er in der Tasche gehabt haben, aus Jena, aus Weimar, dennoch war sein Start in Frankreich mit Sicherheit schwer. Eine modern anmutende Situation eröffnet sich mir: der Student will sein Studium erfolgreich abschließen, gleichzeitig muß er sich seinen Lebensunterhalt verdienen. Das hieß in diesem Fall an den verschiedenen Krankenhäusern der Stadt hospitieren und arbeiten, vor allem an der Charité. Das tat er auch, jeden Morgen ab halb sieben Uhr. Und zweitens hieß das, sich nebenbei eine Praxis und einen Patientenstamm aufbauen, wodurch er sich finanzieren konnte. Joseph Harbaur schaffte es, wie, bleibt für mich im Dunkeln. Berichten wird er, daß Frau Herbart es war, die ihm zu einer eigenen Praxis verhalf. Ich staune über diesen Umstand und denke, daß dies nur heißen kann: sie setzte alle Hebel für ihren jungen Freund in Bewegung und ließ alle bereits bestehenden Beziehungen spielen. Deutsche junge Ärzte genossen durchaus Ansehen und Zuspruch in Paris, nicht nur unter den Emigranten, sondern auch unter Einheimischen. Sie also ebnete ihm nach Kräften den Weg und revanchierte sich auf diese Weise für seine Fürsorge und Bereitwilligkeit in Jena und Oldenburg. Sie verschaffte ihm auch eine Einladung zu Detmar Basse, was er mit großer Freude und

Dankbarkeit nach Weimar berichtete. Wer eine Empfehlung dieses Mannes in seiner Brusttasche trug, dem blieben wenig Türen verschlossen. – Der junge Mediziner erlebte seinen Wechsel nach Paris durchaus als Bereicherung. Begeistert war er von den Fertigkeiten der hiesigen Ärzte in der Chirurgie und Geburtshilfe, da sah er sich wirklich als Lernender. Anders war es mit der inneren Medizin, hier fühlte er sich den Franzosen hoch überlegen und ließ auch keinen Zweifel an seinen eigenen, besseren Kenntnissen: *es ist noch ganz der alte Symptomatische Schlendrian*. Wenn er so schrieb, verrät er sich wirklich als Anhänger eines systematischen Krankheitsbegriffes, wie eben Brown ihn vertreten hatte. Sein Patientenstamm zumindest wuchs, man vertraute seinen Fähigkeiten.

Als die Weimarer Gäste dann da waren im Sommer 1802, rümpfte Caroline von Wolzogen die Nase. Sie konnte es nicht lassen, an Schwester Charlotte von seiner *albernen Existenz* zu schreiben, die eben nichts Halbes und nichts Ganzes sei. Immerhin bat sie in Weimar Charlotte von Stein, die Patin ihrer Schwester und Vertraute bei Hof, sich doch für ein jährliches Stipendium einzusetzen, das die Herzogin Luise dem jungen Elsässer, ihrem Landsmann, gewähren könne. Damit er denn nun endlich sein Studium schnell und erfolgreich abschließen konnte. Ob ihre Intervention um 50 Louisd'or Erfolg hatte, läßt sich nicht mehr nachvollziehen, sicher ist nur: Harbaur schaffte es, er schloß sein Studium erfolgreich ab in Paris. Mit oder ohne Stipendium. Und wenn es ihm tatsächlich gewährt wurde, dann schmälert das um nichts das Engagement Lucia Margaretas, die den Grundstein legte für seinen Erfolg. Einen Moment noch staune ich über den Ausdruck von Antipathie der Frau von Wolzogen gegen Lucia Margareta, und ich unterstelle, daß sich beide Frauen wirklich nur sehr oberflächlich kennenlernten. Denn eigentlich hätte der Werdegang der Herbartin einer Frau wie Caroline Lengefeld, geschiedene von Beulwitz, wiederverheiratete von Wolzogen, Respekt abringen müssen. Sie selbst hatte sich getrennt von einem Mann, mit dem sie nichts verband, sie selbst hatte die Kraft zu eigenem schriftstellerischen Erfolg ausgebaut und war dem Gedanken souveräner weiblicher Eigenständigkeit zutiefst aufgeschlossen. Lucia Margareta Herbart, der sich – noch – selbst verhindernden Schriftstellerin, hätte sie Ermutigung und Vorbild werden können.

Schlechte Nachrichten aus Montjoie
Zwei Frauen in Paris
Unvorhersehbare Wende

Antoinettes Brief aus Montjoie kam unerwartet, außerhalb ihres normalen Schreibrhythmus. Lucia Margareta erbrach das Siegel mit gemischten Gefühlen. Sollte etwas Außergewöhnliches sein? Sie überflog die ersten Sätze und blieb am alles entscheidenden sofort hängen. Frau von Scheibler war tot! Clara Maria von Scheibler. Am 17. März war sie *am Schlagfluß* gestorben. Drei Tage später hatte man sie im Familiengrab bei der lutherischen Kirche in Mentzerath beigesetzt. – Lucia Margareta fühlte einen Moment tiefe Enttäuschung aufsteigen. Wieder sollte ein so glücklich geknüpftes Arrangement zerstört sein, alle vermeintliche Sicherheit für die nächste Zukunft aufgehoben? Wieder müßte sie für Antoinette eine neue Lösung finden? Sie zwang sich, den Brief in möglichster Ruhe weiterzulesen. Natürlich hatte sie gewußt, daß die Scheiblerin mit ihren 68 Jahren bereits ein Alter hatte, in dem man immer mit ihrem Lebensende rechnen mußte. Aber sie war so rüstig, so munter im Kreis ihrer Familie gewesen, mochte das Alter sie schon ein wenig gezeichnet haben, mochte sie manchmal etwas wunderlich geworden sein. Ihre Teilnahme am Leben, an den jungen Menschen um sie her war ungebrochen gewesen, und das hatte der beste Garant gegen den Tod geschienen. Je mehr Lucia Margareta von Antoinette las, umso mehr relativierte sich ihre eigene Enttäuschung. Natürlich war es für sie in Paris denkbar ungünstig, ja fatal, die Tochter in dieser Situation im fernen Montjoie zu wissen. Aber andere Menschen waren weit schwerer durch den Tod der alten Unternehmerin betroffen. Sie war als Stamm-Mutter der Firma Dreh- und Angelpunkt in der Stadt geblieben. Jetzt brach von einem Tag auf den anderen für zahlreiche Familien der lebensnotwendige Verdienst weg, den sie ihnen verschafft hatte. Vielen hatte sie Arbeit gegeben und das Überleben gesichert, obendrein manche Zuwendung gemacht, um die Lage der Familien zu verbessern. Sie hatte selbst erfahren, was es hieß, sechs von dreizehn Kindern beerdigen zu müssen, so empfand sie mit den Webern, Walkern, Scherern um sie her und wollte an deren Kindern Gutes tun. Pastor Schmöler, der sich Antoinettes besonders angenommen hatte in Montjoie, bestätigte kurz darauf alles, was sie selbst geschrieben hatte. Er wußte sogar zu berichten, daß das Verhältnis der alten Dame und der jungen Frau, die ihre Enkelin hätte sein können, so harmonisch gewesen war, daß die Oldenburgerin nicht wie eine vorübergehende Angestellte, sondern wie eine Verwandte im Haus Scheibler verkehrt hatte. Ja, die alte Dame habe vorgehabt, sich Zeit ihres Lebens nicht mehr von dieser Gesellschafterin zu trennen, sie vielmehr in ihrem Testament ansehnlich zu bedenken. Nun hatte sie überhaupt kein Testament hinterlassen, es herrschte völlige Konfusion in Montjoie, auch unter den Kindern, auf die dadurch ein akribisches Dokumentieren und Inventarisieren zukam. Das geltende französische Recht war penibel. – Für Frau von Scheibler hatte das Planen ein Ende, ihr Tod war plötzlich eingetreten, mitten aus ihrem Kreis, aus Lachen und Fröhlichkeit war sie herausgerissen worden, kein Sorgen, aber auch kein Vorsorgen war möglich gewesen. So grausam ihr die von Antoinette geschilderten letzten Stunden der alten Frau vorkamen, die Lähmung der Zunge, die Unmöglichkeit, richtig Abschied zu nehmen von den ihren: fast neidete ihr Lucia Margareta diesen Abgang. Mag das Kirchenbuch der lutherischen Gemeinde von Montjoie auch trocken von *zurückgetretenem Geist berichten, an welchem* die Scheiblerin *seit einigen Jahren gelitten hatte und der sie in einen Zustand völliger Sinnlosigkeit versetzte, in welchem sie verschied.* Antoinettes Bericht stellt mir ihre Person ganz anders dar. Die junge Frau war nicht zur Pflege einer senilen, abständigen Greisin nach Montjoie gekommen, sondern hatte die letzten Lebensmonate einer einst ungemein tatkräftigen, umsichtigen Unternehmerin erlebt, die jetzt im Alter von den Früchten ihres Ansehens und Wirkens zehren konnte und nichts an Ansehen eingebüßt hatte.

Lucia Margareta wußte, daß sie schnellstens handeln mußte. Sie würde ihre Bekannten um Rat fragen, aber schon jetzt stand ihr Entschluß fest, Antoinette nach Paris kommen zu lassen. Sie selbst hatte inzwischen ihr Unterkommen geregelt, da fiel es ihr leichter, auch für ihre Tochter vor Ort zu sorgen. Immer noch hatte sie ein Standbein in Villegenis, war aber nach dem Abschlagen von Oelsners Angebot schon zu einem bescheidenen Quartier in der Hauptstadt gekommen, wo sie abstieg, wenn sie sich in Paris aufhielt. Antoinette war patent, mit einer Portion gesundem Zweckoptimismus ausgestattet und ließ sich auf Neues ein, das war die Hauptsache. Das Vergnügen mit den jungen Leuten in Montjoie, die

Maskenbälle im Karneval, die Bergwanderungen in der kalten Luft des Hohen Venn: Antoinette hatte sich eben noch einen Rock mehr übergezogen und am Ende dem ungewohnten Klima fröhlich getrotzt. Wer sich einmal Veränderungen gegenüber geöffnet hatte, der würde offen bleiben und das Unvermeidliche am Ende mit Freude tun. – Noch ehe in Montjoie die unumgängliche Inventur des von Scheiblerschen Besitzes Stück für Stück gemacht war, packte Antoinette ihren Koffer für die Umsiedlung nach Paris. Zwar hatten die Töchter der alten Frau von Scheibler ihr angeboten, als Gesellschafterin bei ihnen zu bleiben, aber die Pariser Lösung war vorzuziehen. Dort war für sie eine Stelle als deutsche Gouvernante in einer französischen Familie ins Auge gefaßt. Eine solche Position entsprach ganz Lucia Margaretas Vorstellungen für ihre Tochter, und sie war froh, von allen Seiten in dieser Entscheidung Unterstützung zu finden. Sowohl deutsche als auch französische Bekannte hatten ihr zu dieser Variante geraten, nachdem Antoinette in Montjoie einen ersten hoffnungsvollen Schritt in die Selbständigkeit getan hatte. Der Pflegetochter von Madame Herbart trauten alle vorbehaltlos zu, eine solche Aufgabe auszufüllen.

In diesen Tagen sollte noch eine andere Frau die weite Reise nach Paris antreten, so wurde ausgemacht, daß sie und Antoinette die Fahrt zusammen unternahmen. Es war weder angenehm noch schicklich, als Frau, als junge zumal, unbegleitet in der Diligence zu reisen. Und so erlebte die junge Frau nun die gleiche Reise, die Lucia Margareta einige Monate vorher gemacht hatte. Für sie und ihre Begleiterin waren im Cabriolet, dem vorderen Teil der Diligence, Plätze reserviert, hier war es meist weniger voll und gedrängt als im Hauptteil des Wagens; ihre Koffer wurden hinten aufgepackt und gut befestigt. Die Abfertigung an den Poststellen verlief reibungslos, in höchstens einer Viertelstunde waren die neuen Pferde vorgespannt, und die Fahrt konnte weiter gehen. Da die Postmeister Angestellte des Staates waren und pauschal entlohnt wurden, entfiel jedes Entgelt für die Dienstleistung, und es gab kaum Gelegenheit für finanzielle Querelen zwischen den Postmeistern und den Reisenden. Lucia Margareta hatte auch für Antoinette den Weg über Brüssel ausgesucht, den sie selbst auf Empfehlung Kundiger genommen hatte. Die Straßen in Frankreich und den französisch besetzten

Gebieten waren durch die Kriegswirren der Revolution noch in trostlosem Zustand, allein die Chaussee – der chemin ferré, wie die Franzosen sagten – über Brüssel war auf langer Strecke erträglich befahrbar. An den Kontrollstationen traten die Zöllner von beiden Seiten an den Wagen heran, fragten nach Namen und Pässen und begutachteten das Reisegepäck. Antoinette schien es, als ob sie im Cabriolet schneller und einen Hauch zuvorkommender abgefertigt wurden als die Reisenden im Hauptteil. Mit einem kurzen Ca suffit! Allez! winkten die Zöllner den Kutschern schließlich zur Weiterfahrt. Nach dem rauhen Klima in Montjoie und den Bergen dort, woran Antoinette sich hatte gewöhnen müssen, begrüßte sie die landschaftlichen Veränderungen, die sie vom Wagen aus sah. Je weiter sie ins Landesinnere von Frankreich kamen, um so milder schien das Klima. Manche Familien waren offensichtlich schon in dieser Jahreszeit in ihre Landhäuser gezogen; bei Meaux, nahe der Marne, bewunderte sie die vielen stattlichen Walnußbäume, die eine satte Ernte versprachen. Auch die eingewechselten Pferde wurden immer besser, je mehr sie sich der Hauptstadt näherten. Der letzte Abschnitt der Fahrt verging ihr wie im Flug. Sie schaute und staunte. Und schließlich lagen sich Tochter und Mutter nach den Monaten der Trennung endlich in den Armen. Schloß Villegenis hieß auch Antoinette willkommen.

Ich denke mir, Lucia Margareta machte Antoinette bald mit ihren Plänen näher bekannt und knüpfte auch die ersten Kontakte, daß sie ihre neuen Herrschaften kennenlernen sollte. Ich kenne die Familie nicht, in die sie als Gouvernante eintreten sollte, weiß auch nicht, ob sie ihre Stellung wirklich begann. Dies scheint mir auch nebensächlich angesichts der Tatsache, daß eine Lösung für sie gefunden war. Und sollte es diese nicht gewesen sein, so fand ihre Mutter eine neue, davon bin ich überzeugt. Alles fügte sich immer wieder. Irgendwann in diesem Frühjahr/Sommer 1802 siedelten die beiden Frauen auf jeden Fall ganz nach Paris um. Es erweist sich als unmöglich, über französische Archive noch ihre damalige Adresse zu ermitteln. So gehen sie für mich erst einmal unter in dem völlig verbauten und verwinkelten Zentrum der Pariser Cité. Interessant wäre zu wissen, in welchem Stadtteil sie eine Wohnung gefunden hatten. Sicher nicht unbedingt im Faubourg Saint-Germain mit seinen Stadtpalais und großzügigen Gärten drumherum. Trotz der inzwischen parzellierten hochherrschaftlichen Häuser. In anderen Vierteln drängten sich die Häuser dagegen dicht an dicht, die Gassen waren düster, der Faubourg St. Marcel geradezu überbevölkert, nicht viel anders sah es auf der rechten Seite des Seine-Ufers aus; zu den Außenbezirken hin, jenseits der Stadtzollmauern, wurde es wieder luftiger, lichter, dort lagen einzelne Häusergruppen zwischen großzügigen Grünflächen. Einschneidend muß der endgültige Wechsel ins Zentrum gewesen sein. Man brauchte nur eine halbe Meile aus der Stadt hinauszufahren, da wurden die Landstraßen einsam, kaum ein Fuhrwerk oder Reisewagen war zu sehen. Kam man in die Hauptstadt, schlug einem plötzlich ein lautes Getöse und Gedränge entgegen, Gerumpel von Wagen aller Art, dazwischen schreiende eilende Menschen, der Kontrast konnte nicht größer sein. Daran mußten sich die beiden Frauen gewöhnen.

Was für ein Gewimmel, was für eine Menschenmenge auf den Straßen! Lucia Margareta und Antoinette schoben sich langsam schritt für Schritt mit den Leuten vorwärts. Es war ein großer Vorteil, die neuen bequemen breiten Schuhe anzuhaben. Ihr Tritt war weit sicherer, als sie es kannten, ihr Gang hatte eine ungewohnte Festigkeit, und zumindest bei trockenem Wetter fühlten sie sich einem Ausflug wie dem heutigen gewachsen. Sie strebten zum Palais Royal, das vor allem Antoinette magisch anzog nach allem, was man ihr von dieser überdimensionalen Kauf- und Flaniermeile erzählt hatte. Die beiden Frauen waren nicht nur zu Fuß in der riesigen Stadt unterwegs, sie waren auch ohne männliche Begleitung. Niemand kannte sie hier in der Anonymität der Menge, im übrigen waren sie nicht die einzigen, die auf diese Weise selbständig auf den Straßen waren. In ihren denkbar einfach geschnittenen Kleidern war es ihnen ein relativ leichtes, sich fortzubewegen und im Straßenstaub halbwegs sauber zu bleiben. Andere Frauen rafften mit einiger Verlegenheit ihre feinen Kleider wadenhoch auf; Lucia Margareta fand, daß diese Geste ihnen viel von ihrer Souveränität zu nehmen schien. – Der Eindruck der prächtigen Anlage war auf beide überwältigend. Der Palais Marchand, wie er treffender auch genannt wurde, zog die Fremden wie die Pariser magisch an. Englisch, Italienisch, Deutsch, viele Sprachen summten um sie herum, von dem endlosen Singen und Plappern des heimischen Französisch ganz zu schweigen. Durch einen der Haupteingänge betraten die beiden Frauen das Geviert der Anlage: rings um das Rechteck des herrlichen alten Gartens grenzten die langgestreckten Gebäude, und das schönste schien ihnen die ununterbrochene Arkadenreihe, die zur Gartenseite hin vor den Häusern entlanglief. Das alte Palais, einst Wohnsitz Richelieus, mit seinen imposanten Stockwerken lag im Westen, die Häuser an den anderen Seiten waren zweistöckig gehalten. Noch nie hatten sie ein solches Warenangebot und solchen Luxus an einem Ort zusammen gesehen! Allein im Parterre grenzte Boutique an Boutique. Jedes einzelne Geschäft hatte etwa die Breite zwischen zwei Wandpfeilern. Lucia Margareta mußte an die Messen denken, auf denen sie früher einzukaufen pflegte, wie armselig war das dortige Angebot gewesen im Vergleich mit dem, was sich hier zeigte. Antoinette war bereits vor dem Geschäft einer Putzmacherin stehengeblieben, die ein Sortiment von schönsten Blumen, Federn und Spitzen präsentierte. Als sie die Freude in den Augen der jungen Frau sah, verwickelte sie sie gleich in ein Verkaufsgespräch, hielt ihr farblich passende Bänder ans Kleid und bedeutete ihr offensichtlich, daß ihr Aufzug unbedingt ein wenig Verschönerung und Auffrischung gebrauchen könnte. Mais, Mademoiselle, cela vous va à merveille! Die Französin hatte einen feinen Blick für die junge Ausländerin, die man nach dem neuesten Schrei der Mode herausputzen konnte. Lucia Margareta zog Antoinette sanft, aber bestimmt weiter. Hier kostete alles das Drei- und Vierfache, sie waren zum Schauen gekommen, zum bloßen Staunen, so war es für dieses erste Mal vereinbart. Das Geld, das ihnen beiden zur Verfügung stand, mußte zunächst einmal für wesentliche Dinge reserviert sein. Ohne Bedauern ging Antoinette weiter, sie konnte es genießen, einfach zu flanieren.

Porzellan, Uhren, feine Möbel, vieles auf geschliffenen Glasscheiben vor den Schaufenstern dekoriert, Gold- und Silbersachen, die edelsten Stoffe, die exotischsten Düfte, Liqueure, Spielzeug, alles was das Herz nur begehren konnte, präsentierte sich in den Auslagen. Zwar hatte man ihnen gesagt, daß erst am Abend, wenn die 180 Argandschen Lampen in den Arkadenbögen leuchteten, der Ort seinen ganzen märchenhaften Reiz entfalten würde, aber sie waren bereits jetzt am Tag völlig eingefangen von den vielen Eindrücken und Menschen. Und allein bis abends zehn, elf Uhr wollten sich die beiden Frauen auf keinen Fall in die Menge trauen. Lucia Margareta hielt es nicht für angemessen, Antoinette das Nachtleben der berühmten Freudenmädchen und Kurtisanen vom Palais Royal und ihrer Kavaliere vorzuführen, Oelsner hatte sie diskret aber eindeutig auf das dann sich entfaltende Leben hingewiesen. Antoinette zeigte zwischen die Säulen eines oberen Stockwerks. Auf einem lebensgroßen Ölgemälde prangte da ein stattlicher General, merkwürdiger Weise steckte nur ein Bein im Stiefel, den anderen Fuß präsentierte er nackt einem Mann, der sich geschäftig darüber beugte. Ein Hühneraugenheiler! Reklame für seine Kunst, die er hier anbot im Palais Royal, beste Referenzen! Am Haupteingang hatte sich ihnen schon ein Dutzend Handzettel entgegengestreckt: Wunderheilung, Handlesen! Gleich die Adressen der zufriedenen Gewährsleute und Kunden mit aufgeführt. – Lucia Margareta und Antoinette ließen alles auf sich wirken, schauten, rochen, fühlten das Leben hier und hielten schließlich an der duftenden Waffelanstalt. Eigentlich hatte der gute Oelsner ihnen das Café de Chartres angeraten, dort würden sie sich sicher im Kreis zahlreicher Landsleute wohl fühlen, denn es war der bevorzugte Treffpunkt von Engländern und Deutschen. Stattdessen bestellten sie sich nach dem Vorbild der anderen Gäste zwei Waffeln an der Theke der Bäckerei und nahmen dann an einem der kleinen Tische Platz. Für jeden Gast wurde der Teig frisch ausgebacken. – Paris! Lucia Margareta wartete ein bißchen erschöpft an ihrem Tisch, all das Schwirrende, Neue, Ungewohnte, noch nie Gesehene in dieser Stadt verwirrte immer noch ihren nüchternen Blick; für einen kurzen Moment sehnte sie sich ins kleine Jena zurück, ja sogar nach Oldenburg, in die Überschaubarkeit des Allzubekannten. Wie recht hatte doch die gute Madame Cramer, daß es ein paar Monate Eingewöhnung brauche, bis man in Paris seinen Rhythmus finde. Aber eigentlich spürte sie schon jetzt, in der Tiefe, daß sie hier richtig war. Wie oft hatten ihre Bekannten ihr geraten, nach Paris zu gehen. Diejenigen, die gespürt hatten, daß sie in der Enge der kleinen Residenzen nicht mehr glücklich werden konnte, und sie hatten Recht gehabt. Sie würde sich hier arrangieren, die interessantesten Häuser und Bekanntschaften hatten sich ihr geöffnet, es wäre doch gelacht, wenn sie sich auf ihre alten Tage nicht mehr daran gewöhnen könnte, um ein Uhr mittags zu frühstücken und auch einmal um zwei Uhr nachts zu soupieren.

In der Begleitung der freundlichen Familie Cramer unternahmen Lucia Margareta und ihre Tochter auch einen Ausflug in den Garten Apollos zur Aussichtsrotunde. Die junge Frau mußte doch unbedingt das herrliche Panorama der Stadt erleben, in der sie nun zu Hause war. Paris mußte man von oben lieben lernen! In strahlendem Weiß lag die Stadt rings unter ihnen, die Luft war erstaunlich klar, und Herr Cramer beruhigte sie, daß dies auch im Winter kaum schlechter sei. Die Franzosen heizten mit Holz, nicht etwa mit Steinkohle, wie die Engländer, die ihre Häuser damit schwärzten und sich die Atemluft nahmen. Mit der Hand wies er alle Sehenswürdigkeiten, benannte die Stadtteile. Das Panthéon stolz über den Häusermassen des Faubourg St. Jaques und St. Marceau. Die Türme von Notre-Dame, die Abtei auf dem Mont-Martre, die Windmühlen dort oben. Es war ein überwältigender Eindruck für Antoinette. Bisher hatte sie in Städten von 4000 Seelen und weniger gelebt, hier drängten sich fast 600 000 Menschen zusammen in einer Stadt. Was würde sie der Mutter alles zu schreiben haben ins ferne kleine Varel an der Jadebucht.

Der Sommer verging schnell, fast möchte ich ihn erzählend dehnen, um den Umschwung hinauszuzögern. Im September 1802 wurde Lucia Margareta krank. Ein allererstes, noch unerkanntes Opfer der Grippe-Epidemie, die in diesem Winter Paris heimsuchen sollte in allen Schichten und Altersklassen? Oder kehrten die alten Symptome wieder, die sie so gut kannte? Vielleicht war die unterschwellige chronische Schwäche ihrer Konstitution auch der willkommene Nährboden, auf dem die ersten auftretenden Viren in diesem Herbst gedeihen konnten. Lucia Margareta hatte keine körperlichen Reserven, mit denen sie einem solchen Infekt trotzen konnte. Mit welchen Anzeichen auch immer die Krankheit begonnen haben mag, die Betroffene litt zunehmend. Zuerst schien sie sich tagsüber immer wieder zu erholen, wenn die Nächte schlecht gewesen waren; aber dann wurde sie bettlägerig mit heftigen Fieberschüben. Ihr Appetit ließ nach, schließlich konnte ihr Magen einfach keine Nahrung mehr aufnehmen, sie erbrach alles. Antoinette war nur noch für sie da; sie war ständig um sie, versuchte, ihr Mut und Hoffnung zuzusprechen, ihr Erleichterung zu verschaffen. Stundenlang saß sie an ihrem Bett, kühlte ihre Stirn, hielt ihre Hand und befolgte akribisch jede Verordnung des Arztes. Natürlich hatte Joseph Harbaur sofort die Betreuung seiner mütterlichen Freundin und Wohltäterin übernommen. Am liebsten, auch zu Antoinettes Beruhigung, wäre er gern den ganzen Tag um die Kranke gewesen, aber das ließen seine Verpflichtungen gegenüber seinen anderen Patienten nicht zu. Er kam so oft und so lang, wie ihm irgend möglich war. Aber welche Möglichkeiten der Behandlung hatte er diesmal? Als sich im November die Fälle von Grippe mehrten, erste Berichte in den Zeitungen auftauchten und die wildesten Wunderheiler und Quacksalber ihre Chance gekommen sahen, das große Geld zu machen mit der Angst und Unwissenheit der Menschen, da schüttelten er und manche seiner Kollegen den Kopf über so viel Scharlatanerie und fürchteten die Leichtgläubigkeit der Kranken. Aber auch die akademische Ärzteschaft war sich uneins in den Behandlungsmethoden der Krankheit, sie veröffentlichten selbst widersprüchliche Kuranweisungen in den Zeitungen. Wiederholt wurde ein Absud aus Borago empfohlen, mit Honig vermischt und ein paar Stunden morgens vor dem Aufstehen zu nehmen; er sollte die Ausdünstung vermehren, die Erkältung austreiben. – Zog Harbaur das Brownsche Kategorienschema zu Rate, suchte er nach Anzeichen von zu viel oder zu wenig Erregung bei der Kranken? Ruhe, Diät, Wärme hießen allgemein die probaten Anweisungen im Fall der Grippe. Seine Ratschläge gegen Lucia Margaretas Krankheit werden kaum viel anders gelautet haben. Nicht jeder Arzt hatte in dieser Zeit das ausreichende Gespür, den richtigen Moment zu erkennen, wo sich kräftezehrende Maßnahmen wie Aderlaß oder Abführmittel von selbst verboten, mancher kurierte seine Patienten wirklich zu Tode. Aber je weniger die Kranke zu sich nehmen konnte, je mehr sie abmagerte und schwächer wurde, desto mehr verboten sich solche Mittel. Harbaur, ich wage es ihm zu unterstellen, war umsichtig genug, solche Übertreibungen zu lassen. Auch als Brownianer.

Die füllige Lucia Margareta wurde von Woche zu Woche weniger. Es war für Antoinette qualvoll zu sehen, wie sie schließlich bis auf die Knochen abgemagert war. Oft saß sie an ihrem Bett und wachte während der kurzen Schlafphasen der Kranken, immer mit der angstvollen Frage, ob sie die Augen überhaupt wieder aufmachen würde. Sie beugte sich über ihr Gesicht und versuchte, Atem zu spüren. Den Puls zu fühlen, traute sie sich nicht, die Kranke könnte aufschrecken. Gott sei Dank, sie atmete noch. Die Vorhänge in ihrem Zimmer waren auch am Tag meist zugezogen, draußen hörte man den Verkehr, das zornige Schreien von Passanten, die vor einem Cabriolet zurückspringen mußten, das monoton-dumpfe Murmeln der Bettler dazwischen, das manchmal schrill auffuhr, wenn sich eine der elenden zerlumpten Gestalten an den Rockschoß eines Passanten hängte und um ein Almosen kreischte. Wie hatte sie dieses Elend auf den Pariser Straßen in den ersten Wochen schockiert. Am schlimmsten waren ihr jene Elendsgestalten gewesen, die die Revolution offensichtlich von oben nach unten gekehrte hatte, Gestalten in zerrissenen Spitzen und Seidenstoffen, die sich voller Scham an die Hauswände drückten und stumm den Vorbeigehenden ihren dreieckigen Hut hinhielten. Jetzt, Ende November, hatten bereits stärkere Nachtfröste eingesetzt und den sonst unerträglichen Kot und Unrat in den Straßen festgefroren. Der Gestank war auch tagsüber ein bißchen gemildert, wie Antoinette auf ihren wenigen Gängen zur Apotheke wohltuend bemerkt hatte. Während es ihr manchmal fast den Magen umgedreht hatte, lachte ihre Pflegemutter bei solchen Kalamitäten nur. Ja, das Leben roch nicht immer gut! – Antoinette schaute unwillkürlich auf den versiegelten Brief, der auf der Kommode lag. Gestern hatte ihre Mutter ihn unter Aufbietung aller Körperkraft selbst geschrieben, gestützt mit vielen Kissen im Rücken, sie Antoinette, hatte ihr die Feder eintauchen müssen. Es war ein Abschiedsbrief an Johann Friedrich gewesen. Die Mutter hatte ihr inneres Haus bestellt, sie hatte mit dem Leben abgeschlossen, völlig ruhig und versöhnt, kein Bedauern war ihr über die Lippen gekommen, kein Ausdruck von Resignation oder Verbitterung. Während Antoinette mit der Unterstützung von Joseph Harbaur ihr immer wieder Hoffnung zugeredet hatte, wie schon so oft in den vergangenen Wochen, hatte sie mit dem letzten Rest ihrer Energie abgewinkt. Welche Medizin sie ihr auch geben, welche Mühe die beiden auch aufbringen würden, diesmal sei ihr der Tod gewiß. Sie müsse sterben, hatte sie gesagt. Und dann hatte Antoinette versprechen müssen, den Abschiedsbrief sofort zu besorgen, wenn es soweit wäre. Bis jetzt wußte in der Heimat niemand von der Schwere ihrer Erkrankung. So wollte es die Mutter. – Das einzige, was Lucia Margareta in den letzten Wochen Sorge bereitet hatte, war Antoinettes weiterer Weg. Was sollte aus der jungen Frau allein in Paris werden? Während die Tochter selbst den Gedanken daran als unerträglich immer wieder verdrängt hatte, suchte die Mutter vom Krankenbett aus nach einer Lösung, die sie beruhigen konnte. Antoinette war nicht Lucia Margareta, soviel das Mädchen auch an ihrer Seite und schon allein herumgekommen war, sie brauchte noch Anlehnung und Führung. – In diesem Augenblick meldete die Aufwärterin leise Madame Cramer an, und im nächsten Moment war die Freundin bei Antoinette, die sie aus völlig übermüdeten, traurigen Augen ansah. Die deutsche Freundin war der Rettungsanker für Lucia Margareta geworden, denn sie hatte ihr in die Hand hinein versprochen, nach ihrem Tod für Antoinette zu sorgen. Seitdem kam sie täglich, um der Kranken jetzt schon das Gefühl zu geben, daß die Pflegetochter in ihr eine verläßliche und sichere Hilfe hatte. Von den vielen Nachtwachen und der unentwegten Anspannung und Sorge war das Mädchen selbst bereits krank geworden, der Arzt hatte angefangen, auch ihr stärkende Säfte zu verordnen, wenn er ihr schon den dringend nötigen Schlaf nicht vorschreiben konnte.

Am 2. Dezember gab niemand der Patientin mehr eine Chance, ihre Augen schienen gebrochen, der Puls war nicht mehr fühlbar, der Körper lag steif unter den Decken. Als Harbaur diesen Zustand sah, vollbrachte er, in Antoinettes Augen, ein letztes Wunder; durch einen *Lebensbalsam* schaffte er es tatsächlich, Lucia Margareta noch einmal zum Bewußtsein zu erwecken. Sie reagierte auf das, was die Anwesenden zu ihr sagten, sie erinnerte sich deutlich an alles Gesehene und Gesprochene; Antoinette und Madame Cramer wichen nicht von ihrem Bett. Nach wenigen Stunden aber ließen die Kräfte endgültig nach, die Stimme verlor sich langsam, bis die Kranke ganz verstummte; schließlich fiel sie in einen dumpfen Schlaf, aus dem sie nicht mehr erwachte. In der Nacht des 4. Dezember, etwas vor Mitternacht, mußte Joseph Harbaur den Tod feststellen.

Lucia Margaretas Tod fiel in eine Zeit, in der die Bestattungen in Paris sich häuften. Die Grippewelle holte sich ihre Opfer. Und die Pariser waren in den Jahren des revolutionären terreur abgestumpft gegen den Tod, im Schrecken wie in der Achtung. Christliche Begräbnisse waren verpönt gewesen, individuelle Grablegen hatten im Zuge der gesellschaftlichen Égalité anonymen Massenbestattungen weichen müssen, der Zustand der Friedhöfe war auch Jahre danach so unvorstellbar erbarmungswürdig und grauenerregend, daß es mir noch heute schwer fällt, Lucia Margareta unter solchen Bedingungen beerdigt zu wissen. Noch viel unvorstellbarer, daß Antoinette sich auf einem dieser von Verwesungsgeruch und Verwahrlosung gezeichneten Plätze für immer von ihrer Pflegemutter trennen mußte. Kaum, daß Särge wieder üblich geworden waren für die Toten von Paris. Vielleicht hätte Lucia Margareta selbst der traurige Umstand einer würdelosen Bestattung weniger beunruhigt als die Überlebenden. Zu ihrem Körper hatte sie immer ein distanziert-ironisches Verhältnis gehabt, um die *Maschine*, die so oft den Dienst verweigert hatte in ihren Augen, dieses abgenutzte, runzlige Etwas, darum hatte sie nie viel Federlesen getrieben. Würde und innere Ruhe hatte sie im Leben gesucht und für sich erreicht, mochte die sterbliche Hülle nach dem Tod auch vernachlässigt werden. Der Versuch, ihren Bestattungstag oder -ort ausfindig zu machen, scheitert. Die Kartei der *décès de l'état civil parisien antérieur à 1860*, die man für mich im Archiv in Paris durchsucht, weist keine Lucia Margareta Herbart nach. Obwohl man in diesen Monaten in den Pariser Zeitungen Totenlisten veröffentlichte, die jedem gestatteten, Namen von Freunden und Bekannten eventuell unter den Opfern der Grippewelle zu suchen, finde ich in den bestellten Zeitungen keine Spur solcher Sterbedaten. Vielleicht waren sie den Zeitungen lose beigelegt und haben unter archivarischer Sicht die Zeit nicht überdauert. Ich durchblättere die *Oldenburgischen wöchentlichen Anzeigen*. Ob man den Tod der Frau Justizrätin hier anzeigt? Nein, auch hier kein Hinweis auf ihren Tod. Lucia Margaretas Lebensende verliert sich für mich im Dunkel nicht mehr zu klärender Umstände.

Geschiedene Leute ja – Scheidung nein
Ehe im Spiegel von Recht und Philosophie
Das Leben geht weiter

Als Lucia Margareta Herbart, die geschiedene Deutsche, in der französischen Hauptstadt gerade gestorben war, da füllten sich die Gazetten und Blätter mit Klatsch und Traktaten über eine andere Ausländerin, Germaine de Staël. Sie hatte in ihrem eben erschienenen ersten Roman *Délphine* zum Thema Ehescheidung freimütig und bejahend Stellung bezogen und gegenüber den Werten der katholischen Kirche unverhohlene Skepsis geäußert. Skandal! In den Zeitungen tobten sich entrüstete Rezensenten aus, in den galanten Zirkeln machten gift- und gallespritzende Damen ihrer Ablehnung Luft. Skandal! – Während eine Lucia Margareta Herbart in Oldenburg oder eine Sophie Mereau in Jena als Damen der Gesellschaft ziemlich allein um die Auflösung ihrer Ehe kämpften vor dem Hintergrund deutscher Landesgesetze, da ließen sich im selben Jahr in Paris immerhin 808 Paare trennen. Dabei war zu diesem Zeitpunkt der Zenit der Scheidungswelle im nachrevolutionären Frankreich schon überschritten. Als die Massen gegen die Bastille gestürmt waren und die Marktweiber den König im Triumph aus Versailles nach Paris geschleppt hatten, war Scheidung zwar noch kein Thema oben auf der Dringlichkeitsliste der Revolutionäre gewesen. Aber drei Jahre später, am 20. September 1792, hatten die Franzosen sich ein Scheidungsgesetz gegeben, das in seiner liberalen Ausgestaltung seinesgleichen suchte in Westeuropa und in Nordamerika. Noch heute staune ich, wie umsichtig, auf Gleichberechtigung der Geschlechter und Schonung der Kinder bedacht, dieses Gesetz gestaltet war. Die Eheschließung galt von nun an als ein bürgerlicher Vertrag, die Kirche blieb außen vor. Und wenn sich die Partnerschaft aufgrund unüberwindlicher Abneigung als nicht fortführbar erwies, so reichte dieser Grund, um die Auflösung der Verbindung zu beantragen. Vor allem: Frauen wie Männer konnten die Scheidung einreichen, und die Frauen machten intensiven Gebrauch von ihrem Recht. Der von vielen Kritikern befürchtete Dammbruch trat wirklich ein, zu viele durch Gewalt, Unterdrückung und Diskriminierung gezeichnete Ehen hatten über Jahre aufrecht erhalten werden müssen. Frauen lösten eine Flut von Scheidungsanträgen aus. Zum Zeitpunkt von Lucia Margaretas Tod war das Pendel fast schon wieder zurückgeschlagen. Schon 1804 nahm der *Code Civil des Français* die liberalsten Elemente des unter der Revolution geborenen Gesetzes zurück. Der erste Konsul tat alles, die traditionellen Muster wieder einzuführen, strengere kirchliche Moralvorstellungen kehrten durch die Hintertür wieder in die Gesetzgebung zurück, Trennung im gegenseitigen Einverständnis blieb zwar theoretisch möglich, unterlag aber so vielen Detailauflagen und Bedingungen, daß es ein fast unpraktibles Unternehmen wurde. Scheidungswillige brauchten von jetzt an einen langen Atem, ihr Begehren durchzusetzen, das Verfahrensrecht war ihrem Anliegen nicht förder-, sondern im Gegenteil zunehmend hinderlich. ‚Bis daß der Tod Euch scheidet' war wieder die gültige offizielle Maxime geworden. Ein Salto rückwärts der Geschichte – und selbstverständlich ging die Scheidungsrate auf einen Schlag rapide zurück.

Dabei lebten in Paris inzwischen recht viele geschiedene Frauen und Männer, man wußte um ihren gesellschaftlichen Status, nahm ihn hin als unvermeidliches Übel, aber wehe, jemand brachte das unberührbare Thema auf die Bühne und in einen Roman! So wagte nur ein Kritiker, Madame de Staël und ihren stark autobiographischen Schlüsselroman *Delphine* in Schutz zu nehmen und den schäumenden Verrissen ruhige Argumente entgegenzustellen. Daß nämlich die Verfasserin in einer Religion geboren sei, die die Ehescheidung autorisiere, und daher deren Vorteile durchaus vorurteilsfrei darstellen könne, dies um so mehr, da sie es in einer Zeit tue, in der Frankreich selbst die Ehescheidung durch seine Gesetze abgesegnet habe ... Aber die Zeiten waren bereits wieder im Wandel, die Aufbruchstimmung von 1792 verflogen, die Beschneidung und Teilrücknahme des Gesetzes lag in der Luft. In nicht allzu ferner Zukunft würde der deutschsprachige Raum, so er nicht inzwischen französischem Recht unterlag, die einstige revolutionäre Liberalität überholen: das *Allgemeine Landrecht für die preußischen Staaten*, das durch Friedrich II. 1794 Gesetzeskraft erlangt hatte, würde mit einem einfacheren Verfahrensrecht und günstigeren Anwendungsregeln die Einverständnisscheidung viel mehr begünstigen, als dies das französische Gesetz noch konnte und wollte. Hier hatten die Früchte des aufgeklärten Absolutismus tatsächlich einmal die genuin revolutionären Ansätze hinter sich gelassen. Mochte das sogenannte ALR auch einem überkommenen, ständisch geprägten Ehebegriff anhängen, der die Bindung zweier Menschen zur notwendigen, vorbildlichen Keimzelle staatlicher Organisation erklärte: die Wiederaufhebung einer Ehe blieb vergleichsweise gut erreichbar. Lucia Margareta hatte davon profitiert, daß der Vorsitzende ‚ihrer' Scheidungskommission im Herzogtum Oldenburg ein Freund vereinfachten Prozeßreglements gewesen war. Das ALR hatte ihm eingeleuchtet, als Vorbild vorgeschwebt. In diesem Sinn hatte sich der Jurist von Halem in seiner eigenen Revisionsarbeit für oldenburgische Verhältnisse anregen und leiten lassen. – Ja, die Ehe war ein Vertrag, den man auch wieder kündigen konnte, das ALR hatte es so definiert, nicht anders der Philosoph Kant im fernen Königsberg. Allerdings meinte das Preußische Landrecht einen öffentlich-rechtlichen Vertragsbegriff, während der Königsberger von einem rein privatrechtlichen ausging. Ein Ehevertrag war für ihn die Sublimierung der menschlichen Natur sozusagen, der Aufstieg vom Tier zur vernunftbegabten Person, denn Sexualität und ihre Befriedigung, die er beiden Geschlechtern gleichermaßen zuerkannte, konnten erst durch einen Ehepakt zu einem Akt menschlicher Vernunft erhöht werden. Die Erfüllung des Ehevertrags in diesem Sinn war eine Leistung der jeweiligen Partner, von ihnen gewollt, nicht staatlich verordnet. So hatte es der Philosoph 1797 in seiner *Metaphysik der Sitten* erstmals veröffentlicht. – Von Sexualität und ihrer notwendigen Befriedigung hatte auch Fichte in Jena ein Jahr vorher geschrieben, aber wie anders war seine Grundannahme gewesen. Kein Vertrag war da die Ehe gewesen, sondern eine freiwillige Unterwerfung der Frau unter den Mann. Ein zweifelhafter Rückgriff auf pseudo-naturrechtliche Begründungen, eine Setzung von Geschlechtsunterschieden, die nicht nur Frauen schaudern ließen. Nur die Trennungsmöglichkeit, ja Trennungspflicht für die nicht mehr liebende Ehefrau hatte wie ein einsames Licht aus all diesem Kauderwelsch herausgeleuchtet und Lucia Margareta punktuell für Fichtes Gedankenspiele eingenommen. Die Geschichte ging über Fichtes Ehetheorie hinweg wie über andere Irrtümer auch, und doch wirkte seine Sexualtheorie weiter, die völlige Hingabe der Frau unter die Bedürfnisse des Mannes sollte lange als moralisch-natürliche Gegebenheit gelten. Lucia Margareta Herbart hatte in einem Jahrzehnt gesellschaftlicher Verwerfungen und rechtsphilosophischer Entwürfe ihr Schiff durch die Klippen manövrieren müssen.

Und wie ging es in Oldenburg einem geschiedenen Herrn Justizrat, Mitglied der herzoglichen Regierungskanzlei? Für Thomas Gerhard Herbart, zu diesem Zeitpunkt 63-jährig, scheint das unrühmliche Aufsehen seiner Scheidung keinen Schaden im Ansehen bei seinem Landesherrn und in der Gesellschaft hinterlassen zu haben. Im Juli 1804 finde ich ihn wieder in Bad Pyrmont ‚die Kur gebrauchen'. Ein alter Herr, kurz vor der Pensionierung, er wird nach all den einschneidenden Erlebnissen der letzten Jahre sicher nicht mehr unanfechtbar in seiner Gesundheit gewesen sein. Er war nicht allein gekommen, ein Kollege aus Oldenburg begleitete ihn dieses Jahr. Und noch einen Bekannten sollte er treffen am Brunnen: Senator Smidt aus Bremen. Die Herren begegneten sich höflich, sogar ein wenig entgegenkommend, das Wissen um die Entblößungen und Parteilichkeiten im vergangenen Prozeß legten alle so gut beiseite wie möglich. Man war bemüht um Haltung und Achtung gegeneinander, ja suchte in Verbindlichkeiten Terrain wiedergutzumachen. Der Justizrat hatte in dieser Beziehung nichts von seiner alten Wendigkeit verloren. Vielleicht war es ein wunderbarer Vorwand für ihn, dem Sohn Johann Friedrich nach Göttingen zu schreiben: Freund Smidt ist hier, ergreif die Gelegenheit und komm einige Tage herüber ins Bad! Eigentlich meinte er sich selbst, buhlte um die Anwesenheit seines Sohnes, der jetzt im vollen Schwung einer akademischen Laufbahn als Philosoph und Pädagoge war; in den nächsten Monaten würde er mehrfach einen Ruf an andere Universitäten erhalten, Göttingen aber erst einmal treu bleiben: außerordentlicher Professor Dr. Johann Friedrich Herbart. Der Vater konnte stolz sein, seine Langmut in der Berufswahl des Sohnes hatte sich bewährt, seine Toleranz Früchte getragen. Auch Kollege von Halem hatte ja am Ende die Fähigkeiten seines Sohnes auf diesem Gebiet erkannt, der Aufsatz in dessen Zeitschrift *Irene* war ein vielversprechendes Debüt des jungen Wissenschaftlers gewesen. Alle hatten ihren Beifall bekundet. Gut, daß die leidige Angelegenheit damals hier nicht anhaltend zerstörerisch gewirkt hatte. Die Gesundheit Johann Friedrichs war auch soweit wiederhergestellt, eine gewisse Anfälligkeit unter Belastungen war allerdings geblieben. Ich kann die Wiederannäherung von Vater und Sohn nicht mehr verfolgen; als sie wieder in meinen Blickwinkel treten, ist der Kontakt bereits da. Vom

Sohn war er immer langfristig geplant gewesen, vom Vater vielleicht nach dem Tod der Mutter spätestens gesucht worden. Smidt durchschaute die Beweggründe des alten Herbart, als Johann Friedrich tatsächlich der Einladung nach Pyrmont folgte: sein Besuch galt dem Vater. Nichtsdestoweniger freute er sich über das Zusammentreffen mit dem Freund.

Ein halbes Jahr später, Anfang 1805, reichte der Justizrat die Bitte um gnädige Entlassung in den Ruhestand ein bei seinem Herzog, und Peter Friedrich Ludwig zögerte nicht, auch bei diesem seiner Regierungsbeamten wie üblich zu verfahren, *daß Wir uns in Gnaden bewogen gefunden haben, dem Justiz Rath Herbart die von ihm unlängst nachgesuchte Entlassung von seinen Diensten, unter Beybehaltung von 1200 Reichsthalern als einer jährlichen lebenswierigen Pension, zu bewilligen.* Vier Jahre wird Thomas Gerhard Herbart sie noch genießen können, diese Pension in voller Höhe des zuletzt bezogenen Gehaltes. Ein gesicherter Lebensabend. Das ihm Zustehende wird anstandslos gewährt, kein Kampf ist nötig, sein Recht durchzusetzen. Seine ehemalige Frau hatte die doppelte und dreifache Kraft aufbringen müssen, um das erst zu erringen, was ihr eigentlich unangefochten zugestanden hätte: ihr Vermögen als Basis zu ihrem Lebensunterhalt.

Und Antoinette, die ich allein in Paris 1802 zurücklassen mußte? Mehrere Zufälle sind nötig, mich erneut auf ihre Spur zu setzen, dann treffe ich sie in naher Nachbarschaft wieder: sie ging in Bremen in Stellung, und zwar als *Erzieherin der Kinder und Aufseherin des Hauswesens* in einem Fabrikantenhaus. Zehn Jahre dauerte ihre Tätigkeit in der Familie von Heinrich Carstens, und dann wiederholte sich für sie das Investitionsunglück ihrer Pflegemutter. Carstens verlor sein Vermögen, und damit auch die Anteile, die vertrauende Teilhaber in sein Unternehmen eingezahlt hatten. Antoinette war eine unter ihnen gewesen. Sie verlor nicht nur ihr kleines Vermögen, sondern auch ihre Stellung. Als sie sich dann eine eigene Wohnung suchen mußte, wurde es eine preiswerte Bleibe auf der anderen Weserseite im Ländlichen. Sie tat einen beachtlichen Schritt und entschied sich von nun an für absolute Selbständigkeit. Im Bremer Adreßbuch finde ich sie als *Demoiselle Herbart, Musiklehrerin.* Ihr Eintrag war nicht unbedingt üblich, eigentlich war dieses Verzeichnis den Besitzenden, den Haus- und Grundeigentümern vorbehalten. Es begann keine einfache Zeit für sie. Einschränkungen und absolute Sparsamkeit werden ihren Alltag bestimmt haben. 1817 wird sie schreiben, sie habe sich *sehr sauer, doch ehrlich* durchgeschlagen als private Musiklehrerin. Das nötige Kleingeld von dreißig Reichstalern, um sich das *kleine altstädtische Bürgerrecht ohne Handlungsfreiheit* zu kaufen, hatte sie zu diesem Zeitpunkt nicht. Es wurde ihr aber anstandslos auf ihren Antrag hin geschenkt. Zehnjähriger Dienst wie der ihre im Haus Carstens konnte für Minderbemittelte reichen, um in den Genuß des Bürgerrechts auch unentgeltlich zu kommen. Ihr Antrag scheint weniger auf eigenes Bedürfnis zurückzuführen zu sein, vielmehr hatte die Fremdenpolizei – denn sie war ja in Bremen Ausländerin – ihr zuletzt nur noch eine befristete Aufenthaltsgenehmigung ausgestellt. Dadurch sah sie sich wohl gezwungen, ihrer Existenz in der Hansestadt eine bürgerrechtliche Basis zu schaffen. Vielleicht spielte im Hintergrund sogar noch der schwache Gedanke mit, auf dem Heiratsmarkt doch noch einmal minimale Pluspunkte verbuchen zu können. Denn eine ledige Frau ohne Bürgerrecht hatte wenig Anziehung für einen Bewerber, hätte er doch durch die Verbindung mit ihr das eigene Bürgerrecht verloren. Im Fall einer Eheschließung galt der kleinste gemeinsame Nenner. Allerdings: allenfalls für einen älteren Witwer mit Kindern hätte Antoinette noch interessant sein können, sie war inzwischen vierzig Jahre alt, das Leben einer ‚alten Jungfer' war längst festgelegt. Die übliche Frauen'karriere' stand ihr nicht mehr offen. Ihr Anschreiben an den Bremer Rat klingt ein wenig selbstmitleidig, was ihre eigene Position anging, ich unterstelle aber, daß sie auch ein gewisses Maß an Taktik bei dieser Selbstdarstellung leitete. Ich wünsche mir aus dem Nachhinein der Geschichte, daß sie als Tochter Lucia Margareta Herbarts ihre gesellschaftliche Stellung auch als eine nicht zu unterschätzende Freiheit begriff. – Bis 1837 finde ich sie noch in Bremen, von *Theerhof 13* zog sie in die *Dechanatstraße 3*, schließlich *Geeren Nr. 38*. Dann scheint sie die Hansestadt verlassen zu haben. Sie begegnet mir erst wieder nach ihrem Tod, in ihrem Testament, nachdem sie im hohen Alter von 79 Jahren in Dresden gestorben war. Umsichtig hatte sie bereits zwei Jahre vorher ein Testament in ihrer Heimatstadt Oldenburg hinterlegt und einen Neffen als Haupterben eingesetzt; August Herbart, Leutnant der Oldenburgischen Kavallerie, war der Bedachte. Da sie einer Reihe von anderen, offensichtlich entfernter stehenden Personen jeweils hundert Reichstaler in Gold vermachte, insgesamt 1400, gehe ich davon aus, daß für ihren *lieben Neffen* eine Summe größer als diese verblieb. Ein kleines, sicher willkommenes Erbe von einer großzügigen Tante, die sich aus wiederholten Tiefpunkten ihres Lebens immer wieder hochgearbeitet hatte. Ich schaue nicht ohne Stolz auf die Tochter Lucia Margaretas.

Zur Entstehung dieser Erzählung

Was ich hier zusammengetragen und in eine fortlaufende Erzählung gebunden habe, beruht auf vielen authentischen Quellen. Ausgangspunkt der Auseinandersetzung mit Lucia Margareta Herbart überhaupt war der Umweg über ihren Arzt und Freund Joseph Harbaur. Seine Briefe an Schiller, dokumentiert in einem der Briefbände der Schiller-Nationalausgabe, waren so voll erstaunlicher Informationen und neugierig machender Details, daß ich beschloß, den Spuren dieser Frau nachzugehen. Ein Blick in die Herbart-Biographie von Walter Asmus tat das seine, mein Interesse und zunehmend meinen Widerspruchsgeist zu wecken. Der bereits dreißig Jahre alten, traditionell männlichen Sicht auf ‚meine' Frau Herbart, wie ich sie inzwischen scherzhaft für mich reklamierte, wollte ich eine frauengeschichtlich einfühlsamere und durchaus auch provozierende Sicht entgegensetzen.

Wichtigstes Hilfsmittel der Rekonstruktion waren die Briefe Lucia Margareta Herbarts, die teilweise in der Werkausgabe ihres Sohnes – manchmal in gekürzter Form – Abdruck gefunden haben. Dazu gehören in derselben Ausgabe auch die Briefe des Sohnes und seiner Freunde und Bekannten, soweit sie zur Mutter Bezug nehmen und Auskunft geben. Einige, mir für die Nachgestaltung der Gedanken und Lebensumstände sehr wichtige Briefe Lucia Margareta Herbarts selbst sind jedoch unveröffentlicht und hier zum ersten Mal intensiver genutzt. Aber auch veröffentliche Briefe noch einmal im Original vor Augen zu haben, war ein hilfreicher und aufschlußreicher Arbeitsschritt, indem die Handschrift eines Menschen die Person viel lebendiger macht als die gedruckte Wiedergabe des Wortlauts allein; der Druck, mit dem er oder sie die Feder übers Papier führte, schwungvoll durchstrich oder hastig siegelte. Überhaupt sind Briefe jener Zeit, die ja oft noch kein Kuvert kannten, in ihrer Faltung, den wunderbar vagen Adressenformulierungen (*Smidt in Bremen*) und mit dem roten oder schwarzen Siegellack immer eine Quelle von besonderem Reiz.

Schließlich waren mir die unveröffentlichten Briefe Antoinette Herbarts eine unschätzbar wichtige Quelle, den Weg ihrer Pflegemutter nach ihrem Wegzug aus Oldenburg zu verfolgen. Anhand der von Antoinette genannten Namen und Orte ließen sich mosaikartig erst Stück für Stück die Zusammenhänge und Lebensumstände um Montjoie = Monschau, die Familie Scheibler, ihre Beziehungen zur Stadt Oldenburg und schließlich die Unternehmerverflechtungen über Aachen bis Paris entwickeln. Nur ein klein wenig helfende Fiktion war nötig, die Zusammenhänge zu gestalten. Und wenn dann aus einer Archiv-Akte unverhofft noch ein Porträt herausfiel, so geschehen im Fall des Miniaturbildnisses der Gräfin von Kameke, Freundin der Frau Herbart, war die Freude besonders groß. Leider ist aber die Hoffnung auf ein Bild der Protagonistin selbst unerfüllt geblieben. Da ihr Sohn, nach zeitgenössischen Aussagen zu urteilen, ihr sehr ähnlich gesehen haben soll, müssen wir uns an sein Porträt halten und es uns in weibliche, ältere Züge übersetzen.

Zeitungen waren eine andere willkommene Quelle, authentische Spuren zu finden oder mich immerhin an die Zeitumstände, an Daten und Gepflogenheiten heranzutasten, seien es die Termine der wichtigen Verkaufsmessen und dessen, was man dort erwerben konnte, ebenso wie die gesellschaftlichen Veranstaltungen, Vermietungen, Immobilientransaktionen und anderes mehr. Der Fund der Auktionsliste für die Herbartsche Haushaltsauflösung war ein besonderer Glücksumstand. Vielfältige Akteneinsicht im Niedersächsischen Staatsarchiv Oldenburg hat zwar nicht die Scheidungsakten des Falles Herbart zu Tage befördert, aber doch Informationen zu den beteiligten Personen aus anderen Akten, die eine gewisse Rekonstruktion der Vorgänge, zusammengelesen mit den Briefen, ermöglicht haben.

Bis in kleinste, phantastisch wirkende Details bin ich den Quellenaussagen gefolgt, manchmal war es allerdings auch nur eine einzige, umstandslose Information, die ich zu einer lebendigen Szene ausgeweitet habe. Hier mußten dann andere zeitgenössische Texte und Quellen dienen, das zeitgeschichtlich Wahrscheinliche und Mögliche zu gestalten. Die Begegnungen und Bekanntschaften in Paris, die Äußerungen über das dortige Leben und Treiben entsprechen der Überlieferung, einzig der Spaziergang durch das spektakuläre Palais Royal ist eine echte Inszenierung, die ich den beiden Frauen und mir zum persönlichen Vergnügen gegönnt habe. Die Auseinandersetzung mit den großen Werken des *Corpus Constitutionum Oldenburgicarum Selectarum* und der Gebauer / Spangenberg - Ausgabe des *Corpus Iuris Civilis* nach Justinian, vor allem letzteres eine schwer gewichtige Folio-Edition, hatte ihren eigenen Reiz und ihre eigenen Beschwerlichkeiten, die hundertprozentig nur eine versierte Rechtshistorikerin hätte lösen können. Ich denke aber, an die Problematik von Ehe- und Güterrecht des achtzehnten Jahrhunderts soweit herangekommen zu sein, als der Klärung von Lucia Margareta Herbarts grundsätzlicher Situation dienlich war. Eine wissenschaftliche Auseinandersetzung konnte und sollte nicht geleistet werden. Der Zufall hatte schließlich auch seine Hand im Spiel: Funde und Ergebnisse anderer regionaler frauenhistorischer Arbeiten haben meine ergänzt und auf neue Fährten gebracht.

Ein Buch über die Entwicklung einer Frau, deren Ehemann fast nicht zu Wort kommt, abgesehen von einigen wenigen Briefen, der aus sonst keiner Quelle selbst spricht, sondern immer nur gefiltert über den Eindruck anderer auf mich wirkt in seinem Handeln und Reden – kann ich das eigentlich verantworten? Diese Frage hat sich mir mehrmals während der Arbeit gestellt, und letztlich ist die Antwort immer gleich ausgefallen: ich kann es. Die Geschichtsschreibung war Jahrhunderte voll von Darstellungen aus männlicher Perspektive und männlichem Erleben. Dieser quantitative Vorsprung läßt auch für meinen Gegenschlag des Pendels noch Platz. Wie viele ‚Xantippen' schleppt die Historiographie mit sich, die nie eine Chance hatten, zu Wort zu kommen und ihre Position darzustellen. ‚Frauen machen Geschichte', in der Bewältigung des Alltags, in der Kollaboration mit dem Hergebrachten und manchmal eben durch den Ausbruch aus den Gegebenheiten, durch Aufbruch zu neuen Ufern – für sie persönlich, aber auch für die ganze Gesellschaft neuen Ufern. Und unter diesen Frauen gehört Lucia Margareta Herbart zu denjenigen, die einen Strich, vielleicht auch nur einen Punkt im Buch der historischen Entwicklung hinterlassen haben. Grund genug, sie aus der Versenkung der Geschichte hervorzuholen, um ihrer selbst willen, aber auch als Mittel, den Blick zurück ins achtzehnte Jahrhundert zu einer kleinen Frauen-Revue zu machen: Schriftstellerinnen, Professorenfrauen und -töchter, Dichterehefrauen, Oldenburger, Elsässer und Bremer Bürgerinnen, Monschauer Fabrikantentöchter und -gattinnen, Dienstmädchen, Köchinnen; Zwangsverheiratete, Heiratswillige, Geschiedene und Ledige: eine Welt voller Frauen eben.

Anhang

Der Sohn Johann Friedrich Herbart, der seiner Mutter sehr ähnlich gesehen haben soll

Aus: W. Asmus, *Johann Friedrich Herbart. Eine pädagogische Biographie.* 1968.

Eltern- und Wohnhaus der Lucia Margareta Herbart in der Langen Straße in Oldenburg (Foto vom 1.6.1960).

Aus: W. Asmus, *Johann Friedrich Herbart. Eine pädagogische Biographie.* 1968.

Nro. 13

Oldenburgische
wöchentliche Anzeigen.

Mittwochen, den 30ten März. 1796.

33) In der Wohnung des Justizraths Herbart an der langen Straße hieselbst, werden am 11ten April d. J. und folgenden Tagen öffentlich an die Meistbietenden verkauft werden verschiedene, theils moderne Meubeln und hausgeräthliche Sachen, als Tische, 12 moderne Lehnstühle mit dazu gehörigem Canape, Rohr- und andere Stühle, Schränke, worunter 2 große Bogenschränke von Eichenholz, mit Nußbaum fournirt, Koffer, Commoden, Spieltische, Spiegel und Spieaeltische, ein Schreibpult mit aufgesetztem Schrank, mit Nußbaum fournirt, ein dergleichen ohne Aufsatz, ein vollständiges feines Bette für 2 Personen, auch andere gute Betten und Bettstellen mit Umhängen, eine Zeugpresse, 2 Waschtröge, eine Zeugrolle, ein Kleidernd, Caffee- und Theezeug von Dresdener und Rudolstädter Porzellain, ein complettes Tafelservice von Engl. Fayance mit Federrande, allerley Küchengeräthe, als Eisen, Zinn, Messing, Kupfer, Blech und Hölzernzeug, worunter ein sehr großer eiserner Topf, eine Bratmaschine, eine Tortenpfanne und verschiedene Kucheneisen befindlich, sodann ein Clavier, eine Violine und 2 kleine Baßgeigen, ein holländischer Schlitten mit dazu gehöriger Decke und vollständigem Geschirr zu einem Pferde, auch Plümage und Schellendecke, ferner ein großer eiserner Beylege-Ofen, der auch als Windofen gebraucht werden kann, einige Hundert holländische weiß und blaue Steinchen, eine Partey alte Fenster, etwas altes Bauholz. Die Sachen können nach Ostern besehen werden.

Anzeige der Auktion des Herbartschen Haushalts in *Oldenburgische wöchentliche Anzeigen* Nr. 13, 30.3.1796.

Aus: Oldenburgische Landesbibliothek, Sign.: GE IX A 437

Porträt der Gräfin Amalie Wilhelmine von Kameke, geb. Gräfin zu Lynar, Freundin der L. M. Herbart in Jena.

Aus: Niedersächsisches Staatsarchiv Oldenburg/Stadtarchiv Oldenburg, Best. 262-1

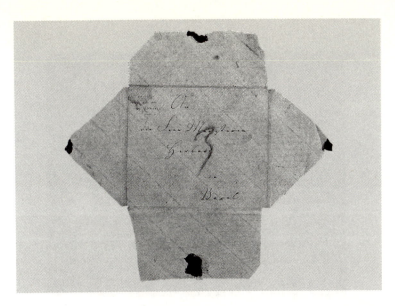

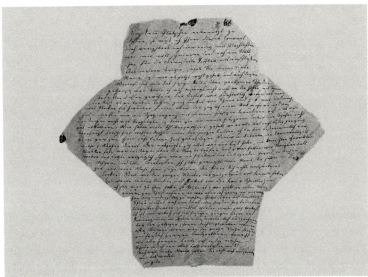

Brief der Pflegetochter Antoinette Herbart aus Montjoie an ihre leibliche Mutter in Varel, Frühling 1802.

Aus: Niedersächsisches Staatsarchiv Oldenburg/Stadtarchiv Oldenburg, Best. 262-1

Umschlag eines Briefes von L. M. Herbart an Böhlendorff in Bremen vom 29.1.1801, den sie außen mit einem zornigen Postskriptum versehen hat: *Ich bedarf keiner Antwort, nur das Blatt selbst, erbitte ich zurück. Es ist nicht studirt nicht regelrecht genug, um von dem, den ein unrechtes Bindewörtgen ärgert abgeschrieben und gewogen zu werden. Nur zum Durchlesen ist es geschrieben. Die Aufträge sind bestellt.*

Aus: Staatsarchiv Bremen, Best. 7, 20 IV.C.c.1.

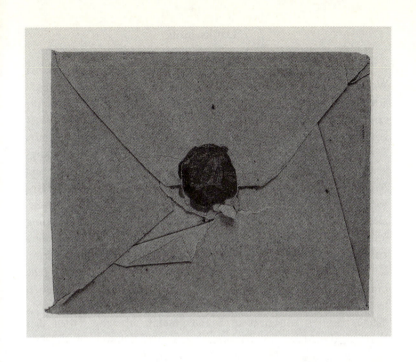

Siegel der L. M. Herbart auf der Rückseite desselben Briefes an Böhlendorff

Danksagung

Zur Entstehung dieses Buches haben viele in unterschiedlicher Weise beigetragen. Hätten nicht zwei Männer über zwei Männer gearbeitet und sich ausgetauscht, wäre ich nie auf jene Frau aufmerksam geworden, die mich dann in ihren Bann geschlagen hat. Einer von ihnen hat mich organisatorisch, durch Literaturhinweise, Anregungen und Aufmunterung bestens unterstützt, auch geduldig-kritisch Korrektur gelesen. Andere haben in Bibliotheken und Archiven hilfreiche weiterführende oder auch korrigierende Hinweise gegeben oder für mich Material gesucht, gesichtet, reproduziert. Vor allem brauchte ich Unterstützung und fachliche Beratung im Bereich der Rechtsgeschichte, die mir freundlich und großzügig zuteil wurde. Freundinnen und Kolleginnen rund um das Zentrum für Frauen-Geschichte e.V. in Oldenburg haben z.T. durch eigene Funde das Fortkommen meines Themas mitbefördert. Schließlich haben die Mitglieder der Theatergruppe in der ALSO einen Auszug meines Stoffes engagiert in Szene gesetzt. Manche haben den Fortgang der Arbeit einfach dadurch gefördert, daß sie an das Thema ‚geglaubt' und seine Darstellung befürwortet haben.

Mein herzlicher Dank gilt:
Claus Ahrens, Stadtarchiv Oldenburg; Gabriele Beckmann, Theatergruppe; Simone Beilken, Theatergruppe; Dorothea Breitenfeld, Staatsarchiv der Hansestadt Bremen; Dr. Rudolf Fietz, Landesbibliothek Oldenburg; Birgitt Hellmann, Stadtmuseum Jena; Monika Lehner, Zentrum für Frauen-Geschichte Oldenburg; Johanna Ludwig, Louise Otto-Peters-Gesellschaft Leipzig; Dr. Walter Müller, Oberlandesgericht Oldenburg; Ute Pukropski, Theatergruppe; Hans Raykowski, Niedersächsisches Staatsarchiv Oldenburg; Horst Schattenberg, Ev. Kirchengemeinde Monschau/Simmerrath; Evelyn Schuckardt, Theatergruppe; Frau Dr. Schulte, DFG/Staatsarchiv der Hansestadt Bremen; Barbara Stier-Kilch, Weimar; Elly Thyen, Theatergruppe; Dr. Andreas Wistoff, Schiller-Nationalausgabe/Dt. Schillergesellschaft Marbach am Neckar/Bonn; Gerhard Zastrow, Stadtarchiv Bad Pyrmont.

Herangezogene Literatur und gedruckte Quellen

Alder, Doris: *Die Wurzel der Polaritäten. Geschlechtertheorie zwischen Naturrecht und Natur der Frau.* Frankfurt am Main 1992

Asmus, Walter: „Die Herbarts in Oldenburg." In: *Oldenburgisches Jahrbuch.* 1948/49 (48/49), S.11-50

Asmus, Walter: *Johann Friedrich Herbart. Eine pädagogische Biographie.* 2 Bände. Heidelberg 1968 und 1970

Becker-Cantarino, Barbara: *Der lange Weg zur Mündigkeit. Frauen und Literatur in Deutschland von 1500 bis 1800.* München 1989

Biedrzynski, Effi: *Goethes Weimar. Das Lexikon der Personen und Schauplätze.* München 3. Aufl. 1994

Biographisches Handbuch zur Geschichte des Landes Oldenburg. Oldenburg 1992

Blasius, Dirk: *Ehescheidungen in Deutschland im 19. und 20. Jahrhundert.* Frankfurt am Main 1992

Blumenthal, Lieselotte: „Schillers Freund Harbaur." In: *Sitzungsberichte der sächsischen Akademie der Wissenschaften zu Leipzig. Philologisch-historische Klasse.* Berlin 1989, Band 129, Heft 4. Sonderdruck

Böttiger, Karl August: *Literarische Zustände und Zeitgenossen. Begegnungen und Gespräche im klassischen Weimar.* Hrsg. Klaus Gerlach und René Sternke. Berlin 2. Aufl. 1998

Brandes, Helga: „Gruppenbild mit Damen. Über die Oldenburger ‚Literarische Damen-Gesellschaft' um 1800." In: *Oldenburgerinnen. Texte und Bilder zur Geschichte / Arbeitskreis Frauengeschichte.* Hrsg. Frauenbeauftragte der Stadt Oldenburg in Zusammenarbeit mit dem Arbeitskreis Frauengeschichte und dem Zentrum für Frauen-Geschichte e.V. Oldenburg 1995

Bremer Frauen von A bis Z. Ein biographisches Lexikon. Hrsg. Hannelore Cyrus. Bremen 1991

Bremer Wöchentliche Nachrichten. [Mikrofiche-Ausgabe] Oktober 1797

Brokmann-Noren, Christiane: *Weibliche Bildung im 18. Jahrhundert. ‚Gelehrtes Frauenzimmer' und ‚gefällige Gattin'.* Oldenburg 1994

Corpus Constitutionum Oldenburgicarum Selectarum. Oldenburg 1722. *(I.) Supplementum.* Oldenburg 1732. *II. Supplementum.* Hrsg. v. Oetken. Oldenburg 1748. *III. Supplementum.* Hrsg. Schloifer. Oldenburg 1775

Corpus Iuris Civilis. Hrsg. Georg Christian Gebauer und Georg August Spangenberg. Göttingen 1776-1793

Damm, Sigrid: *Christiane und Goethe. Eine Recherche*. Frankfurt am Main 2. Aufl. 1998

Deutsches Biographisches Archiv. Hrsg. Bernhard Fabian. München 1982

„Einleitung zum Familienrecht." In: *Kommentar zum Bürgerlichen Gesetzbuch. Band 5: Familienrecht*. Bearb. Peter Derleder u.a. Neuwied und Darmstadt 1981 (Luchterhand Reihe Alternativkommentare)

Feyl, Renate: *Das sanfte Joch der Vortrefflichkeit*. Köln 1999

Fichte, Johann Gottlieb: Gesamtausausgabe. Hrsg. Reinhardt Lauth und Hans Gliwitzky. Abteilung 3: Briefe, Band 4. Stuttgart-Bad Cannstatt 1973

Fichte im Gespräch. Berichte der Zeitgenossen. Hrsg. Erich Fuchs in Zusammenarbeit mit Reinhard Lauth und Walter Schieche. Band 1: 1762-1798 und Band 2: 1798-1800. Stuttgart-Bad Cannstatt 1980 (specula Bd. 1,1 und 1,2)

Fichte, Johann Gottlieb: *Grundlage des Naturrechts nach den Prinzipien der Wissenschaftslehre*. Hamburg 1960 (Philosophische Bibliothek. 256)

Fietz, Rudolf: *Johann Friedrich Herbart aus Oldenburg (1776-1841). Eine Ausstellung der Landesbibliothek Oldenburg*. Mit einem Beitrag von Konrad Marwinski. Oldenburg 1993

Forster, Georg: *Ansichten vom Niederrhein, von Brabant, Flandern, Holland, England und Frankreich, im April, Mai und Junius 1790*. Werkausgabe in vier Bänden. Hrsg. Gerhard Steiner. Band 2. 1969

Frauenleben im 18. Jahrhundert. Hrsg. Andrea van Dülmen. München, Leipzig, Weimar 1992

Frauen-Zeitung. Hrsg. Louise Otto. Ausgabe 15. Juni 1850

Friedl, Hans: „Gesellschaftliches Leben in Oldenburg 1800-1835." In: *Mitteilungsblatt der Oldenburgischen Landschaft*. Nr.89 1995, S.1-8

Grunderbrecht und eheliches Güterrecht im Herzogtum Oldenburg. In kurzer, übersichtlicher Darstellung. Oldenburg 1867

Halem, Gerhard Anton von: *Selbstbiographie nebst einer Sammlung von Briefen an ihn*. Hrsg. C.F. Strackerjahn. Oldenburg 1840 (Nachdruck 1970)

Hammerstein, Katharina von: „,Eine Erndte will ich haben ...' Schreiben als Berufung. Sophie Mereau-Brentano (1770-1806)." In: *Beruf Schriftstellerin. Schreibende Frauen im 18. und 19. Jahrhundert*. Hrsg. Karin Tebben. Göttingen 1998, S.132-159

Hartong, Kurt: *Beiträge zur Geschichte des Oldenburger Staatsrechts*. Oldenburg 1958 (Oldenburger Forschungen. Heft 10)

Herbart, Johann Friedrich: *Briefe von und an J.F. Herbart. Urkunden und Regesten zu seinem Leben und seinen Werken*. 4 Bände. Bearb. Th. Fritzsch. Langensalza 1912

Hülle, Werner: „Das Konsistorialgericht zu Oldenburg in Oldenburg (1573-1837)."

In: *Jahrbuch der Gesellschaft für Niedersächsische Kirchengeschichte*. Band 75 1977, S.99-125

Hülle, Werner: „Peter Friedrich Ludwig und das Oldenburgische Gerichtswesen." In: *Peter Friedrich Ludwig und das Herzogtum Oldenburg. Beiträge zur oldenburgischen Landesgeschichte um 1800*. Hrsg. Heinrich Schmidt im Auftrage der Oldenburgischen Landschaft. Oldenburg 1979, S.91-109

Im Westen geht die Sonne auf. Justizrat Gerhard Anton von Halem auf Reisen nach Paris 1790 und 1811. Katalog. Landesbibliothek Oldenburg, Landesmuseum Oldenburg 30. März - 24. Juni 1990. Oldenburg 1990 (Kataloge des Landesmuseums Oldenburg. Schriften der Landesbibliothek Oldenburg; 21)

Jenaische Wöchentliche Anzeigen. [Mikrofiche-Ausgabe] September/Oktober 1796

Jetzt geltendes Oldenburgisches Particular-Recht im systematischen Auszuge. 1.Teil 1804.

J. G. Fichte im Gespräch. Berichte der Zeitgenossen. Band 1: 1762-1798. Hrsg. Erich Fuchs in Zusammenarbeit mit Reinhard Lauth und Walter Schieche. Stuttgart-Bad Canstatt 1978 (specula; 1)

Journal des débats et lois du Corps Législatif. [Mikrofilm-Ausgabe] Jg. 1802

Journal de Paris. [Mikrofilm-Ausgabe] Jg. 1802

Kleßmann, Eckart: *Christiane. Goethes Geliebte und Gefährtin*. Frankfurt am Main 1996

Knollmann, Wilhelm: *Das Verfassungsrecht der Stadt Oldenburg im 19. Jahrhundert*. Oldenburg 1969

Koolman, Egbert: „Anmerkungen zu Lesegesellschaften in der Stadt Oldenburg." In: *200 Jahre Casino-Gesellschaft Oldenburg 1785-1985*. Hrsg. W. Neumann-Nieschlag im Auftrage der Casino-Gesellschaft Oldenburg. Oldenburg 1985, S. 105-121

Koolman, Egbert: „Benutzung und Benutzer der Herzoglichen öffentlichen Bibliothek in Oldenburg 1792-1810." In: *Peter Friedrich Ludwig und das Herzogtum Oldenburg*. Oldenburg 1979, S.213-230

Kuhnert, Reinhold P.: *Urbanität auf dem Lande. Badereisen nach Pyrmont im 18. Jahrhundert*. Göttingen 1984 (Veröffentlichungen des Max-Planck-Instituts für Geschichte; 77)

Marko, Gerda: *Das Ende der Sanftmut. Frauen in Frankreich 1789-1795*. München 1993

Marwinski, Felicitas: *Lesen und Geselligkeit*. Hrsg. Städtische Museen. Jena. O.J.

Maurer, Doris: *Charlotte von Stein. Eine Biographie*. Frankfurt am Main 1996

Meyer, Petra: „Dettmar Basse (1762-1836). Zum Leben eines Frankfurter Kaufmanns." In: *Archiv für Frankfurter Geschichte und Kultur*. 61/1987, S.153-166

Möhle, Sylvia: *Ehekonflikte und sozialer Wandel. Göttingen 1740-1840*. Frankfurt am Main/New York 1997 (Geschichte und Geschlechter. Band 18)

Müller, Walter: „Das Oberappellationsgericht Oldenburg." In: *Mitteilungsblatt der Oldenburgischen Landschaft*. Nr.90 1996, S.13-15

Oldenburgische wöchentliche Anzeigen. 1796-1802

Oldenburgischer Staatskalender auf das Jahr ...1796-1802

Oldenburgisches Gemeindeblatt. Nr.16 1854

Phillips, Roderick: *Untying the knot. A short history of divorce*. Cambridge 1991

Pinkerton, John; Mercier, Louis Sébastian; Cramer, Carl Friedrich: *Ansichten der Hauptstadt des französischen Kaiserreichs vom Jahre 1806 an*. Erstmals ersch. im Jahre 1807, neu hrsg. und ausgewählt von Klaus Linke. Leipzig 1980

Raabe, Paul: *Der Briefnachlaß Gerhard Anton von Halems (1752-1819) in der Landesbibliothek Oldenburg*. [Typoskript]

Raabe, Paul: „Der junge Karl Ludwig Woltmann." In: *Oldenburgisches Jahrbuch* 1954 (54), S.6-82

Rebmann, Andreas Georg Friedrich: *Jena fängt an, mir zu gefallen. Stadt und Universität in Schriften und Briefen*. Mit einem Anhang. Hrsg. und mit einer Einleitung von Werner Greiling. Jena und Leipzig 1994 (Schriften zur Stadt-, Universitäts- und Studentengeschichte Jenas; 8)

Reichardt, Johann Friedrich: *Vertraute Briefe aus Paris geschrieben in den Jahren 1802 und 1803*. Hamburg 1805

Reiseziel Revolution. Berichte deutscher Reisender aus Paris 1789-1805. Hrsg. Heiner Boehncke, Harro Zimmermann. Reinbek bei Hamburg 1988

Runde, Christian Ludwig: *Deutsches eheliches Güterrecht*. Oldenburg 1841

Schiller, Friedrich: *Sämtliche Werke. Gedichte/Dramen I*. Band 1. Hrsg. Gerhard Fricke und Herbert G. Göpfert in Verbindung mit Herbert Stubenrauch. München

6. Aufl. 1980

Schiller, Friedrich: *Werke Nationalausgabe*. Band 38,1 Hrsg. Lieselotte Blumenthal. Weimar 1975, und Band 39,1 Hrsg. Stefan Ormanns. Weimar 1988

Schreiber, Carl; Färber, Alexander: *Jena von seinem Ursprunge bis zur neuesten Zeit, nach Adrian Beier, Wiedeburg, Spangenberg, Faselius, Zenker u. A*. Jena 1859 (unveränderter Nachdruck 1996)

Sittenspiegel für Mädchen und Frauen oder Versuch über die Pflichten des weiblichen Geschlechts. Nach dem Englischen des Dr. Gisborne bearbeitet und mit Anmerkungen und Zusätzen vermehrt von Heinrich Ludewig Bonath. Altona 1800

Starnes, Thomas C.: *Christoph Martin Wieland. Leben und Werk*. Band 2: *„Der be-*

rühmteste Mann in Teutschland' 1784-1799* und Band 3: *,Der Dekan des deutschen Parnasses' 1800-1813*. Sigmaringen 1987

Steinbrügge, Lieselotte: *Das moralische Geschlecht. Theorien und literarische Entwürfe über die Natur der Frau in der französischen Aufklärung*. Stuttgart 2. Aufl. 1992 (Ergebnisse der Frauenforschung; 11)

Stern, Carola: *„Ich möchte mir Flügel wünschen.' Das Leben der Dorothea Schlegel*. Reinbek 1995

Stern, Carola: *Der Text meines Herzens. Das Leben der Rahel Varnhagen*. Reinbek 1998

Struve, Christian August: *Wie können Schwangere sich gesund erhalten, und eine frohe Niederkunft erwarten?* Hannover 1800

Thiel, Erika: *Geschichte des Kostüms. Die europäische Mode von den Anfängen bis zur Gegenwart*. Berlin 1997

Verzeichniss und summarischer Inhalt der in dem Herzogthum Oldenburg von 1775 bis 1811 ergangenen Verordnungen, Rescripte und Resolutionen. (Hrsg. Lentz). 3 Bände Oldenburg 1794, 1802, 1826

Vogel, Ursula: „Gleichheit und Herrschaft in der ehelichen Vertragsgesellschaft – Widersprüche der Aufklärung." In: *Frauen in der Geschichte des Rechts. Von der Frühen Neuzeit bis zur Gegenwart*. Hrsg. Ute Gerhard. München 1997, S.265-292

Wachtendorf, Günter: *Oldenburger Bürgerhaus. Gebäude und Bewohner im inneren Bereich der Stadt Oldenburg*. Oldenburg 1996 (Veröffentlichungen des Stadtarchivs Oldenburg. Band 3)

Westdeutsche Ahnentafeln. Band 1. Hrsg. Hans Carl Scheibler und Karl Wülfrath. Weimar 1939 (Publikationen der Gesellschaft für Rheinische Geschichtskunde. Band 44)

Willms, Johannes: *Paris. Hauptstadt Europas 1789-1914*. München 1988

Windscheid, Bernhard: *Lehrbuch des Pandektenrechts*. 1862-1874

Wollstonecraft, Mary: *Verteidigung der Rechte der Frauen*. Band I und II. Mit einem Vorwort von Berta Rahm. Zürich 1975/6

Ziolowski, Theodore: *Das Wunderjahr in Jena. Geist und Gesellschaft 1794/95*. Stuttgart 1998

Ungedruckte Quellen

Landesbibliothek Oldenburg:
Cim I 88^m: IV, 55 und 87 (Nachlaß G.A. von Halem: unveröffentlichte Briefe von L.M. Herbart an G.A. von Halem)
Cim I 88^m: IV 92 und 130 (Nachlaß G.A. von Halem: unveröffentlichte Briefe von C.E. Oelsner an G.A. von Halem)

Stadtarchiv Oldenburg:
Best. 262-1 (‚Herbartiana')
Best. 262-1 E (Zettelkartei Stadtgerichtsakten)

Niedersächsisches Staatsarchiv Oldenburg:
Best. 279-6-III-1 (Protokolle der Literarischen Damen-Gesellschaft)
Best. 251-3 (Taufregister)
Best. 251-13 (Verzeichnis der Copulirten)
Best. 73, Nr. 154 (Oldenburger Konsistorialprotokolle betr. Geistl. Gerichtsbarkeit mit Index (1801–1811; Scheidungsfälle)
Best. 76-9 Nr. 119 (Amtsbuch: Abschrift des Testaments von Antoinette Herbart, 24. August 1854)
MS 297 D 54 (Friedchen Runde: Geschichte der Familie Runde)
Best. 273-40 (GFO = Gesellschaft für Oldenburgische Familienkunde; Akten der Familien Zedelius und Langreuter)
Best. 22 Ab 12 (Ingrossations- und Pfandprotokolle 1802-1808)
Best. 31-6-16-4 (Kabinettsregistratur; darin Nr. 115 Entlassungsbescheid für Justizrat Herbart)
Best. 31-6-31-9 (Kabinettsregistratur; Gesuch Frau Herbarts um Abschoss-Erlassung; Gesuch Johann Friedrich Herbarts um Abschoss-Erlassung)
Best. 31-6-16-7 (Kabinettsregistratur; darin Nr. 78, 124 Gehaltserhöhungen für Justizrat Herbart)

Staatsarchiv der Hansestadt Bremen:
Best. 7,20 III.C.b.1 (Nachlaß Johann Smidt: 2 unveröffentlichte Briefe L.M. Herbart an J. Smidt)
Best. 7,20 IV: C.c.1 (Nachlaß Johann Smidt: 1 unveröffentlichter Brief L.M. Herbart an Casimir Ulrich Böhlendorff)
Best. 7,20 IV.C.c.1. (Nachlaß Johann Smidt: darin undatiertes loses Blatt von Wilhelmine Smidt/ Johann Smidt)
Best. 2-P.8.A.11.b.4 (Bürgerrechtsantrag der Antoinette Herbart)

Evangelische Kirchengemeinde Monschau:
Kirchenbuch 363/8 S 1789-1839 Seite 28 (Sterbeeintrag der Maria von Scheibler)

Evangelisch-Lutherischer Kirchengemeindeverband Dresden. Kirchenamt:
Bestattungsregister-Auszug Nr. 335, 1854

Weitere Informationsadressen

Stadtarchiv Aachen; Stadtmuseum Jena; Stadtarchiv Jena; Nordrhein-Westfälisches Hauptstaatsarchiv Düsseldorf; Institut für Stadtgeschichte Frankfurt am Main; Verlag Breitkopf & Härtel; Département de Paris/Direction des Services/d'Archives de Paris; République Française/Archive départementale des Yveline

Von der Autorin ist außerdem erschienen:

Gisela Niemöller

Die Engelinnen im Schloß
Eine Annäherung an Cäcilie, Amalie und Friederike von Oldenburg

Hrsg. vom Zentrum für Frauengeschichte e.V. Oldenburg
162 Seiten, 46 s/w Abb., 2. Auflage 2000, brosch., DM 19,80, ISBN 3 89598 463 9

Drei Frauen des 19. Jahrhunderts im Spiegel ihrer privaten Korrespondenz: die eine heiratet ins Oldenburger Schloß hinein, die beiden anderen nehmen von hier ihren Ausgang ins Leben. Wie formte sich das Weiblichkeitsideal ihrer Zeit, welchen Lebensentwurf hatte die Gesellschaft für sie als Frauen bereit?

Im Buchhandel erhältlich!

Bitte fordern Sie auch unseren Sonderprospekt „Oldenburgische Frauengeschichte" an!

ISENSEE VERLAG OLDENBURG
Haarenstr. 20 · 26122 Oldenburg
Tel. 0441 / 25388 · Fax 0441 / 17872
e-mail: verlag@isensee.de · http://www.isensee.de